Altspanisches Elementarbuch

Adolf Zauner

Nabu Public Domain Reprints:

You are holding a reproduction of an original work published before 1923 that is in the public domain in the United States of America, and possibly other countries. You may freely copy and distribute this work as no entity (individual or corporate) has a copyright on the body of the work. This book may contain prior copyright references, and library stamps (as most of these works were scanned from library copies). These have been scanned and retained as part of the historical artifact.

This book may have occasional imperfections such as missing or blurred pages, poor pictures, errant marks, etc. that were either part of the original artifact, or were introduced by the scanning process. We believe this work is culturally important, and despite the imperfections, have elected to bring it back into print as part of our continuing commitment to the preservation of printed works worldwide. We appreciate your understanding of the imperfections in the preservation process, and hope you enjoy this valuable book.

SAMMLUNG ROMANISCHER ELEMENTAR- UND HANDBÜCHER

UNTER MITWIRKUNG VON

PH. AUG. BECKER, E. BOVET, W. CLOËTTA,
V. CRESCINI, P. E. GUARNERIO, J. HADWIGER,
E. HÖPFFNER, E. LEVY, S. PUŞCARIU,
C. SALVIONI, FR. ED. SCHNEEGANS,
O. SCHULTZ-GORA, E. STAAFF, H. TIKTIN,
J. VISING, M. L. WAGNER, K. WARNKE,
B. WIESE, A. ZAUNER

HERAUSGEGEBEN VON

W. MEYER-LÜBKE

I. REIHE: GRAMMATIKEN
5. ALTSPANISCHES ELEMENTARBUCH

HEIDELBERG 1908
CARL WINTER'S UNIVERSITÄTSBUCHHANDLUNG

ALTSPANISCHES ELEMENTARBUCH

VON

ADOLF ZAUNER

HEIDELBERG 1908
CARL WINTER'S UNIVERSITÄTSBUCHHANDLUNG

Meinem hochverehrten Lehrer

Professor Wilhelm Meyer-Lübke

als Zeichen steter Dankbarkeit

gewidmet.

Vorwort.

In diesem «Elementarbuch» ist der Versuch gemacht worden, den Zustand der spanischen Sprache vor dem 16. Jahrh. darzustellen und die Entwicklung bis zum Lateinischen zurückzuverfolgen. Indes wurde in einem besonderen Abschnitte auch den Bedürfnissen derjenigen Rechnung getragen, die den umgekehrten Weg zu gehen wünschen. In der Anlage des Buches habe ich mich sonst an die anderen Elementarbücher dieser Sammlung angeschlossen, besonders an das vortreffliche altprovenzalische von Schultz-Gora. Ich habe daher alles beiseite gelassen, was mir für den Anfänger überflüssig schien. Doch glaubte ich vorauszusetzen zu dürfen, daß die Benützer des Buches über eine gewisse Kenntnis des Vulgärlateinischen verfügen. Daß hie und da auch ein Blick auf die Entwicklung im Neuspanischen geworfen wurde, wird den Lesern hoffentlich willkommen sein. Eine gewisse Schwierigkeit bot die Auswahl der Texte: bekanntlich ist die Zahl der Ausgaben altspanischer Texte, die den jetzigen wissenschaftlichen Anforderungen entsprechen, recht gering, dazu kommt, daß diplomatische Abdrücke für den Anfänger aus leicht ersichtlichen Gründen nicht in Betracht kommen. Ich habe mich deshalb entschlossen, solche Texte aufzunehmen, die in guten oder wenigstens verwendbaren Ausgaben vorliegen, habe mir aber erlaubt, in Kleinigkeiten der Orthographie von den Herausgebern abzuweichen, um den Anfänger nicht unnötig zu verwirren; weiter war ich bemüht, durch Anmerkungen das Verständnis der Texte zu erleichtern. In der Chrestomathie sind die wichtigsten Namen der altspanischen Literatur vertreten; ich bemerke jedoch, daß bei der Auswahl nicht so sehr literarhistorische als sprachliche Erwägungen den Ausschlag gegeben haben. Der Anfänger beginnt am besten mit den Bruchstücken aus der Crónica General; Juan Manuel mit seinen etwas verwickelten Satzkonstruktionen mag den Schluß der Prosastücke bilden; von den poetischen Proben dürften die aus Gonzalo de Berceo als die leichtesten zu bezeichnen sein.

Bei den bibliographischen Angaben habe ich mich ebenfalls auf das Wichtigste beschränkt und selbst von den angegebenen Werken werden viele für den Anfänger noch zu schwierig sein.

Es sei mir zum Schlusse gestattet, meinem hochverehrten Lehrer Herrn Professor Meyer-Lübke, von dem die Anregung zu diesem Buche ausging, für seine mannigfachen Ratschläge bei der Ausarbeitung und für die große Liebenswürdigkeit, mit der er sich der Mühe des Mitlesens der Korrekturen unterzog, meinen herzlichsten Dank zu sagen.

Wien, September 1907.

Adolf Zauner.

Inhalt.

Einleitung.

	Seite
Erster Abschnitt. Bibliographie (§ 1—2)	1—5
Zweiter Abschnitt. Überblick über die Entwicklung der spanischen Sprache (3—5)	5—9

Erster Hauptteil: Lautlehre.

Dritter Abschnitt. Schreibung und Aussprache (6. 7)   10—13

Vierter Abschnitt. Die Vokale (8—47) . . . . . .   13—29
    A) Betonte Vokale: *a* (8). *e* (9). *i* (10). *o* (11). *u* (12). — B) Vokalgruppen: Allgemeines (13. 14). Die einzelnen Gruppen (15—36). — C) Tonlose Vokale: Allgemeines (37. 38). Die einzelnen Vokale: *a* (39). *e* (40). *o* (41). *i* (42). *u* (43). — D) Lockere Auslautvokale: Allgemeines (44). *a* (45). *o* (46). *e* (47).

Fünfter Abschnitt. Die Konsonanten (48—78) . . .   29—56
    A) Die einfachen Konsonanten: *m* (48). *n* (49). *nn* (50). *l* (51). *ll* (52). *r* (53). *rr* (54). *s* (55). *ss* (56). *p* (57). *b (v)* (58). *f* (59). *t* (60). *d* (61). *x* (62). *j (g)* (63). *y* (64). *c* (65). *g* (66). *qu* (67). *gu* (68). *ch* (69). *ç* (70). *z* (71). — B) Konsonantengruppen. Allgemeines (72. 73). Einzelne Gruppen: *mn mb ld nd rn dg zt zd* (74). — C) Allgemeine Erscheinungen des Konsonantismus: 1. Assimilation (75). 2. Dissimilation (76). 3. Metathese (77). 4. Zusatz von Konsonanten (78).

Sechster Abschnitt. Übersicht der lateinisch-spanischen Lautentwicklung (79—88) . . . .   56—64
    A) Betonte Vokale (79). — B) Tonlose Vokale: Im allgemeinen (80). Ausfall (81. 82). — C) Konsonanten: a) Übersicht (83). b) Konsonanten in starker Stellung (84). c) Konsonanten in schwacher Stellung (85). d) Konsonantengruppen (86). e) Die Konsonanten im Auslaute (87. 88).

Inhalt.

Zweiter Hauptteil: Wortlehre.

	Seite
Siebenter Abschnitt. Die Nominalflexion (89—109) .	65—76

A) Substantivum (89—93). — B) Adjektiv (94—96). — C) Zahlwort (97—100). — D) Pronomen. 1. Personalpronomen (101—103). 2. Possessivpronomen (104). 3. Demonstrativpronomen und Artikel (105. 106). 4. Relativpronomen (107). 5. Interrogativpronomen (108). 6. Indefinita (109).

Achter Abschnitt. Die Konjugation (110—139) . . .   76—98

A) Allgemeines (110). — B) Der Infinitiv und die Konjugationen (111). — C) Die schwachen und die starken Verba (112): 1. Die schwachen Verba (113 bis 121). 2. Das starke Perfektum (122—125). 3. Starke Partizipia (126). — D) Die Form des Stammes (127): 1. Der Vokal des Stammes (128—131). 2. Der Endkonsonant des Stammes (132—136). 3. Der Stamm des Futurums (137. 138). — E) Verzeichnis bemerkenswerter Zeitwörter (139).

Neunter Abschnitt. Wortbildung (140—153) . . . .   98—107

A) Nominalbildung. a) Durch Übergang aus anderen Wortklassen (141. 142). b) Durch Ableitung (Präfixe 143. Suffixe 144—146). c) Durch Zusammensetzung (147). — B) Verbalbildung: Allgemeines (148). Suffixe (149). Präfixe (150). Unmittelbare Ableitung (151). — C) Adverbialbildung (152. 153).

Zehnter Abschnitt. Verwendung der Wortformen (154 bis 188) . . . .   108—123

A) Substantiv: 1. Der Artikel. a) Der bestimmte Artikel (154—160). b) Der unbestimmte Artikel (161 bis 164). 2. Numerus (165). 3. Kasus (166. 167). — B) Adjektiv und Adverb (168—170). — C) Pronomen: 1. Personalpronomen (171—174). 2. Possessivpronomen (175. 176). 3. Demonstrativpronomen (177). 4. Relativpronomen (178. 179). 5. Indefinita (180). — D) Verbum: 1. Person (181). 2. Die Tempora (182—184). 3. Die Modi (185—188).

Dritter Hauptteil: Lehre von den Wortgruppen (Syntax).

Elfter Abschnitt. Kleinere Wortgruppen (189—197) .   124—128

A) Hilfsverba (189—191). B) Negation (192—193). C) Wortstellung: a) Inversion (194). b) Stellung des Objektspronomens (195—197).

Inhalt. XI

Seite

Zwölfter Abschnitt. Der zusammengesetzte Satz (198 bis 216) . . . . 128—134
    A) Satzgefüge: 1. Nebensätze mit *que* (198—203). 2. Adverbiale Konjunktionalsätze (204—209). 3. Relativsätze (210—212). — B) Satzverbindung (213—216).

Vierter Hauptteil: Texte.

Vorbemerkungen: Orthographie und Metrik . . . . . . 135—136
  1. Aus dem Poema del Cid . . . . 136—140
  2. Aus dem Poema del Conde Fernan Gonçalez . . 140—144
  3. Aus der Vida de Santo Domingo de Silos von Gonçalo de Berceo . . . . 144—147
  4. Aus dem Poema de Yúçuf . . . . 147—149
  5. Aus dem Libro de buen amor von Juan Ruiz . . 150—154
  6. Bruchstück des Auto de los Reyes Magos . . . . 154—159
  7. Urkunden aus Silos . . . . 159—161
  8. Aus der Crónica General Alfons' X. . . . . 162—167
  9. Aus der Chronica del famoso cavallero Cid Ruydiez Campeador . . . . 167—169
10. Aus den Siete Partidas . . . . 169—172
11. Aus dem Conde Lucanor von D. Juan Manuel . . 172—177

Wörterverzeichnis . . . . 178—189

Einleitung.

Erster Abschnitt.
Bibliographie.

1. Sprachliches.

a) Gesamtdarstellungen. Wörterbücher.

Eine bibliographische Übersicht gibt: El Conde de Viñaza, Biblioteca histórica de la filologia castellana, Madrid 1893.

Außer den einschlägigen Abschnitten der Grammatiken von Diez und Meyer-Lübke vergleiche man folgende Werke:

Baist, G., Die spanische Sprache, in Gröbers Grundriß der romanischen Philologie, I, 2. Aufl., Straßburg 1904 (nur für Vorgeschrittene).

Gorra, E., Lingua e letteratura spagnuola delle origini, Milano 1898.

Menéndez Pidal, R., Manual elemental de la gramática histórica española, 2. Aufl., Madrid 1905 (beide auch für Anfänger).

Ein Wörterbuch der altspanischen Sprache fehlt noch; vorläufig leistet als solches Dienste: Lebrija, A. de (auch Nebrija und Nebrissensis), Lexicon e sermone latino in ispanicum, Salamanca 1492. Auch die Glossare zu verschiedenen Ausgaben asp. Texte wie bei Sanchez, Janer, des Fuero Juzgo u. a., der zweite Band von Berganza, Antigüedades de España, ferner Yanguas, Diccionario de los fueros de Navarra u. a., können mitunter herangezogen werden.

Die arabischen Elemente im Spanischen behandeln:

Dozy et Engelmann, Glossaire des mots espagnols et portugais dérivés de l'arabe, Leyde 1869.

Eguilaz y Yanguas, Glosario etimológico de las palabras españolas de orígen oriental, Granada 1886.

b) Wichtigere Einzelabhandlungen.
Zur Lautlehre.

Baist, Die hochdeutsche Lautverschiebung im Spanischen, in Romanische Forschungen I, 196 ff.

Baist, Die arabischen Hauchlaute und Gutturalen im Spanischen, in Romanische Forschungen IV, 345 ff.

Cornu, Études de phonologie espagnole et portugaise, in Romania IX, 71.

Cornu, Mélanges espagnols, in Romania XIII, 285.

Ford, The old Spanish sibilants, in Studies and notes in philology and literature VII, Boston 1900. (Durch diese Arbeit sind mehrere ältere, die denselben Gegenstand behandeln, überholt worden.)

Goldschmidt, Zur Kritik der altgermanischen Elemente im Spanischen, Lingen 1887.

Hanssen, Sobre la pronunciacion del diptongo *ie* en la época de Gonzalo de Berceo, Santiago 1895.

Joret, La loi des finales en espagnol, in Romania I, 456 (mit Vorsicht zu benutzen).

Zur Formenlehre und zur Syntax.

Cuervo, Los casos enclíticos y proclíticos del pronombre de tercera persona en castellano, in Romania XXIV, 95.

Cornu, Recherches sur la conjugaison espagnole au XIII° et au XIV° siècles, in Miscellanea di filologia e di linguistica, Firenze 1886. S. 27 ff.

Cornu, Das Possessivum im Altspanischen, in Zeitschr. f. rom. Phil. XXI, 415.

Gaßner, Das altspanische Verbum, Halle 1897.

Geßner veröffentlichte eine Reihe von Artikeln über die spanischen Pronomina in der Zeitschrift für romanische Philologie XVII (Personal- und Possessivpronomen), XVIII (Relativ- und Interrogativpronomen), XIX (Indefinita).

Geßner, Die hypothetische Periode im Spanischen, Zeitschr. f. rom. Phil. XIV, 45.

Hanssen, Das Possessivpronomen in den altspanischen Dialekten, Valparaiso 1897.

Hanssen, Sobre los pronombres posesivos de los antiguos dialectos castellanos, Santiago 1898.

Hanssen, Sobre la formacion del imperfecto de la segunda i tercera conjugacion castellana en las poesías de Gonzalo de Berceo, Santiago de Chile 1894.

Hanssen, Über die altspanischen Präterita vom Typus *ove, pude*, Valparaiso 1898.

Staaff, Études sur les pronoms abrégés en ancien espagnol, Upsala und Leipzig 1906.

Staaff, Contribution à la syntaxe du pronom personnel dans le Poème du Cid, in Mélanges Chabaneau, Erlangen 1907.

Mundarten.

Geßner, Das Altleonesische, Programme du Collège royale français, Berlin 1867.

Hanssen, Estudios sobre la conjugacion leonesa, Santiago 1896.

Hanssen, Estudios sobre la conjugacion aragonesa, Santiago 1896.

Hanssen, Sobre la conjugacion del Libre de Apolonio, Santiago 1896.

Menéndez Pidal, El dialecto leonés, in Revista de archivos, bibliotecas y museos 1906.

2. Texte.
a) Sammelwerke. Urkunden.

Janer, Coleccion de poesias castellanas anteriores al siglo XV, in Biblioteca de autores españoles, Bd. 57 (darin u. a. wieder abgedruckt eine Sammlung von Sanchez unter demselben Titel aus dem Jahre 1779).

Gayangos, Escritores en prosa anteriores al siglo XV, im 51. Band der eben genannten Biblioteca.

España sagrada, begonnen von Florez, 51 Bände, Madrid 1747—1879.

Muñoz y Romero, Coleccion de fueros municipales, Madrid 1847.

Vignau, Cartulario del Monasterio de Eslonza, Madrid 1885.

Vigil, Coleccion histórico-diplomática del Ayuntamiento de Oviedo, Oviedo 1889.

Monaci, Testi basso-latini e volgari della Spagna, Roma 1891.

Férotin, Recueil de chartes de l'Abbaye de Silos, Paris 1897.

Lemcke, Handbuch der spanischen Literatur, 3 Bände, Leipzig 1855 (Auswahl von Musterstücken mit literarhistorischen Einleitungen).

Keller, Altspanisches Lesebuch, Leipzig 1883.

Gorra, s. o.

b) Wichtigere Einzelausgaben.
Poetische Werke.

Poema del Cid, herausgegeben in den Sammlungen von Sanchez und von Janer, dann von Damas-Hinard 1858, Vollmöller 1879, Lidforss 1895, Huntington 1896, Menéndez Pidal 1900. Man vergleiche dazu auch

Körbs, Untersuchung der sprachlichen Eigentümlichkeiten des Poema del Cid, Frankfurt a. M. 1893, und

Araujo Gómez, Gramática del Poema del Cid, Madrid 1898.

Crónica rimada del Cid (jetzt gewöhnlich Rodrigo genannt), hg. von F. Michel und F. Wolf in den Wiener Jahrbüchern der Literatur, Band 116. Wieder abgedruckt bei Duran, Romancero general (Biblioteca de autores castellanos, Band 16) und bei Damas-Hinard in seiner Ausgabe des Poema del Cid.

Gonzalvo de Berceo, hg. von Sanchez und von Janer; ferner

La Vida de Santo Domingo de Silos par Gonzalvo de Berceo, édition critique par John D. Fitz-Gerald, Paris 1904 (Bibliothèque de l'École des Hautes Études, fasc. 149). Vgl. dazu:

Lanchetas, Gramática y vocabulario de las obras de Gonzalo de Berceo, Madrid 1903.

Poema del Conde Fernan Gonçalez, hg. von Janer und von C. C. Marden, Baltimore 1904.

Juan Ruiz, El Libro de buen amor, hg. bei Janer und von Ducamin, Toulouse 1901.

Vision de Filiberto, hg. von Octavio de Toledo, Zeitschr. f. rom. Phil. II, 60.

Textes castillans du 13e siècle, p. p. Morel-Fatio, in Romania XVI, 364.

Disputa del alma y del cuerpo, hg. von Menéndez Pidal in Revista de archivos 1900.

Auto de los Reyes Magos, hg. von Menéndez Pidal in Revista de archivos 1900 (dort auch Angaben über frühere Ausgaben).

Poema de Yúçuf, hg. von Menéndez Pidal in Revista de archivos 1898; das andere Manuskript wurde hg. von Schmitz, in Romanische Forschungen XI, 310; vgl. Morf, El Poema de José, Leipzig 1883. (Gratulationsschrift der Universität Bern an die Universität Zürich.)

Prosatexte.

Altspanische Glossen, hg. von Priebsch, Zeitschr. f. rom. Phil. XIX, 1.

El Fuero Juzgo en latin y en castellano, cotejado con los mas antiguos y preciosos códices por la Real Academia Española, Madrid 1815.

La Crónica General del Rey don Alfonso, hg. von Ocampo, Zamora 1541. Bruchstücke daraus bei Menéndez Pidal, La Leyenda de los Infantes de Lara, Madrid 1896, und in der Ausgabe des Poema del Conde Fernan Gonzalez von Marden.

La Chronica del famoso Cavallero Cid Ruydiez Campeador, hg. von Huber, Marburg 1844.

Estoria de los godos, hg. von Lidforss in Acta Univ. Lundensis 1871—1872.

Juan Manuel, El Libro de los enxiemplos del Conde Lucanor, hg. aus dem Nachlasse von H. Knust von Birch-Hirschfeld, Leipzig 1900, und bei Krapf, Vigo 1902.

Juan Manuel, El Libro del Cauallero e del Escudero, hg. von Gräfenberg in Romanische Forschungen VII, 427.

Juan Manuel, El Libro de la Caza, hg. von Baist, Halle 1880.

Estoria de los quatro dotores de la Santa Yglesia, hg. von Lauchert in Försters Romanischer Bibliothek XIV, 1897.

Ein spanisches Steinbuch, hg. von Vollmöller, Heilbronn 1880.

La estoria del Rey Anemur e de Josaphat e de Barlaam, hg. von Lauchert, in Romanische Forschungen VII, 331.

El Libro de Cetreria, hg. von Paz y Mélia, Zeitschr. f. rom. Phil. I.

Zweiter Abschnitt.
Überblick über die Entwicklung der spanischen Sprache.

3. Das Geltungsgebiet der spanischen Sprache war im Mittelalter weit beschränkter als heute. Es fehlten außer den überseeischen Besitzungen nicht nur Galicien und Katalonien, wo heute das Spanische wenigstens offiziell gilt, sondern auch ein großer Teil des Südens der Pyrenäenhalbinsel, wo das Arabische das Romanische zurückdrängte. Das Spanische erstreckte sich also etwa auf Alt- und Neukastilien, Leon und Asturien, Aragon und Navarra.

Die auf diesem Gebiete gesprochene Sprache wird von den alten Schriftstellern am häufigsten *romance* (lat. romanice, also eigentlich ein substantiviertes Adverb) genannt; selten findet sich der Ausdruck *lengua espannola*, etwas öfter die Benennung *lengua castellana*, selbst zu einer Zeit, als Kastilien noch nicht das politische Übergewicht erlangt hatte. Will man entscheidende Kennzeichen der spanischen Sprache finden, so ergeben sich als charakteristische Merkmale die Bewahrung des lateinischen auslautenden -s, die Erhaltung des lat. nachtonigen -o oder -u als *o* und die Diphthongierung des lat. ę zu *ie*, des lat. ǫ zu *ue* sowohl in freier als in gedeckter Silbe; diese vier Merkmale finden sich auf keinem anderen Punkte des romanischen Sprachgebietes vereinigt.

4. Zeigt nun auch das Spanische in den genannten Provinzen im ganzen einen ziemlich einheitlichen Charakter, so lassen sich doch schon in mittelalterlichen Texten drei Mundarten unterscheiden: 1. die kastilische, 2. die leonesisch-asturische, 3. die aragonesisch-navarrische. Da der kastilische Dialekt im weiteren ausführlich behandelt wird, so mögen hier die Hauptmerkmale der beiden anderen Mundartengruppen angeführt werden; nur ist zu bemerken, daß insbesondere die poetischen Texte nicht rein mundartlich, sondern durch Schreiber oder Kopisten mehr oder weniger stark kastilisch gefärbt sind.

Dem Leonesisch-Asturischen und dem Aragonesisch-Navarrischen gemeinsam sind folgende Züge:

a) lautliche:

α) ę und ǫ diphthongieren auch vor Palatalen (vgl. §§ 9 c, 11 b): *pueyo, fuella, nueite* oder *nueche, pieito* gegenüber kast. *poyo, foja, noche, pecho*;

β) beide haben eine Vorliebe für den Gleitlaut *y* zwischen *e* und anderen Vokalen: *seyer, leyer, leyal, peyon* gegen kast. *seer, leer, leal, peon*;

γ) lat. lį und cl zwischen Vokalen erscheinen als *ll* (kast. *j* § 63 B): *fillo, consellar, uello, ovella*, kast. *fijo, consejar, ojo, oveja*;

δ) lat. ct und lt nach u ergeben *it* (kast. *ch* § 69 B): *dereito, ueito, muito*, kast. *derecho, ocho, mucho*;

ε) im Leonesischen bleibt lat. mb erhalten (kast. *m* § 74 b): *ambos, palombo*, kast. *amos, palomos*;

ζ) im Leonesischen tritt für lat. l nach Konsonanten r ein: *branco, prata, puebro, siegro*, kast. *blanco, plata, pueblo, sieglo*;

η) das Leonesische ersetzt die kast. Gruppen *dg* (§ 74 e) durch *lg*, *bd* (§ 73) durch *ld*: *judgar, portalgo, caldal, delda, dulda, beldo, coldiçia* gegen kast. *judgar, portadgo, cabdal, debda, dubda, bebdo, cobdiçia*;

ϑ) das Aragonesische bewahrt anlautendes pl und cl (kast. *ll* § 86): *plorar, clamar,* kast. *llorar, llamar.*

b) in der Wortlehre:

α) Das Leonesische bewahrt das e des Artikels nicht nur im Mask. Sing. *el,* sondern auch im Plur. *elos,* im Fem. *ela,* Plur. *elas.* Nach Präpositionen gebraucht es für das Mask. *lo: a lo sayon,* kast. *al sayon;* dieses *lo* verschmilzt mit den Präpositionen *con, en* zu *conno, enno* (kast. *con el, en el);*

β) das Aragonesische überträgt das *-a* des Femininums sehr häufig auf die Adjektiva, die im Kastilischen nur eine Form für beide Genera haben: Fem. *dolienta simpla,* kast. *doliente simple;*

γ) charakteristisch für das Aragonesische ist die Verwendung des Possessivpronomens *lur,* Plur. *lures,* in der 3. Person bei einer Mehrzahl von Besitzern (kast. *so);*

δ) die 2. Pers. Sing. des Verbum substantivum lautet in beiden Dialekten *yes* (kast. *eres);* ebenso diphthongiert dort das e des Imperfekts: *yera,* kast. *era;*

ε) in der 3. Pers. Plur. des Perfekts erscheint die Endung *-oron* für kast. *-aron, -ioron* für kast. *-ieron: entroron, prometioron, fizioron,* kast. *entraron, prometieron, fizieron.* Das Leonesische zeigt auch i im Perf. der i-Verba: *feriron, convenissen,* kast. *firieron, conviniessen;*

ζ) das Leonesische hat eine Vorliebe für die Infinitivendung *-er* gegenüber kast. *-ir: morrer, rier, viver, dizer,* kast. *morir, reir, vevir, dezir;*

η) der Konjunktiv von *dar estar* lautet im Leonesischen *dia estia,* kast. *de esté;*

ϑ) beide Mundarten bilden das Gerundium und das Partizipium Perfekti gern vom Perfektstamme: *oviendo, toviendo, sopiendo, andidiendo,* kast. *aviendo, teniendo, sabiendo, andando;* — *supido, quesido, tovido,* kast. *sabido, querido, tenido.*

5. Die Quelle, aus der das Spanische seinen Wortschatz geschöpft hat, ist in erster Linie das Vulgärlateinische. Welche Sprachen sonst noch an der Entstehung des Spanischen beteiligt sind, ergibt sich aus der politischen und der Kulturgeschichte des Landes.

Einflüsse der Sprache der Ureinwohner, der vorrömischen Bevölkerung, sind nur in verschwindend geringem Maße zu beobachten. Am stärksten ist der Wortschatz durch germanische und arabische Elemente geändert worden, die aber beide bloß neue Wörter und vereinzelt Suffixe geliefert haben, ohne den inneren Bau der Sprache zu beeinflussen.

Die germanischen Bestandteile bezeichnen in der Regel Begriffe des Kriegswesens wie *guerra*, *guardar*, *robar*, *guarnir*, *tregua*, *yelmo*, *espuela* usw.; die meisten dieser Lehnwörter teilt das Spanische mit anderen romanischen Sprachen. Was die Lautgestalt der germanischen Lehnwörter betrifft, so stehen alle auf der Stufe der ersten Lautverschiebung; der Vokalismus ist aber nicht in allen Fällen der des Gotischen, sondern weist häufig auf westgermanische Grundlage zurück; man vergleiche z. B. *rueca*, *yelmo*, die auf westgerm. roccho, helm, nicht auf got. *rukk-, hilm- deuten.

Die arabischen Elemente sind, wie es bei der jahrhundertelangen Herrschaft der Araber über einen großen Teil der Halbinsel begreiflich ist, verhältnismäßig zahlreich und geben dem spanischen (und dem portugiesischen) Wortschatze einen eigentümlichen Charakter. Die Begriffskategorien, die durch arabische Wörter bezeichnet werden, ergeben sich wieder aus den kulturgeschichtlichen Verhältnissen; es handelt sich meist um Ausdrücke des Kriegswesens wie *atalaya* 'Wartturm', *adalid* 'Führer', *çaga* 'Nachtrab', *almena* 'Zinne', der öffentlichen Verwaltung wie *alcalde* 'Richter', *alguazil* 'Beamter', der Landwirtschaft wie *algarroba* 'Karobe', *noria* 'Schöpfrad', *açequia* 'Wassergraben'. Der Vergleich der Laute der arabischen Lehnwörter im Spanischen mit denen der Quelle zeigt ein gewisses Schwanken, indem nicht selten ein arabischer Laut auf verschiedene Arten wiedergegeben wird. Diese scheinbare Willkür mag sich teils aus der Natur der arabischen Laute erklären, die dem romanischen Ohr zum Teil ganz fremd waren und daher unsicher wiedergegeben wurden, teils vielleicht aus uns unbekannten dialektischen Unterschieden innerhalb des Arabischen selbst. Auf solche Unterschiede, die uns sonst entgehen würden, deutet die merkwürdige Erscheinung, daß Laute der einen Sprache, die in der anderen ebenfalls bekannt sind, doch nicht unverändert übernommen, sondern durch andere ersetzt werden; so scheinen z. B. das arab. س (sin) und das span. *s* gleich zu sein und doch wird jenes in Lehnwörtern im Spanischen durch ç wiedergegeben (§ 70A); umgekehrt geben die Aljamiados (§ 7) das span. *s* durch ش (šin) wieder[1]. Diese Ersetzung kehrt auch in einigen Wörtern lateinischen Ursprungs wieder, die also vermutlich durch maurischen Mund gegangen sind (§ 70).

Eine nicht geringe Anzahl von Wörtern geht endlich auf französische oder provenzalische Quelle zurück (beide lassen sich nicht immer trennen); ihre Aufnahme erklärt sich teils durch den Einfluß des Ritterwesens, teils durch den Umstand, daß die Klöster in Spanien zum großen Teil mit Mönchen französischen Ursprungs beschickt waren. Diesen beiden Begriffsgebieten gehören denn auch die Lehnwörter aus beiden Sprachen überwiegend an, z. B. *monje*, *fraile*, wohl auch *preste*, *refitor*, *manjar*, *vergel*, *loguer*, *linaje*, *mensaje*.

Ein Eindringen französischen (und italienischen) Sprachgutes in größerer Menge fand erst mit dem Erwachen der Renaissancebewegung statt. Gerade zu jener Zeit traten in Spanien auch wichtige politische Ereignisse ein: die Vereinigung von Kastilien mit Aragon und damit die Begründung der spanischen Gesamtmonarchie, die Vertreibung der Mauren, die Entdeckung Amerikas. Mit diesem Eintritt Spaniens in die Weltpolitik endet auch die ältere Periode seiner Sprache: das Jahr 1500 kann als der Wendepunkt zwischen Alt- und Neuspanisch bezeichnet werden.

---
[1] Man vergleiche den Text Nr. VI.

Erster Hauptteil.
Lautlehre.

Dritter Abschnitt.
Schreibung und Aussprache.

6. Die altspanische Orthographie bedient sich folgender Schriftzeichen:

für Vokale: *a e i (y) o u*;

für Konsonanten: *b c ç d f g h j l m n p qu r s t v x y z*; von Verdopplungen kommen mit einiger Regelmäßigkeit vor: *ff ll nn rr ss*; andere nur in Nachahmung des Lateinischen und nicht regelmäßig, z. B. *abbad* neben *abad* abbate usw. Von Verbindungen sind außer *qu* noch *gu* und *ch* zu merken.

Wie in allen mittelalterlichen Literaturdenkmälern schwankt nun aber auch in den asp. die Schreibung ungemein; die wichtigsten dieser Variationen sind im folgenden Paragraphen in Klammern angeführt: im besonderen sei nur daran erinnert, daß die mittelalterlichen Handschriften *i* und *j*, *u* und *v* nicht unterscheiden.

Auch der Gebrauch des Akzentes ist den Handschriften in der Regel fremd; doch wird in diesem Buche in zweifelhaften Fällen der betonte Vokal mit dem Akut versehen.

7. Über die genaue Aussprache dieser Zeichen sind wir selbstverständlich nicht unterrichtet; doch haben wir

Mittel, uns auf indirektem Wege eine Vorstellung davon zu bilden, und zwar 1. durch sprachhistorische Erwägungen; 2. durch Vergleich mit der Darstellung in anderen Schriftzeichen; es sind uns nämlich eine Anzahl von Denkmälern in spanischer Sprache erhalten, die mit arabischen (sogenannte *Aljamiados*-Texte) oder mit hebräischen Schriftzeichen aufgezeichnet sind. Diese geben uns wichtige Aufschlüsse über die asp. Aussprache; freilich müssen sie mit einiger Vorsicht benützt werden, denn einmal muß man sich gegenwärtig halten, daß die maurische und die jüdische Aussprache des Spanischen gewisse Eigentümlichkeiten hatte, und dann, daß auch die Aufzeichnungen in jenen fremden Schriftsystemen nicht immer streng phonetisch sind, sondern manchmal einer bestimmten Tradition folgen; 3. durch Zeugnisse von Grammatikern, die zwar alle erst aus späterer Zeit (Beginn des 16. Jhs.[1]) stammen, aber doch Schlüsse auf die ältere Aussprache zulassen.

Auf die angegebene Art können wir feststellen, daß die Vokale ungefähr dieselbe Aussprache wie heute hatten; zur Schreibung ist nur zu bemerken, daß *i* häufig mit *y* wechselt.

Für die Konsonanten ergibt sich folgendes:

b ist entweder fest — wenn es lat. p entspricht (§ 58) —: dann wurde es als stimmhafte labiale Explosiva gesprochen (wie frz. b), z. B. in *saber*; oder es wechselt mit v (u): dann war es bilabialer Reibelaut (wie im Nsp.), z. B. *barba varva* barba.

c (dafür selten *qu* oder *ch*) wie im Nsp. oder Frz. vor a.

ç (auch *c* geschrieben) wurde ts gesprochen (wie das deutsche z); dafür sprechen nicht nur lautphysiologische Erwägungen, sondern auch sprachhistorische (Gundisalvu ergibt *Gonçalo*) und Zeugnisse der Grammatiker, die es mit dem ital. *z*, z. B. in *danza*, vergleichen; diese Aussprache dauerte bis zum 17. Jh. Mit *z* wird es im Asp.

---

[1] Sie sind gesammelt von Cuervo in der Revue hispanique II, 1 ff.

nur selten verwechselt; wenn sich z. B. *bozes* (voces) mit *conosçes* (cognoscis) gebunden findet, so handelt es sich um keinen genauen Reim, sondern, wie oft im Asp., um Assonanz.

ch wie im Nsp. oder wie im Deutschen tsch.

d war vermutlich immer stimmhafte dentale Explosiva (= frz. d).

f (manchmal, besonders im Anlaute, *ff* geschrieben) lautete vermutlich f (wie im Frz.); aus Schreibungen wie *Mafomat* = arab. Mohammad, *fonta* = frz. honte folgt nicht notwendigerweise, daß *f* schon die Aussprache h (= deutschem h) gehabt habe, die es im 15. und 16. Jh. tatsächlich hatte; sie können auch bloß einen mißglückten Versuch darstellen, den fremden Hauchlaut wiederzugeben. Hätte *f* die Aussprache h gehabt, so würde nicht beständig *fuego* (focu), das bis heute den *f*-Laut bewahrt hat, mit demselben Zeichen geschrieben werden wie z. B. *foja* (nsp. *hoja*).

g vor *a o u* und Kons. (selten *gu* geschrieben) wie im Nsp. oder Frz.; *g* vor *n* war vermutlich ganz stumm, wie aus der Schreibung *reigna* regina hervorgeht, wo es keine lautliche Berechtigung hat, oder aus der Graphie *reyno* neben *reygno*.

g vor *e* und *i* (wechselnd mit *i* [*j*]) wurde dž oder ž gesprochen; die Aljamiados geben es mit dem arabischen ح wieder, Grammatiker vergleichen es teils mit dem ital. g vor e, teils mit frz. j.

gu wurde vor *a* und *o* mit hörbarem *u* gesprochen; vor *e* und *i* verstummte vermutlich *u*, wie man aus der Schreibweise *carguen* (neben *cargen*), Konj. von *cargar*, schließen kann.

h war immer stumm; es steht außer in der Verbindung *ch* (s. oben) nur in Nachahmung des Lateinischen oder vor *ue*, um die vokalische Aussprache des *u* zu bezeichnen.

j (*i*), dafür *g*, dieses selten vor *a o u* (*consego* = *conseio*), hatte denselben Lautwert wie *g* vor *e* und *i* (s. oben).

l wie nsp. oder frz. *l*.

ll (selten *l*), palatales *l* wie im Nsp.

m und *n* wie im Nsp.

nn (selten *n*; *ny* in aragonischen Hss.) wie nsp. *ñ*, frz. *gn*.

p wie im Nsp.

qu mit gesprochenem *u* vor *a o*; mit stummem vor *e i*.

r im Anlaute meist, nach Konsonanten oft *rr* geschrieben, wie im Nsp.

s war im Inlaute zwischen Vokalen stimmhaft; in hebräischer Schrift wird es dann durch zayin wiedergegeben; im Asp. bis in die Mitte des 16. Jhs. reimen *s* und *ss* zwischen Vokalen nie miteinander, also niemals z. B. *casa : passa*; in anderer Stellung wurde es stimmlos gesprochen.

ss war immer stimmlos.

t wie im Nsp.

v (u) wie *b* (s. d.).

x wurde wie frz. *ch* gesprochen; bei den Aljamiados wird es durch arab. ش = š ausgedrückt; Grammatiker stellen es dem frz. *ch* und dem ital. *sc* gleich.

y [dafür selten *i (j)*] wie nsp. *y*.

z wurde *dz* gesprochen (d + frz. z), s. *ç*.

Anm. Der Unterschied zwischen der alt- und der neuspanischen Aussprache besteht, wie man sieht, hauptsächlich darin, daß jene stimmhaftes *s j z* von stimmlosem *s (ss) x ç* trennte; ferner darin, daß die alte Aussprache die Laute *ž* und *š* kannte, die neuspan. unter χ zusammengefallen sind; endlich darin, daß das alte *f* im Nsp. verstummt ist. Der größte Teil dieser Veränderungen ging im Laufe des 16. Jhs. vor sich.

Vierter Abschnitt.
Die Vokale.

So wie in den anderen romanischen Sprachen war auch bei der Entwicklung vom Lateinischen zum Spanischen die Tonstärke von Einfluß auf die Schicksale der Vokale; demgemäß haben die asp. betonten Vokale oft andere Quellen als die unbetonten; ferner ist der Ursprung der asp. Vokalverbindungen zu untersuchen. Der Akzent des Asp. entspricht ganz dem des Vulgärlateinischen; nur einzelne Verbalformen weisen gewisse Besonderheiten auf, die an ihrer Stelle erörtert werden.

A. Betonte Vokale.

a.

8. Betontes asp. *a* geht auf lat. a zurück: *amar*[1] amare, *pan* pane, *lado* latus, *farto* 'genug' *fartu (für farcitu), *sal* sale, *da* da; ebenso auf germanisches a: *guarda* 'Wache, Schutz' germ. *warda, Suffix *-ardo* germ. -hard.

e.

9. Betontes asp. *e* beruht:

a) auf vulgl. ę (= klass. ē und ĭ): *temer* timere, *mesa* mensa, *vendo* vendo, *tres* tres, *vez* vice, *verde* vir(i)de, *pelo* pilu, *pena* poena; — auf germ. ĭ, das dem vulgl. gleichgestellt war: *venda* 'Binde' germ. *binda, *fresco* 'frisch' germ. frisk.

b) auf einem älteren *ai, das entstanden ist aus einem vulgärlat. a und einem i-Element; dieses i-Element kann wieder verschiedene Quellen haben:

α) es kann zurückgehen auf lat. i: *lego* laicu, *he* *hajo (für habeo) und danach *se* 'ich weiß' sapio; ferner in der 1. Pers. Perf. der a-Verba: *amé* ama(v)i;

β) es kann sich aus einem palatalisierten Konsonanten entwickelt haben [aus lat. rį sį pį x ct g/n]: Suffix *-ero* -ariu, *vero* variu, *beso* basiu, *queso* caseu, *sepa* sapiat, *quepa* capiat, *exe* axe, *madexa* metaxa, *fresno* fraxinu, *fecho* factu, *leche* *lacte, *sartén* sartagine.

---

[1] Wenn bei dem asp. Worte keine Übersetzung beigefügt ist, ist es in der Bedeutung dem lat. Etymon gleich; die lat. Wörter sind in vulgl. Form (also ohne auslautendes -m) angeführt.

c) auf vulgl. ę oder ẹ, zu denen ein i-Element getreten ist; die Quellen dieses i-Elementes sind: rį dį ct cl: *madera* 'Holz' materia, *menester* 'Bedürfnis' ministerium, *sea* sedeat, *lecho* lectu, *derecho* directu, *espejo* speculu. Dazu gesellen sich die Imperative *ven ten*, die über *veń *teń aus veni teni entstanden sind, und *grey* aus grege, *ley* lege, *rey* rege.

Anm. 1. Das abweichende *viejo* vetulu scheint sein *ie* durch Einfluß von *viedro* *veteru bekommen zu haben.

Anm. 2. Die Stufe ei, die bei b) und c) vorauszusetzen ist, ist im Portugiesischen erhalten: *amei, -eiro, beixo, feito, madeira, dereito* usw.

d) Vulgl. ẹ nur in Buchwörtern: *bello* bellu, *soberbia* superbia.

Über *-dero* aus *-toriu* s. § 146.

i.

10. Betontes asp. *i* hat seine Quelle:

a) In vorromanischem ī: *figo* ficu, *lid* lite, *çinco* quinque; — *lista* 'Streifen' germ. līsta 'Leiste'; — *alguazil* 'Herold' arab. al-wazīr.

b) In vulgl. ẹ, i im Hiatus: *mia* mea, Suffix *-ia* -ia usw.

c) In vulgl. ę unter dem Einflusse eines auslautenden ī: *fiz* fēcī, *vin* vēnī, *pris* *prēsī; dieses i wurde dann von der ersten Person (und von den anderen, wo es verschiedenen Ursprungs ist, s. § 42) auch auf die dritte übertragen: *fizo vino priso*; — *veinte* vigintī.

d) In vulgl. ę und ẹ unter dem Einflusse eines unsilbischen i der folgenden Silbe: *çirio* 'Kerze' cereu, *vendimia* vindemia, *vidrio* vitreu; *tibio* tepidu, *tidio* taediu; auch in Verbalformen, in denen i später gefallen ist: *pido* petio (s. § 130).

Unklar ist daneben *rezio* rigidu.

In *mingua* 'Mangel' *minua, neben *mengua* und *lengua*, wird Einfluß von *minguar* vorliegen, wo u dieselbe Wirkung auf den tonlosen Vokal gehabt zu haben scheint wie i in den angeführten Wörtern; *viuda* vidua neben *vebda* harrt der Erklärung.

e) Vereinzelt ist *i* in *mismo* 'selbst' met-ipsimu. Vgl. noch § 25.

f) Auf lat. ĭ geht asp. *i* sonst nur in Lehnwörtern zurück: *tilde* titulu, *cabildo* capitulu, *libro* libru.

Lehnwörter sind auch *país* pagense (frz. *payš*), *pergamino* 'Pergament' pergamenu mit griech. Aussprache des ē.

o.

11. Betontes asp. *o* ist entstanden:

a) Aus vulgl. ǫ: *sol* sole, *monte* monte, *lodo* lutu, *fondo* fundu.

b) Aus vulgl. ǫ vor palatalen Konsonanten und zwar vor lį cl x dį: *foja* folia, *ojo* oculu, *coxo* 'lahm' coxeu, *poyo* podiu, *oy* hodie.

Vor rį ist ursprünglich auch o geblieben, *oi* ist dann zu *ue* geworden: *cuero* aus coriu über *coiru (§ 33 C).

c) Aus ǫ vor schon lateinisch gedecktem Nasal: *escondo* abscondo, *responde* repond(e)t, ferner in *omne* homine; *conde* neben *cuende* comite ist wohl die proklitische Form.

d) Aus klass.-lat. ŏ nur in gelehrten und halbgelehrten Wörtern: *rolde* rotulu.

e) Aus älterem *au, das:

α) auf vulgl. au beruht: *oro* auru, *cosa* causa, -*o* -aut [in der 3. Perf. der a-Verba: *amó* amav(i)t], *oca* auca avica. Die Zwischenstufe *ou* ist wieder im Portugiesischen erhalten: *ouro, cousa, amou, ouca*;

β) auf germ. au: *ropa* 'Kleider' germ. *rauba; *onta* wohl durch frz. Vermittlung aus *hauniþa (frz. *honte*);

γ) auf a, dem sich ein u-Element angeschlossen hat; dies findet sich im ui-Perfektum: *sopo* *saupit sapuit, *ovo* habuit usw. (s. § 125).

f) Unter Bedingungen, die noch unklar sind, aus lat. a+l vor Konsonanten: *otro* alteru, *topo* 'Ratte' *talpu (für -a), *coz* 'Ausschlagen der Pferde' calce, *soto* 'Wald' saltu. Anderseits finden sich *alto* altu, *calza* calcea, *falsso* falsu. Auch hier hat wieder das Portugiesische die ältere Stufe ou bewahrt: *outro, souto* usw.

u.

12. Betontes asp. *u* gibt wieder:

a) Vulgl. ū: *luna* luna, *pulga* pulice+a, *agudo* acutu. Ihm schließt sich germanisches ū an: *bruno* 'braun' germ. brūn, *buco* germ. būk 'Bauch', *escuma* 'Schaum' got. skūma; vielleicht auch germ. ŭ: *burgo* germ. burg (got. baúrgs). Auf eine lat. Grundlage mit ū geht, wie auch in anderen romanischen Sprachen, *uço* ūstiu (für ōstiu) zurück, das aber auch in der Behandlung der Konsonanten auffällig ist.

b) Vulgl. ŭ im Hiatus: *dues* duas.

c) Vulgl. ŭ vor *ch* aus lat. ct oder lt und vor *nn* aus gn, nį: *mucho* multu, *ascucha* auscultat, *puches* pultes; *trucha* tructa, *conducho* conductu (das zuletzt genannte könnte auch anders erklärt werden, vgl. ital. *condotto*, aber frz. *conduit*); — *punno* pugnu, *cunno* cuneu.

d) Vulgl. ǫ (ŭ) vor einem unsilbischen i der folgenden Silbe: *lluvia* pluvia, *rubio* rubeu, *sucio* sucidu. So erklärt sich auch *u* in Zeitwörtern wie *cubro* cooperio, *sufro* *suff(e)rio usw.; das *u* ist dann auch in andere Formen verschleppt worden wie 3. *cubre sufre*, um so mehr als es auch in tonloser Silbe vielfach lautgesetzlich eintrat (s. § 43 und § 131).

e) Ferner kann *u* der Nachfolger eines älteren Diphthongen *ou sein, der entweder durch Attraktion eines nachtonigen u an das o der betonten Silbe entstanden ist wie in den u-Perfekten: *puso* aus posuit über *pouso (§ 125); oder wohl auch durch Verbindung eines betonten o mit einem durch Vokalisierung eines Konsonanten (v oder l) entstandenen u: *dudo* neben *dobdo* (= doudo) dubito, *duz* dulce über *douz wie *foz* aus *fouz falce; vgl. § 11 f.

f) Nicht recht klar ist u in *connusco* cum-nobiscum, *convusco*.

g) In Buch- oder halbgelehrten Wörtern findet sich *u* auch für lat. ŭ: *cruz* cruce, *mundo* mundu.

B. Vokalgruppen.

13. Altspanische Vokalgruppen können auf folgende Arten entstanden sein:

A) Aus ursprünglichen Vokalgruppen (Hiatusvokalen): *mia* mea; *Dios* Deus.

B) Durch Diphthongierung ursprünglich einfacher Vokale: *tierra* terra, *fuego* focu.

C) Durch Vokalisierung eines Konsonanten, und zwar hat in der Regel der zweite der beiden Vokale seine Quelle in einem lat. Konsonanten: *seis* sex, *buitre* vulture, *auto* actu.

D) Durch Ausfall eines Konsonanten zwischen zwei Vokalen. Die Konsonanten, die vom Ausfall betroffen werden, sind:

a) Vulgl. ǵ (= klass. g vor e, i; di̯, gi̯, j) regelmäßig, wenn im Lat. e, i voranging oder folgte: *saeta* sagitta, *veo* video, *correa* corrigia, *peor* pejore.

b) Lat. d und g, beide unter unbekannten Bedingungen, vielleicht ursprünglich nur vor dem Tone; z. B. *oir* audire, *leal* legale.

c) Lat. v (b) vor betontem labialen Vokal: *treudo* tributu. Auf schon lat. Vorgänge ist der Ausfall von v zurückzuführen in der Endung -*io*: *rio* ri(v)u, *estio* aesti(v)u; ferner in *buey* bo(v)e.

Anm. Zu den Vokalgruppen kann man auch die Verbindungen rechnen, die sich aus der Aufeinanderfolge von qu oder gu+Vokal ergeben, wie *quando*, *guardar* usw.; doch werden diese hier nicht weiter berücksichtigt (s. § 67 und § 68).

14. Der Ausdruck 'Diphthong' ist im vorhergehenden Paragraphen absichtlich vermieden worden, da sich in vielen Fällen nicht feststellen läßt, ob eine Vokalgruppe einsilbig oder mehrsilbig gesprochen wurde; es hängt dies teils mit der mangelhaften Überlieferung der asp. Sprachdenkmäler, teils wohl auch mit schwankendem Gebrauche bei den Dichtern selbst zusammen. Im allgemeinen kann man jedoch sagen, daß nur diejenigen Vokalgruppen diphthongisch gesprochen wurden, die auf die zweite und die dritte der eben genannten Arten (§ 13 B u. C) entstanden sind; in den anderen wurden beide Vokale getrennt gesprochen. Dabei hatte in der Regel derjenige Vokal die größere Tonstärke, der im Lat. den Akzent trug; man sprach also z. B. nicht nur *raíz* radice, *áire* aere, sondern auch *reína*, *béodo* bibitu (gegenüber nsp. *réina*, *béodo*). Doch findet sich bei den auf die erste Art entstandenen Gruppen allerdings schon im Asp. einiges Schwanken; so läßt sich z. B. für *mio* meu sowohl die Betonung *mío* als *mió* nachweisen. Ob das aus ę entstandene *ie* im Asp. *íe* oder *ié* betont worden ist, ist nicht sicher; ebensowenig ist zu entscheiden, ob das dem *ue* vorangehende und noch heute im Astur. lebende *uo* zunächst *úo* gewesen sei. Vgl. die Schreibungen *i*, *u* Text 6.

In den folgenden Paragraphen sollen die asp. Vokalverbindungen in alphabetischer Reihenfolge besprochen werden; der Kürze wegen wird die Entstehungsart dabei nach der im vorhergehenden Paragraphen aufgestellten Einteilung bloß mit den Buchstaben A—D bezeichnet. Weiter wird kein Unterschied zwischen betonten und unbetonten Vokalverbindungen gemacht, da die Verschiedenheiten in der Entwicklung unbedeutend sind.

15. *ae*: A) *traer* trahere (wenn nicht *tragere zugrunde liegt; dann würde es zu D gehören).

D) *saeta* sagitta, *maestro* magistru, *quaraenta* quadraginta, *raer* radere.

16. *ai*: A) *aire* aere; *vai* 'geh!' *vai und analogisch *fay* 'mache' fac; auf germ. ai beruht es in *laido* 'traurig, häßlich'. In dem jüngeren *caigo* ist das ai des älteren *cayo* *cadeo geblieben, trotzdem g eingedrungen ist. Lehnwörter aus dem Provenzalischen sind *fraire fraile* fratre, aus dem Französischen *repaire* 'Zufluchtsort' frz. repaire, wohl auch *laido* und *guaita* 'Wacht'.

D) *raiz* radice, *traydor* traditore, *vayna* vagina, *airon* 'Reiher' germ. heigiro.

17. *ao*: D) *aorar* adorare.

18. *au*: A) Aus lat. au nur in Buchwörtern (immer einsilbig gezählt): *claustro* claustru.

C) Der vokalisierte Kons. kann v (b) sein: *taula* tabula, *paraula* parabola; oder p: *laude* lapide, *raudo* rapidu, *cautivo* captivu, *bautizar* baptizare, *auçe* 'Glück', wenn es von apice kommt (in diesen Fällen wird meist b geschrieben: *tabla*, *rabdo* usw.); ferner l: *sauze* salice, *cauze* calice; — c: *auto* 'Schauspiel' actu (Lehnwort).

D) *sauco* sabucu.

19. *ea*: D) *tea* taeda, *real* regale, *sea* sedeat, *vea* videat, *navear* navigare.

20. *ee*: D) *cree* credit, *vee* videt, *seer* sedere, *seello* sigillu, *meetad* medietate. Schon im 13. Jh. beginnt die Kontraktion der beiden gleichen Vokale: *empeçer* neben *empeeçer* impediscere (für impedire), *assentar* neben *asseentar* 'setzen' *ad-sedentare.

21. *ei*: A) *ey* findet sich als Nachfolger eines vulgl. -ai in der Endung der 1. Perf. der a-Verba: *mandey* mandavi (leonesische Form neben kastilischem -é), ebenso *hey* hajo (für habeo).

Aus romanischem *ee* ist *ei* hervorgegangen, wenn das erste *e* betont war; so am häufigsten in den Wörtern wie *rey* rege, *ley*, *grey*, die im Asp. meist zweisilbig gerechnet werden (auch *lee* kommt vor); doch kommt auch schon diphthongische Geltung vor. Hierher gehören wohl auch die Imperative *sey* sede und *crey* crede, ferner *meytad* (neben *meetad*) medietate.

C) Aus x in *seis* sex; aus ct in *peine* pectine; in beiden ist die gewöhnliche Entwicklung zum Palatal (§ 62 B 1, § 69 B) durch den Anschluß an den folgenden Konsonanten aufgehalten worden; wo sonst *it* für lat. ct erscheint, handelt es sich um halbgelehrte oder entlehnte Formen: *pleito* placitu (echt kastilisch *plazdo* § 74 f.) und *afeitar* 'schmücken' affectare stammen aus Frankreich; *reyno* regnu ist nicht erbwörtlich behandelt.

D) *veinte* viginti, *treynta* triginta.

22. *eo*: A) *leon* leone.

C) *embeodado* 'betrunken' zu bibitu neben *bebdo* (s. auch § 23).

D) *meollo* *medullu (für -a).

23. *eu (ev)*: A) Dialektisch (leonesisch-galic.) in der 3. Perf. der i-Konjugation: *reçebeu* für kast. *reçibió*.

C) *bebdo* 'betrunken' bibitu, *debda* debita, *bebda* vidua, wohl mit u (nicht b) gesprochen, da die Schreibungen *embeodado*, *viuda* daneben vorkommen.

D) *treudo* tributu.

24. *ia*: A) Im griech.-lat. Suffix -ía: *maestría* magistr + ía usw., *María*, *vía* via, *día* die + a; aus lat. ẹa: *mia* mea; -ía -ẹa in der 1. Impf. Hierher gehört auch die Endung -ía aus vulgl. -ía für -íva: *vazia* 'leer' *vaciva, *lexía* lixiva usw. Tonlos in *sobervia* superbia, *enxundia* axungia, *piadat* pietate und natürlich in Buchwörtern.

D) *liar* ligare, *rumiar* rumigare, *lidiar* litigare, im Fem. von Adjektiva wie: *limpia* limpida.

25. *ie*: A) *piedat* pietate; aus vulgl. ia oder ẹa, wenn ein Konsonant folgte: *mies* meas, *dies* dies oder *dias, und besonders in der Endung des Imperfekts der e- und der i-Konjugation mit Ausnahme der 1. Person: *avie* habe(b)at usw., s. § 115.

B) Aus vulgl. betontem ę in jeder Stellung außer vor palatalen Konsonanten (§ 9c) und im Hiatus (§ 26): *miedo* metu, *diez* dece, *liedo* laetu, *çiego* caecu, *tierra* terra, *viento* ventu, *pie* pede, *diestro* dexteru und daran angeglichen *siniestro* sinistru; *castiello* castellu, *siella* sella; *maraviella* (mit Einmischung des Suffixes -*iella* -ella) mirabilia; über *viejo* s. § 9c Anm. In *nieve* nive ist Einfluß der 3. Präs. des Zeitwortes *nevar* nieva zu erkennen, die freilich selbst analogisch ist. Dem lat. ę schließt sich das germ. ë an: *yelmo* 'Helm', *fieltro* 'Filz'.

¹ Anm. Im Nsp. und vereinzelt schon im Asp. (vom 14. Jh. an) erscheint an Stelle von *ie* bloß *i* und zwar regelmäßig in der Endung -*iello*: nsp. *castillo*, *silla*; ferner im Perfektum: asp. *fizieste fiziemos*, nsp. *hiciste, hicimos*. Dort kann sich die Reduktion durch die Wirkung des palatalen *ll* erklären, hier ist sie durch Ana-

logie zustande gekommen. Dann gibt es aber eine Anzahl von Fällen, die noch nicht aufgehellt sind, z. B. *priessa* 'Eile' pressa, *abiespa* vespa, *viespera* vespera, *sieglo* saeculu usw., nsp. alle mit *i*.

D) *fiel* fidele.

26. *io*: A) Aus vulgl. iu in der 3. Perf.: *salió* *salíut usw.; schon asp. auf dem *o* betont, wie aus Reimen mit -*ó* -aut (-avit) hervorgeht; ferner aus vulgl. ęu (über *ieo, das mundartlich bewahrt ist): *mio* meu, *yo* eo (= ego), *Dios* Deus, *judio* judaeu. Der Ton lag ursprünglich wohl auf *i*, wenn *io* im Auslaute stand, auf *o* aber, wenn ein Kons. folgte, also *mío*, aber *miós*, doch finden sich schon im Asp. Ausgleichungen nach beiden Richtungen, also *mió* und *mios*.

D) In der Endung -ĭdu bei Adjektiven: *tibio* tepidu, *turbio* turbidu usw.; in der 3. Perf. der Verba auf -*iar*: *lidió* litigavit.

27. *iu*: C) *çibdat* çiudat civitate, *niubla* (neben *neula*) nebula; hier sei auch *viuda* vidua angeführt (neben *bebda* § 23), das den Ton auf dem *i* trug, wie die Assonanz mit *villa* zeigt.

D) *fiuza* fiducia.

28. *oa*: A) *Joan* neben *Juan* Johanne.

D) *loar* laudare.

29. *oe*: D) *roer* rodere.

30. *oi*: C) *oy* hodie; *oyga* audiam, *doy* usw. do +?; dialektisch in *coyta* 'Not' cocta.

D) *oir* audire.

31. *oo*: D) *loor* lo· (laud-) + Suffix *or*.

32. *ua*: A) *tua* tua, *sua* sua; *Juan* Johanne, *duas* gewöhnlicher *dues* duas.

D) *crua* cruda.

33. *ue*: A) Regelmäßig aus vulgl. úa: *dues* (neben *duas*) duas, *tues* (*tuas*) tuas usw. Aus vulgl. uę ist es vielleicht hervorgegangen in *fue* fuit, *fueron* fuerunt, *fuesse* fuisset usw.

B) Regelmäßig aus vulgl. betontem ǫ außer vor palatalen Lauten (§ 11 b): *suelo* sŏlu, *rueda* rota, *bueno* bonu, *huesped* hospite, *muerto* mortu. Durch Analogie ist es manchmal bei Zeitwörtern an Stelle eines lat. ǫ eingetreten: *suefre* sufferit (§ 129). Auch das germ. ǫ hat sich dem lat. angeschlossen: *espuela* 'Sporn' spor-, *rueca* 'Rocken' rokk-, *huesa* 'Hose' *hosa.

Anm. Dieses *ue* ist aus einem älteren *uo* entstanden, das in leonesischen und aragonischen Urkunden älterer Zeit noch erhalten ist: *puode* für kastilisches *puede*. In *cuemo* neben *como* liegt kaum eine Entwicklung von uo in quomo(do) zu *ue* vor, sondern es ist eine analogische betonte Form zu dem tonlosen *como*.

Mundartlich (leonesisch) erfolgt die Diphthongierung von ǫ auch, wenn Palatal folgt: *nueche*, *nueite* usw.

C) *ue* entsteht aus ǫ oder ǫ+i, das sich aus rį entwickelt hat; die Zwischenstufe ist dabei *oi*, das wieder mundartlich (leonesisch) erhalten ist: *cuero* coriu, *muero* morio(r), *Duero* Duriu, *agüero* a(u)guriu; andere Konsonanten liegen zugrunde bei *cuedo* cogito, *vergüença* verecundia, *sabueso* 'Windhund' segusiu.

D) *nues* nubes.

34. *ui*: A) Aus vulgl. ui: *fúy* fui, *cuy* cui.

C) Echt spanisch nur in *muy* multu, *buitre* vulture (§ 69 Bb); dann in *cuidar* cogitare (auch in die betonte Silbe eingedrungen: *cuido*). Sonst nur in Lehnwörtern *cuita* 'Sorge, Angst' cocta, prov. *cueita*, *estui* studium afrz. *estui*. Über analogisches *fuyga* s. § 136.

D) *fuir* *fugire usw.

35. *uo*: B) s. § 33 Anm. B.

D) *cruo* crudu.

36. Gruppen aus drei Vokalen finden sich nur in *buey* bo(v)e; in den mundartlichen *cueita*, *cueido* (§ 33) und in *piees* pedes, das aber auch schon asp. in der kontrahierten Form *pies* vorkommt.

C. Tonlose Vokale.

37. Die tonlosen Vokale des Asp. gehen in der Regel auf die entsprechenden vulgärlateinischen zurück. Es beruht also

	asp.	*a*	*e*			*i*	*o*			*u*
auf klass.-lat.	a	ē ĭ	ĕ æ		ī	ō ŭ	ŏ		u.

Z. B.: *a*: *amar* amare, *canta* canta; — *e*: *mesura* mensura, *llegar* plicare, *pregon* praecone, *omne* homine; — *i*: *mirar* *mirare (statt -i), *ribera* riparia; — *o*: *poder* *potēre, *nomnar* nominare, *podrir* putrire, *ramo* ramu; — *u*: *mudar* mutare.

38. Außer diesen gewöhnlichsten Quellen lassen sich für die asp. unbetonten Vokale noch andere lateinische finden, aus denen sie mit größerer oder geringerer Regelmäßigkeit hervorgegangen sind. Freilich zeigt sich hier wie auch in den anderen romanischen Sprachen, daß sich für diesen Lautwandel nicht immer so strenge Gesetze aufstellen lassen wie für die betonten Vokale.

39. *a* entspricht auch, wie übrigens gemeinromanisch, lat. au vor betontem u in der folgenden Silbe: *agüero* a(u)guriu, *ascuchar* a(u)scultare; auch *almosna* eleemosyna und die Vorsilbe *a-* der Demonstrativpronomina und -adverbia wie *aqueste*, *aqui*, *alla* usw. sind schon vorromanisch. Außerdem aber findet sich *a* auch sonst mehr oder minder häufig für andere Vokale ein: *ambidos* invitus, *ayuno* jejunu, *barrer* verrere, *atorgar* neben *o-* *autoricare, *navaja* novacula, *asperar* neben *e-* sperare usw.; ein Lehnwort aus dem Franz. ist vermutlich *asmar* (afrz. aesmer *ad-aestimare). Hinzutritt von *a-* zeigt sich in *abiespa* vespa.

40. *e* tritt regelmäßig vor anlautendes s + Kons.: *estrella* stella, *escudo* scutu, selbst in gelehrten Wörtern wie *espiritu*; nur in solchen und bloß nach vokalisch endenden Wörtern finden sich auch Formen mit s impurum wie *spirital* usw. — Weiter steht *e* für a + i-Element wie in betonter Silbe (§ 9b): *besar* basiare, *lechuga* lactuca, *mexiella* maxella (für -illa). — Dann erscheint es statt anderer Vokale infolge von Dissimilation wie in dem gemeinromanischen *vezino* vicinu, oder in *veinte* viginti, *dezir* dicere, *vevir* vivere (mit Übergang zur i-Konjugation), *fer-*

moso formosu; oder durch Einmischung von Präfixen wie in *derecho* directu, *demientre* 'während' (neben *do-*) dum interi(m), *redondo* rotundu, *escuro* obscuru, *espiçio* hospitu, *ençiano* neben *an-* 'alt' anti-anu. — Im Auslaute geht es auch auf lat. -ī zurück: *veinte* viginti, *vin(e)* veni, *pus(e)* posui; häufig findet es sich endlich als Auslaut von Lehnwörtern: *monge* monachu (prov. *monge*), *Enrique* 'Heinrich' (prov. *Enric*), *rolde* rotulu, *colpe* colaphu, *talente* 'Verlangen' (prov. oder frz.) usw.

41. *o* ist aus lat. oder vorliterarischem (§ 11e) au hervorgegangen: *oreja* auricula, *posar* pausare, *otero* *altariu, *ovieron* habuerunt. Dann steht es manchmal für andere Vokale vor oder nach labialen Konsonanten: *obispo* episcopu, *omagen* (neben *i-*) imagine, *sobollir* sepelire. Ohne ersichtlichen Grund für ū in *fostigar* fustigare, *poridad* 'Geheimnis' puritate (?). Im Auslaute scheint *o* auf ue zu beruhen: *çinco* quinque, *algo* aliquid, *pudo* potuit und danach analogisch *fizo* fecit.

42. *i* tritt ganz regelmäßig für vulgl. e ein, wenn die folgende Silbe einen Diphthongen mit *i̯* enthält: *finiestra* fenestra, *simiente* semente, *sirvieron* *servierunt, *fizieron* fecerunt, *sirvió* *serviut, *pidamos* petiamus usw. Wenn daneben auch *servió* usw. vorkommt, so erklärt sich das durch Angleichung an andere Formen, wie *servir* usw., oder wohl auch durch ungenaue Schreibung. Buchwörter entziehen sich der Regel: *invençion*, *question*, doch findet sich auch *quistion*. — Dieselbe Wirkung hat unsilbisches *u* gehabt in *igual* aequale, *minguar* *minuare, *-iguar* -ificare (*sanctiguar* usw.). Ferner steht *i* statt *e* im Hiatus in *criar* creare, in *i* (neben gewöhnlichem *e*) et, vielleicht auch in *si* si (ursprünglich vor Vokal?), vor palatalem Konsonanten in *rinnon* 'Niere' *renione, *ixir* exire, vielleicht auch in *mitad* (aus *meitad*) medietate; vor *n* in *sin* sine, *ni(n)* nec, *mintroso* 'trügerisch' zu *mentir*; *ynojo* (neben *e-*) genuculu. — Im Auslaut steht *i* im Leonesischen gern für sonstiges -e: *torri* für *torre* turri, *pudi* für *pude* potui, *elli* ille usw.

43. *u* ist regelmäßig aus vulgl. ǫ vor einem i̯-haltigen Diphthong der nächsten Silbe entstanden (vgl. i im vorhergehenden Paragraphen): *durmió* *dormiut, *durmieron* dormierunt, *uviar* *obviare; auch wenn i̯ später geschwunden ist: *durmamos* dormiamus. Von solchen Formen ist *u* dann auch in andere eingedrungen, in denen die genannte Bedingung fehlte: *cumplir* complire (für -ēre), *cuntir* (neben *contir*) 'geschehen' *contigere (aus contigit), *tundir* tondire (für -ĕre), *nuzir* nocere usw. Diesem Wandel entzieht sich ursprünglich wohl *o* aus au: *oviera* habuerat, *oyera* audierat sind die weitaus überwiegenden Formen, doch findet sich allerdings auch z. B. *supieron* sapuerunt, *udieron* audierunt, Formen, die sich durch die Analogie der Verba mit ursprünglichem *o* leicht erklären. — Dieselbe Wirkung wie i̯ hat u̯ in *culuebra* colubra, und palataler Kons. in *ascuchar* auscultare, *cuchara* cochleara, *cuchiello* (neben *co-*) cultellu, *mugier* (neben *mo-*) muliere, *cunnado* 'Schwager' cognatu. Auch hier finden sich (wie bei i § 42) Fälle, wo folgendes *n* das *o* zu *u* erhöht zu haben scheint: *preguntar* 'fragen' percontari, *cuntar* (neben *contar*) computare; in *pulgar* *pollicare ist *pulga* pulice + a volksetymologisch eingemischt.

D. Lockere Auslautvokale.

44. Es gibt im Asp. eine nicht unbeträchtliche Anzahl von Wörtern, in denen man im Auslaute bald einen vollen Vokal, bald dessen Schwund beobachten kann. Forscht man den Gründen dieser Doppelheit nach, so ergeben sich deren dreierlei: entweder es sind satzphonetische Vorgänge im Spiele, d. h. ein Wort lehnt sich syntaktisch so enge an ein anderes an, daß es seinen eigenen Ton verliert und nun eben infolge der Tonlosigkeit gewisse Verkürzungen erleiden kann; oder es handelt sich um Lehnwörter, wie sich aus der Behandlung anderer Laute desselben Wortes beweisen oder aus der Bedeutung vermuten läßt; oder endlich es liegen gewisse analogische Erscheinungen vor.

45. *-a.* Verlust eines auslautenden *-a* ist außerordentlich selten; hierher gehören die Fügungen *a cas de* und *a guis de*, Verkürzungen, die sich aus der präpositionalen oder adverbialen Geltung dieser Wendungen erklären; übrigens kommen auch die vollen Formen *a casa de* 'im Hause von, bei' und *a guisa de* 'nach Art von, wie' vor. Auch die Komposita *cabeztornado* 'mit abgewandtem Kopfe' und *cabezcolgado* 'mit niedergelegtem Haupte' werden hierhergehören. Ebenso hat in *en buen ora* das Adjektiv sein *-a* wegen der Tonlosigkeit vor dem vokalisch anlautenden Substantiv verloren.

46. *-o* geht regelmäßig verloren im Mask. von *un(o), algun(o), ningun(o), primer(o), terçer(o), postrer(o), çien(to), san(to), buen(o), mal(o)*, wenn diese attributiv vor Subst. stehen, oft auch in *tod(o), much(o), null(o), sol(o)*; weiter in der Präposition *segun* secundu, in der Formel *poc(o) a poco* 'nach und nach', endlich in *don* dominu vor dem Namen; in allen diesen Fällen wirkt das angedeutete satzphonetische Prinzip. Bei *bel* neben *bello* könnte man dasselbe anführen, außerdem ist es kein echt span. Wort[1]. Entschieden Lehnwörter sind *sen* 'Sinn', *don* 'Geschenk', *argent* 'Silber', *fin* 'fein', *budel* 'Darm', *tost* 'schnell', *talent talant* 'Neigung', *solaz* 'Trost', *prez* 'Preis' (alle frz. oder prov.); *vezin* neben *vezino* vicinu ist wohl mundartlich (im heutigen Leonesischen wird das Suffix *-ino* zu *-in*).

Auch wenn dem Taufnamen das Patronymikum folgt, wird jener gewöhnlich verkürzt: *Ferran Gonçalez, Alvar Fannez, Martin Gonçalez*, aber alleinstehend: *Ferrando, Alvaro, Martino*.

47. Am schwierigsten liegen die Verhältnisse bei *e*. Regelmäßig fehlt es, wenn *n l r s z* (aus intervok. *-ce*) *t d* (aus lat. intervok. *t* oder *d*) voranging: *pan* pane, *razon* ratione, *sal* sale, *fiel* fidele, *mar* mare, Inf.-Endung *-ar -er -ir*, *mes* me(n)se, *portugales* -e(n)se, *paz* pace, *verdad* veritate, *merçed* mercede, *red* rete usw. Selbst in diesen Fällen

---

[1] bellu wäre span. *biello; das span. Wort aber ist *fermoso*.

aber bemerkt man ein Schwanken und zwar bei Verbalformen; so findet man *sal* neben *sale* salit, *faz* und *faze* facit, *pon* und *pone* ponit, *quier* und *quiere* 'er will' quaerit, *yaz* und *yaze* jacet, *puet* und *puede* *potet usw., allmählich verlieren sich dann die Formen ohne -e, was sich durch die Analogie nach anderen Verbalformen, wie *duerme* dormit, ohne weiteres erklärt; auch das Nebeneinander von *amas ama* hat gewiß dazu beigetragen, zu *sales* ein *sale* zu schaffen. Stand dagegen e ursprünglich im Auslaute nach gewissen Konsonantengruppen, so findet man im Asp. beträchtliches Schwanken. Diese Gruppen sind: 1. die geminierten Sonanten *nn ll rr ss*; 2. die mit -*t* endenden Gruppen nt rt st pt ct; 3. die mit -*ce* endenden nc lc sc; 4. *x* und *v*. Nach diesen Lauten zeigt das Asp. wie gesagt sowohl erhaltenes -e als dessen Schwund, also z. B.: *luen(ne)* 'weit' longe; *cal(le)* 'Straße' calle, *val(le)* valle, *el(le)* ille, aber nur *mil* mille, *piel* pelle; *tor(re)* turri, *mies(se)* messe, *amas(se)* amasse usw.; *mont(e)* monte, *puent(e)* ponte; *delant(e)* 'vor' de-in-ante, *dond(e)* 'wo' de-unde, *part(e)*, *fuert(e)* forte, *huest(e)* 'Heer' hoste, Perfekt-Endungen -*ast(e)* -*est(e)* -*ist(e)*; *siet(e)* septem, *noch(e)* nocte; *entonz* und *entonce* in-tunc-ce 'dann', *du(l)z* dulçe, *foz foçe* falce, *pez peçe* pisce, *crez creçe* crescit; *dix(e)* dixi, *yex(e)* exit; *nuef* und *nueve* nove, *naf* und *nave* nave, *nief* und *nieve* nive, *of* und *ove* habui.

Diese Doppelheit erklärt sich wahrscheinlich folgendermaßen: Ursprünglich war nach den aufgezählten Konsonanten und Konsonantengruppen der Abfall des -e die Regel; da aber neben den Formen ohne -e solche bestanden, in denen das -e lautgesetzlich bleiben mußte, weil es durch vorausgehende oder folgende Konsonanten gehalten wurde, so drang -e auch dort ein. So hieß es z. B. ursprünglich Sing. *mont* Plur. *montes*; da sich aber bei fast allen Substantiven der Sing. vom Plur. durch den Mangel eines *s* unterschied, so bildete man vom Plur. *montes* einen analogischen Sing. *monte* (etwa wie *omne* — *omnes*); dagegen hieß es immer *mil*, weil hier kein Plur.

mit *-es* zur Seite stand. Bei Verbalformen wieder wie *amás* war der Umstand von Einfluß, daß die 1. und 3. Pers. sonst nicht konsonantisch, sondern vokalisch endete; auch die Analogie der 2., wo seit jeher *amasses* lautgesetzlich war, wird eingewirkt haben; *of* habui mag zuerst zu *ove* umgestaltet worden sein, weil es sich mit seinem *-f* zu sehr von den Personen, die *v* hatten, unterschied, ihm folgten dann *dix, pus* usw. Die 2. Perf. *-ast* *-est* usw. dürfte ihr *-e* nach dem Muster des Plur. *-astes* usw. erhalten haben. Was die Adverbia betrifft, so bestanden neben *delant, entonz* auch Formen mit dem sogenannten adverbialen *-s*: *denantes, entonçes*, die wieder *delante, entonçe* nach sich zogen. Bei den Zahlwörtern sind *siet* und *nuef* vielleicht anfänglich nur die alleinstehenden Formen gewesen; in Verbindungen mit Substantiven hat man wohl *siete* und *nueve* gesagt. Während einer gewissen Zeit waren natürlich von diesen Formen mit und ohne *-e* beide im Gebrauch, ein Zustand, den eben gerade die asp. Sprachdenkmäler wiedergeben. Das Schwanken zwischen beiden Formen brachte auch Analogiebildungen mit sich; so entstand nach dem Vorbilde von *puent — puente, dond — donde* auch zu *cuende*[1] ein *cuend*. Später entschied sich die Sprache fast überall für die Formen mit *-e*, die durch die Analogie besser gestützt waren und die Häufung von Konsonanten vermeiden halfen.

Fünfter Abschnitt.
Die Konsonanten.

Die Konsonanten des Asp. werden hier in folgender Reihe behandelt: *m n nn l ll r rr; s ss; p b (v), f; t d; x j (g) y; c g; qu gu; ch; ç z*. Dann werden die Konsonantengruppen besprochen, zu denen eigentlich schon die fünf zuletzt genannten gehören.

---

[1] Hier sollte *-e* als Endsilbe eines Proparoxytonons vor dem Abfall geschützt sein, vgl. *dodze, tredze*, die immer ihr *-e* behielten.

A. Die einfachen Konsonanten.

m.

48. *m* entspricht fast immer einem m der Quellensprache: *malo* malu, *amar* amare, *campo* campu.

Im Inlaute kann es auch auf lat. mm zurückgehen: *llama* flamma, *yema* gemma oder auf lat. mb, nv: *palomo* palumbe, *amos* ambos, *amidos* 'ungern' invitus; doch finden sich daneben auch *ambos, ambidos* (§ 74 b).

In *mermejo* (neben häufigerem *bermejo*) 'rot' vermiculu ist *m-* durch Assimilation aus *v-* hervorgegangen.

n.

49. *n* beruht meist auf lat. n: *nariz* 'Nase' narice, *lleno* plenu, *bien* bene, *cantar* cantare.

In *senado* 'verständig' geht es auf germ. nn (zu dtsch. sinn) zurück, doch wird auch hier zunächst frz. *sené* zugrunde liegen, wie *sen* ja auch aus dem Franz. stammt (s. S. 27).

Im Auslaute kann es außer auf lat. n auch auf lat. -m beruhen: *quien* quem, *alguien* aliquem, *con* cum, *tan* tam, *ren, rien* rem, das aber vielleicht ein Gallizismus ist. In *don* de-unde und in der 3. Pl. der Verba ist es aus -nt entstanden. Endlich erscheint es statt eines zu erwartenden *nn*, wenn dieses aus irgendeinem Grunde in den Auslaut tritt: *don* dominu, *luen* 'weit' longe, *ven* veni, *ten* teni (über veń, teń), *desden* postverbal zu *desdennar* dis-dignare; *-n* beruht auf *-gine* in *sarten* sartagine, *follin* fuligine.

nn.

50. *nn* hat sehr mannigfache Quellen. Im Anlaute findet es sich nur in wenigen Wörtern dunklen Ursprungs.

Im Inlaute entspricht es:

a) Lat. nn: *anno* annu, *penna* penna.

b) Lat. mn: *duenno* dominu, *escanno* scamnu, *danno* damnu.

c) Lat. nį, mnį und ndį: *sennor* 'Lehensherr' seniore, *escrinno* scriniu, *suenno* somniu, *vergüenna* verecundia.

d) Lat. gn: *tamanno* tam magnu, *emprennedat* impraegnitate, *denno* dignu, *punno* pugnu.

e) Lat. ng vor e und i: *tanner* 'läuten' tangere, *estrenner* stringere, *luenne* longe.

f) Der lat. Gruppe ng(u)l: *unna* ungula, *sennero* 'einzeln' singulare (*angel* aus angelu ist ein Buchwort).

Anm. In *ennegreçer* 'schwarz werden' gehört das erste *n* zum Präfix, das zweite zum Stamme; hier wurde ohne Zweifel nn (nicht palatales n) gesprochen; dasselbe war vermutlich der Fall in *connusco* cum no(bis)cum und in den Zusammenziehungen der Präpositionen *en* und *con* mit dem Artikel: *enno*, *conno* usw.

l.

51. *l* beruht im Anlaute auf:

a) Lat. l: *luna* luna, *limnar* 'Schwelle' liminare, *laido* germ. laid 'häßlich'.

b) Lat. gl, bl in: *lande*, *landre* glande, *liron* glir-one, *lastimar* blasphemare.

c) In den Formen des bestimmten Artikels geht es auf ll zurück: *la, lo, los, las*.

Im Inlaute entspricht es lat. l: *doler* dolere, *salud* salute, *tela* tela, *olmo* ulmu, *falso* falsu, *alto* altu; ebenso germ. l: *sala* germ. sal, *yelmo* 'Helm'; doch gibt es in dieser Stellung auch germ. ll wieder: *esquila* 'Schelle' germ. skilla.

In *delante* ist es durch Dissimilation aus *n* entstanden: de-in-ante; vereinzelte Fälle sind *cola* *coda 'Schwanz', *espuela* 'Sporn' germ. spor-.

Im Auslaute hat es meist in lat. l seine Quelle: *tal* tale, *sol* sole, *sennal* signale, *fiel* fel. Durch Dissimilation ist es aus r hervorgegangen in *arbol, carçel, marmol*. Mitunter beruht es auch auf lat. -ll, wenn dieses durch Abfall eines Vokals in den Auslaut getreten ist: *el* ille, *piel* pelle, *val* valle, *cal* calle.

ll.

52. Im Anlaute hat es seine Grundlage meist in den lat. Gruppen cl, pl oder fl: *llamar* clamare, *llave* clave, *llegar* 'ankommen' plicare, *llano* planu, *lleno* plenu, *llorar* plorare, *llaga* plaga, *llanta* 'Sohle' planta; *llama* flamma. Erhaltung der genannten lat. Gruppen deutet auf nichterbwörtliche Behandlung, so sind Buchwörter: *claro, flor, planta, plaçer, pleito*. In *llevo* levo ist es durch Palatalisierung des anlautenden *l* durch das folgende *i* (aus *lievo*, das auch vorkommt) entstanden und dann auch in die flexionsbetonten Formen verschleppt worden: *llevar*.

Im Inlaute entspricht es 1. am häufigsten lat. ll: *ella* illa, Suffix *-iello* -ellu, *estrella* stella (mit Einmischung von *astro*), *villa* villa, *olla* olla. In *maraviella* mirabilia 'Wunder' ist das häufige Suffix -ellu an Stelle des seltenen -ilia getreten.

2. *sollozar* geht durch eine Reihe von Zwischenstufen (Einmischung des Präfixes sub- und des Stammes glutt-) auf singultare zurück.

3. Auf fl geht es zurück in *sollar* sufflare, *fallar* afflare; vielleicht in *trillar*, das ein *trifulare statt tribulare darstellen kann.

4. Durch Assimilation aus *rl* ist ll entstanden, wenn sich an einen Infinitiv ein mit *l* beginnendes Personalpronomen anlehnt: *ganallo* aus *ganar-lo* 'es gewinnen'; daß dieses durch Assimilation entstandene ll dem ursprünglichen gleich war, ergibt sich aus Reimen wie *quebrantarlos : caballos* Apolonio 546.

5. Auf lat. lį beruht es nur in Lehnwörtern: *omillar* humiliare, *batalla* *batualia.

r.

53. Es geht fast immer auf lat. r zurück; im Anlaute muß es eine etwas abweichende Aussprache gehabt haben, da hier sehr häufig *rr* geschrieben wird: *rey* und *rrey* rege, *rogar* rogare, *rueda* rota, *querer* 'wollen' quaerere, *ferir* ferire, *mar* mare, *cuer* cor, *-ero* -ariu, *partir* 'teilen' partire, *formiga* formica, *tornar* *tornare.

In *cadera* 'Stuhl' cathedra, *quaraenta* quadraginta beruht es auf dr; in *pereza* pigritia, *entero* integru auf gr; in *logar, lugar* (neben *logal*) 'Ort' locale liegt Dissimilation vor; *rosennor* lusciniolu ist ein Lehnwort aus dem Provenzalischen.

rr.

54. Während im Anlaute *r* mit *rr* wechselt, sind sie im Inlaute streng geschieden. *rr* beruht dann auf lat. oder germ. rr: *tierra* terra, *fierro* ferru, *torre* turri, *guerra* germ. wirra.

In dem häufigen *Ferrando* neben *Fernando* Fridunanþ ist es durch Assimilation entstanden.

s.

55. *s* bezeichnet zwei verschiedene Laute, wie schon im § 7 dargelegt wurde.

A) Es entspricht im Anlaute lat. oder germ. s: *sal* 'er geht heraus' salit, *siella* sella, *siniestro* sinistru, *soler* solere; *sala* zu germ. sal 'Saal', *sitio* 'Belagerung' zu germ. sitjan 'sitzen'.

In den Buchwörtern *salterio* und *salmo* (neben *ps-*) geht es auf griech.-lat. ps- zurück.

B) Ebenso im Inlaute: *casa* casa, *cosa* causa, *riso* risit, *fuso* fusu, *guisa* germ. wīsa. Dazu auch *suso* vulgl. *sūsu für klass. sursum, *yuso* *diūsu für deorsum, *seso* vl. *sēsu für sensum, *pesar* 'wägen, drücken' *pēsare für pensare usw. Vor Konsonanten: *huesped* hospite, *vestir* vestire, *asno* asinu, *isla* insula. In der Formel es + Kons. beruht es oft auf lat. oder germ. s impurum: *esperar* sperare, *estar* stare, *escanno* scamnu, *espeto* 'Bratspieß' zu germ. spit, *escarnir* 'verhöhnen' zu germ. skernōn usw.

Auf vl. sį geht es zurück in *beso* basiu, *queso* caseu.

C) Im Auslaute entspricht es lat. s, so in der Pluralendung der Nomina: *omnes, femnas,* in den Verbalendungen: *vienes, venimos, venides* usw., in *amidos* invitus usw. So auch in *seis* sex, *abés* ad-vix 'kaum', wo das velare Element des x vokalisiert wurde und nur s geblieben ist. In *pues* post, *es* est, *mas* magis liegen augenscheinlich Formen vor, die ursprünglich nur vor Konsonanten berechtigt waren, dann aber als die häufigeren verallgemeinert wurden.

ss.

56. ss kommt nur im Inlaute vor und wird dann im Asp. streng von s geschieden (während die nsp. Aussprache und Orthographie beide unterschiedslos durch s wiedergibt); nur in den unten mit 4. und 5. bezeichneten Fällen findet sich manchmal auch einfaches s geschrieben. ss hat seine Quelle in:

1. Lat. ss: *asso* 'Braten' assu, *passo* passu, *gruesso* grossu.

2. Lat. rs: *viesso* versu, *muesso* morsu, *osso* ursu, *cosso* 'Weg' cursu; dazu auch *escasso* 'selten' *excarpsu (für excerptu). Auch die span. Verbindung rs, die durch Anlehnung des Pronomens *se* an den Infinitiv entsteht, wird häufig zu ss: *tornasse* neben *tornarse*.

3. Lat. ps in *yesso* gypsu und *esse* ipse.

4. Lat. oder germ. s nach l und n: *falsso, Alfonsso*.

5. ss wird auch (in der Regel neben s) geschrieben, wenn das Pronomen *se* sich enklitisch an ein auf betonten Vokal oder auf -n ausgehendes Wort anschließt: *fuesse* = *fue se, tornosse* = *tornó se, tornansse* = *tornan se*. Ebenso wenn einem mit s anlautenden Wort eine auf Vokal endende Partikel proklitisch vorausgeht: *a ssennor, so sserviçio*. Hier hat die Schreibung ss offenbar den Zweck, die stimmlose Aussprache des s in diesen Fällen zu sichern.

p.

57. Im Anlaute entspricht es lat. p außer vor l (§ 52): *parçir* 'verzeihen' parcere, *perder* perdere, *poder* potere, *preda* praeda.

Im Inlaute geht es zurück auf:

1. Lat. pp: *copa* cuppa, *cepo* cippu.

2. Lat. p nach Kons.: *cuerpo* corpus, *vulpeja* vulpecula, *huesped* hospite, *viespa* vespa, *tiempo* tempus, *comprar* comperare; ebenso germ. *arpa* harpa.

3. Lat. p nach au, ei, die durch Attraktion eines u oder i in die Stammsilbe entstanden waren. Der zweite Bestandteil dieser Diphthonge wirkte also gerade so wie ein Kons. erhaltend auf p: *sope* aus sapui (über *saupi), *sepa* aus sapiat (über *saipa, *seipa).

4. Germ. p zwischen Vokalen: *arrapar* 'an sich reißen' zu dtsch. raffen.

b, v.

58. Diese beiden Buchstaben wechseln im Asp. fast regellos, müssen also denselben Laut, vermutlich den stimmhaften labialen Spiranten bezeichnet haben. Nur im Inlaute gibt es gewisse Fälle, in denen bloß *b*, niemals *v* erscheint; hier wurde also wahrscheinlich der Verschlußlaut gesprochen.

A) **Im Anlaute** finden wir *b (v)*:

1. Für b der Grundsprachen: *barba* barba, *bever* bibere, *braço* brachiu, *bledo* blitu; *blanco* germ. blank, *bruno* 'braun' germ. brūn; *balde* 'umsonst' zu arab. bathala 'nutzlos sein'.

2. Für lat. v: *valer* valere, *veer* videre, *venado* venatu.

B) **Im Inlaute** steht festes, d. h. nicht mit *v* wechselndes *b*.

1. Für lat. p zwischen Vokalen und zwischen Vokal und r oder l: *huebos* 'nötig' opus, *saber* 'wissen' sapere, *tebio* tepidus, *abeja* apicula, *cabo* 'Ende' caput, *abril* aprile; *pueblo* populu, *doble* duplice.

2. Für lat. bb: *abat* abbate.

Dagegen wechseln *b* und *v* mehr oder weniger regelmäßig, wenn zugrunde liegen:

1. Lat. oder germ. b und v in jeder Stellung: *faba* und *fava* faba, *aver* habere, *ave* ave, *nuevo* novu, *arvol* arbore, *barva* barba, *siervo* servu, *fablar* 'reden, sprechen' fabulare, *ambidos* und *anvidos* (neben *amidos* § 48) invitus;

labio labiu, *rabia* *rabia (f. -e), *lluvia* pluvia; *robar* germ. raubōn 'rauben'.

2. Lat. f zwischen Vokalen: *provecho* 'Nutzen' profectu, *orebçe* aurifice, *cuébano* 'Sarg' cophinu, *Estévan* Stephanu, *Cristóval* Christophoru.

3. Lat. bv in *uviar* 'helfen' obviare.

4. In *esquivar* 'entkommen' hat sich v aus dem germ. Diphthong iu entwickelt: skiuhan; in *abuero* *aguriu hat es sich nach dem Ausfalle des g (*agüero* ist die häufigere Form) aus dem labialen Vokal entwickelt; ebenso in *sabueso* (neben *sahueso*) 'Windhund' segusiu.

f.

59. *f* entspricht A) im Anlaute:

1. Lat. f außer vor l (§ 52): *faz* facie, *fazer* facere, *figo* ficu, *feno* fenu, *foir* fugire, *fust* fuste, *fuera* 'außen' fora, *fruente* fronte, *frido* frigdu.

2. Germ. f: *falda* 'Schoß' germ. *falda 'Falte', *fato* 'Gewand' germ. *fatu (altnord. fǫt), *franco* 'frei' frank, *fresco* 'frisch' frisk.

3. Germ. h, und zwar in Lehnwörtern, die durch Vermittlung des Französischen aufgenommen wurden: *fonta* frz. honte, germ. *hauniþa 'Schande', *farpa* frz. harpe, germ. harpa (neben *arpa*, das unmittelbar dem Germ. entlehnt ist), *fardido* frz. hardi zu hard- 'kühn', *faraute* frz. heraut germ. hariwald 'Herold', *facha* frz. hache germ. hapja 'Axt'.

4. Arab. h in *fata, fasta* (neben *ata*) 'bis' arab. hatta.

5. In einigen Fällen steht *f* im Anlaute, ohne daß der Grund deutlich ersichtlich wäre. In *femençia* vehementia scheint sich *fuerça* *fortia eingemischt zu haben. In *finchar* 'aufblasen'. inflare und *finchir* 'füllen' implere kann man an Einfluß des sinnverwandten *fartar* *fartare 'stopfen' denken. Das *f* in *fallar* 'finden' adflare ist dunkel.

B) Im Inlaute findet sich *f*:

1. In Wörtern lat. Ursprungs nur in folgenden Fällen:

a) Für lat. ff: *sofrir* *sufferire (für sufferre), *ofrir* *offerire.

b) Für f nach Kons.: *yffante* 'Prinz' infante, *yffierno* infernu, *uerfano* orphanu.

c) In nicht volkstümlichen Wörtern: *profundo*, *edifiçio* usw. (in Erbwörtern wurde lat. f zu v, s. § 58).

2. In germanischen Wörtern entspricht es germ. f (fj): *ufano* 'eitel' zu got. ufjo 'überflüssig'.

3. In arab. Wörtern vertritt f nicht nur arab. f: *alférez* 'Herold' al-fāris 'Reiter', sondern auch arab. h: *Mafoma* Mohammed, *alfoz* 'Bezirk' arab. al-hauz.

Im Auslaute steht *f* nur für lat. v, das durch Abfall eines Vokals in den Auslaut getreten ist; daneben finden sich stets Formen mit -ve: *nuef* novem, *nief* nive, *naf* nave, *of* habui (daneben *nueve, nieve, nave, ove*).

t.

60. A) *t* entspricht im Anlaute:

1. Einem t der Grundsprachen: *tener* tenere, *tiempo* tempus, *todo* totu, *traer* trahere; *tregua* 'Waffenstillstand' germ. got. triggwa.

2. Auf th der Grundsprachen in *tio* 'Oheim' griech. theîos, — *triscar* 'dreschen' got. þriscan.

B) Im Inlaute geht es zurück auf:

1. tt der Grundsprachen: *saeta* sagitta, *gota* gutta; — *fata* arab. hatta 'bis'.

2. Germ. t zwischen Vokalen: *botar* 'stoßen' *bautan (ahd. bōzan), *fato* 'Kleid' germ. *fatu (altnord. fǫt), *sitio* 'Belagerung' zu germ. sitjan 'sitzen'.

3. Lat. t nach Kons. (wobei dieser erhalten, abgefallen oder verschiedentlich verändert sein kann): *viento* ventu, *alto* altu, *farto* 'genug' fartu, *hueste* 'Heer' hoste, *escrito* scriptu, *nieto* *neptu (für nepote nach dem Fem. *nieta* *nepta), — *otero* altaru, *soto* 'Wald' saltu. Besonders bemerkt seien *fito* 'fest' *fictu (statt fixu), *frito* frictu, *vito* 'Lebensmittel' victu (vgl. § 69 Anm.), ferner *santo* sanctu; endlich *contar* computare, wo das *t* erst durch Ausfall eines Vokals an den vorausgehenden Kons. getreten ist.

4. Lat. t nach au, das zu o geworden ist: *foto* 'Sicherheit' fautu, *coto* cautu, *otonno* autumnu. Die Erhaltung des *t* ist hier dem Umstande zuzuschreiben, daß der halbkonsonantische Bestandteil u des Diphthongen, solange noch au oder ou bestand (fauto, *fouto), das *t* gerade so hielt wie ein Kons. (s. den vorhergehenden Punkt). Dasselbe war der Fall in *meytad* medietate, wo das halbkonsonantische y dieselbe Wirkung hatte.

5. Endlich hält sich t selbstverständlich in gelehrten Wörtern: *natura, habitar*.

C) Im Auslaute beruht *t* auf lat. inl. t, das durch Ausfall eines Vokales in den Auslaut getreten ist; steht es im Lat. zwischen Vokalen, so wechselt es im Asp. mit d: *fuert* neben *fuerte* forte, *verdat* neben *verdad* veritate, *puet* neben *puede* *potet (statt potest), *dat* date (Imperativ).

d.

61. A) Im Anlaute entspricht es lat. d: *dar* dare, *duro* duru, *diente* dente, *dragon* dracone, *donde* de unde.

Hinzugetreten ist es in *dir* 'gehen' neben häufigerem *ir* ire. In *dexar* 'lassen' ist es nicht etwa aus l- entstanden, sondern *delexar delaxare wurde zu *dexar* zusammengezogen, was sich aus der Verwendung als Hilfsverb, also in schwachtoniger Stellung, erklärt.

B) Im Inlaute entspricht d:

1. Lat. d; nur vor i̯ (§ 64 B) und unter nicht ganz klaren Bedingungen zwischen Vokalen (§ 85) hat sich lat. d anders entwickelt. In manchen Wörtern wechselt im Asp. erhaltenes mit geschwundenem *d*, in der neueren Sprache hat sich in solchen Fällen die Form ohne *d* durchgesetzt. Beispiele: *nudo* nudu, *nido* nidu, *vado* vadu, *preda* praeda, *roder* neben (und nsp.) *roer* rodere, *quadro* quadru, *cuerda* 'Sehne' chorda, *quando* quando, *rabdo* rapidu; ferner *frido* (später *frio*) frig(i)du.

2. Lat. t zwischen Vokalen und zwischen Vokal und r: *nado* natu, *mudar* mutare, *rueda* rota, *vida* vita, *madre* matre. Dieser Wandel von t zu d ist älter als der Aus-

fall der tonlosen Mittelvokale, man vergleiche z. B. *dubdar* dubitare, das eine ältere Stufe *dubedar voraussetzt; weiter *cabdiello* 'Oberhaupt' capitellu, *bebdo* 'betrunken' bibitu, *verdad* veritate; *dedo* digitu (über *deyedo, *deido), *cuidar* cogitare.

3. Germ. þ (ð) und d im Inlaute: *laido* 'häßlich' got. laiþs 'widerwärtig', *enridar* 'runzeln, kräuseln' zu ahd. rīdan 'drehen'.

C) Im Auslaute wechselt *d* mit *t* und hat dieselben Quellen (§ 60 C).

x.

62. A) x kommt nur selten im Anlaute vor; es findet sich für:

1. Lat. s, meist vor i, aber auch in einigen anderen Fällen: *ximonia* simonia, *xabon* sapone, *xugo* sucu, *Xátiva* Setabi usw. Einige von diesen Wörtern scheinen durch maurischen Mund gegangen zu sein: den Arabern klang das span. *s* ihrem š ش ähnlich, weshalb auch die Aljamiados-Texte das span. *s* mit ش transkribieren (s. § 5).

2. Griech. x in *xamet* 'Samt' hexamiton.

3. Arab. š: *xeque* 'Häuptling' šeiḥ, *xarifo* 'schön' šarīf 'edel'.

B) Im Inlaute ist x der Nachfolger von:

1. Lat. x[1]: *exir* exire, *exe* axe, *mexiella* 'Wange' maxilla, *enxugar* 'trocknen' exsucare (unter dessen Einfluß dann vermutlich das Simplex *sugo zu *xugo* geworden ist), s. oben.

2. Lat. ssi̯: *baxar* 'senken' *bassiare, woraus das Adjektiv *baxo* 'niedrig' gebildet wurde; *roxo* russeu. Auf ss vor betontem ī beruht x in *vexiga* vessica; in sti̯ hat es vielleicht seine Quelle in *quexar* 'klagen' *questiare und *congoxa* angustia, wenn nicht letzteres Lehnwort aus prov. *angoissa* ist, ersteres auf coaxare beruht. *caxa* 'Büchse' und die davon abgeleiteten *quixal*, *quixada* 'Kinnbacken' beruhen

---

[1] Über *iss, das in *fresno* fraxinu noch erkennbar ist.

vielleicht auf *capsea; *puxar* 'stoßen' scheint *pulsiare zu sein.

3. In *páxaro* 'Vogel' passere geht es auf ss zurück, das sich in diesem Worte aus unbekannten Gründen anders entwickelt hat als sonst.

4. In Denkmälern aus jüngerer Zeit, als g (ž) und x schon unter š zusammengefallen waren, findet sich x auch für g: *fuxir*, *xeneraçion* usw.

C) Im Auslaute begegnet x nur in der dem Französischen entlehnten Nachsilbe -ax (neben -age § 63 B 3) frz. -age: *linax* 'Geschlecht' frz. linage, *barnax* 'Tapferkeit' frz. barnage.

j, g.

63. A) Diese Zeichen, denen zweifellos der Lautwert ž zukam, stehen, mehr oder weniger miteinander wechselnd, im Anlaute:

1. Für vulgärlat. ǵ (= klass. j, dį, und g vor e und i) vor o und u unter Bedingungen, die noch nicht ganz klar sind (auch y findet sich für vulgl. ǵ in dieser Stellung, s. § 64 A), z. B. *jogar* jocare, *juego* jocu, *joven* juvene, *judgar* judicare, *jurar* jurare, *jornada* *diurnata 'Tag' u. a. In diesem Falle schreiben die Handschriften immer i (j), nicht g.

2. Für g vor e und i nur in Lehnwörtern: *gento* 'vornehm' frz. gent, *gesta* 'Heldentat' frz. geste (in Erbwörtern fällt g in dieser Stellung, s. § 84); hier schreiben die Hss. fast immer g. Ein Lehnwort (aus dem Frz. oder Prov.) ist auch *jamas* 'nie' frz. jamais gegenüber dem erbwörtlichen ya (§ 64 A).

3. Für g vor i in germ. Wörtern: *giga* 'Geige' ahd. gīga.

B) Im Inlaute hat j (g) verschiedene Quellen:

1. Am häufigsten entspricht es lat. lį außer nach Konsonanten (s. § 69 B): *paja* palea, *mejor* meliore, *fijo* filiu, *muger* muliere, *foja* folia. Auf germ. lj beruht es in *gasajado* 'Unterhaltung' zu germ. *gasalja 'Geselle, Ka-

merad'. Wie gewöhnlich schließt sich colligere den Wörtern mit lị an: *collịere = span. *coger*.

2. Ferner ist es der Fortsetzer von vulgl. cl zwischen Vokalen (= klass. -cul- und -tul-): *navaja* 'Messer' novacula, *oreja* auricula, *ojo* oculu, *enojo* genuculu; *viejo* vetulu. Ganz analog geht es auf vulgl. gl zurück in *cuajar* coagulare und in *teja* tegula.

3. Einem frz. oder prov. g verschiedenen Ursprungs entspricht es in Lehnwörtern wie *mege* prov. mege medicu, *erege* prov. erege haereticu, *-age* frz. prov. -age -aticu, *ligero* frz. legier leviariu.

4. Mundartlich ist *g* als Entsprechung von intervokalischem g vor i, z. B. *fugir* (kastilisch *fuir* § 85).

5. Endlich vertritt *g* das arabische ǧ: *algebra*, *aljamía* (§ 7) al-ǧamʿijje, *Guadalfajara* Wādi 'l-hiǧāra.

y.

64. A) Im Anlaute steht es vor *a* als regelmäßige Entsprechung des vulgl. ǵ: *yaz* jacet, *yantar* jentare, dazu auch *yogo* (über *yaugo) jacuit. Ferner vor *u* ebenfalls für vulgl. ǵ in *yugo* jugu, *yuso* 'unten, hinunter' deorsum; neben *yunta* 'Vereinigung' findet sich häufiger *junta* usw., wie denn überhaupt das Verhältnis zwischen *j* und *y* nicht ganz klar ist (s. § 63 A).

In Wörtern wie *yerno* generu, *yema* gemma, *yelo* gelu läßt sich nicht entscheiden, ob *y* das lat. g- wiedergibt oder ein Bestandteil des Diphthongen ist; die Behandlung von *yesso* gypsu scheint für das erste zu sprechen.

B) Im Inlaute ist *y* der Nachfolger eines vulgl. ǵ (= klass. j, dị, gị) vor und nach *a*, *o* oder *u* (vor und nach *e*, *i* fällt ǵ, s. § 85): *mayor* majore, *cuyo* cujus, *mayo* maju, *ayunar* jejunare; *rayo* radiu, *poyo* podiu, *moyo* modiu, *oyo* audio, *ensayo* exagiu, *faya* fagea 'Buche', wohl auch *foya* 'Grube', das eher postverbal zu *fodere* ist, als auf *fovea* zurückgeht.

Einem germ. gj entspricht es in *sayon* 'Gerichtsdiener' germ. *sagjo (zu dtsch. sagen), vielleicht auch in *ayo* 'Hofmeister', wenn es zu germ. hagjan 'hegen' gehört.

Mitunter erscheint es als bloßer Gleitlaut zwischen zwei Vokalen eingeschoben, von denen der erste *e* oder *i* ist: *peyon* pedone, *seyer* sedere, *guiyó* 'er führte' von *guiar* aus afr. guier neben den gewöhnlicheren Formen *peon*, *seer*, *guio*.

C) Im Auslaute steht es nur nach Vokalen und zwar entweder für lat. dj, das nach Ausfall eines Vokals in den Auslaut getreten ist: *oy* hodie, oder für tonloses *e*, das durch Schwund eines Kons. an ein anderes *e* getreten ist: *ley* aus *lee* lege (s. § 21).

c.

65. A) 1. Im Anlaute geht *c* in der Regel auf lat. c zurück, außer vor e und i, wo es schon im Vulgl. assibiliert wurde: *cal* 'Straße' calle, *corte* 'Hof' cohorte, *coto* cautu, *cobdo* cubitu, *culuebra* colubra, *crebar* crepare, *creer* credere.

Wird der folgende Vokal durch spanische Vorgänge zu *e* oder *i*, so erscheint in der Schrift *qu* statt *c*: *queso* caseu (§ 9b), *quixada* 'Kinnbacken' zu capsa; späteres *quebrar*, *quemar* für älteres *crebar*, **cremar*.

2. Auf lat. qua- in tonloser Silbe: *catorze* quattuordeci; *ca* aus quia, wogegen *quaraenta*, *quaresma* auf quàdragínta, quàdragésima beruhen.

3. Auf germ. k: *cosido* 'auserwählt' zu got. kausjan 'wählen', *cruxir* 'knirschen' aus got. *kraustjan (belegt ist got. kriustan), *cofia* 'Haube' zu ahd. kupphja.

B) Im Inlaute entspricht *c*:

1. Lat. c nach Kons.: *arco* arcu, *mosca* musca; ferner nach au, dessen u-Element also auch hier wie bei t (§ 60 B 4) wie ein Konsonant gewirkt hat: *oca* *auca, *poco* paucu (aber *afogar* lat. affocare, nicht affaucare).

2. Lat. cc: *boca* 'Mund' bucca, *vaca* vacca.

3. Lat. qu nach Kons. nur in *nunca* nunqua, *escama* squama.

4. Germ. k und kk: *rico* 'reich' got. reiks, *rueca* 'Rocken' zu ahd. roccho.

C) Im Auslaute kommt es nur in Lehnwörtern vor: *duc* (neben *duque*) 'Herzog' frz. duc.

g.

66. A) *g* gibt im Anlaute lat. g außer vor e und i (§ 85) wieder: *galgo* 'Windhund' (cane) gallicu, *gallo* gallu, *governar* gubernare, *gusto* gustu, *gozo* gaudiu, *gruesso* grossu.

Vor l entspricht es ebenfalls lat. g in *glera* glarea 'Kies', *gloton* gluttone, und in offenbar gelehrten Wörtern wie *gloria* u. ä. Hier zeigt sich aus dunklen Gründen eine andere Behandlung des lat. gl- als in den im § 51 angeführten Fällen.

Wie in anderen romanischen Sprachen erscheint *g* mitunter als Nachfolger eines lat. (griech.) c: *golpe* neben *colpe* 'Schlag' colaphu, *gato* 'Katze' cattu, *grasso* crassu.

Aus germ. g ist *g* hervorgegangen in *godo* 'Gote', *gabar* 'rühmen, prahlen' zu altnord. gabb 'Spott', *gansa* 'Gans', *gonfalon* 'Fahne' ahd. guntfano 'Kriegsfahne'. In *galardon* 'Belohnung' ahd. *widarlōn entspricht es germ. w; doch ist das Wort vermutlich erst durch Vermittlung des Französischen aufgenommen worden.

B) Im Inlaute ist g entstanden:

1. Aus lat. g in jeder Stellung außer vor e und i (§§ 85 und 71 A e): *llaga* plaga, *rogar* rogare, *yugo* jugu, *negro* nigru; *verga* virga, *largo* largu, *luengo* longu.

2. Lat. c, dem ein Vokal vorausgeht und a, o, u oder r folgt: *llegar* 'ankommen' plicare, *amigo* amicu, *agudo* acutu, *alegre* alacre, *agrio* acre, *suegro* socru, *magro* macru. Dieser Wandel von c zu g ist früher eingetreten als der Ausfall der tonlosen Vokale, so daß Konsonantengruppen mit *g* entstehen: *amargo* 'bitter' *amaricu, *madurgar* 'früh kommen' *maturicare usw.

Auf lat. intervok. qu vor o beruht es in *algo* aliquod, *sigo* sequo(r).

3. In einigen Wörtern geht *g* auf die lat. Verbindungen d/c und t/c, die durch Ausfall eines Vokales entstanden

sind, zurück: *sosegar* 'beruhigen' *subsedicare, *trigo* 'Weizen' triticu.

4. Germ. g vor a in *giga* 'Geige' germ. gīga.

5. Durch Analogie ist es eingeführt in Verbalformen wie *yaga* jaceat, *fago* facio, späterem *oigo* audio usw. (s. § 136).

Im Auslaute kommt *g* nicht vor.

qu.

67. Das asp. *qu* zeigt im Nsp. doppelte Weiterentwicklung: entweder haben sich sowohl das velare als das labiale Element erhalten (dann schreibt die heutige Orthographie *cu*: *cuando*), oder es ist nur jenes geblieben (auch nsp. *qu* geschrieben: *querer*). Da das Asp. konsequent in beiden Fällen *qu* schreibt, so läßt sich kein sicherer Schluß auf die Aussprache ziehen; da indes auch das k germanischer Wörter durch *qu* wiedergegeben wird, so darf man vermuten, daß die heutige Doppelheit auch schon im Asp. bestand; man sprach also wahrscheinlich ku̯ vor *a*, aber k vor *e* und *i*.

A) Im Anlaute beruht *qu*:

a) Auf lat. qu vor ganz oder halb betontem a: *quanto* quantu, *quando* quando, *qual* quale, *quarto* quartu, *quaraenta* quàdragínta, *quaresma* 'Fasten' quàdragésima. An diese schließt sich *cuajar* coagulare.

b) Auf lat. qu vor e und i (in diesem Falle, wie gesagt, wohl mit der Aussprache k): *qui* qui, *quien* quem, *querer* 'wollen' quaerere, *quedo* qu(i)etu.

B) Im Inlaute findet es sich nur in *çinquenta* cinquaginta (nach Ausweis des Nsp. mit u gesprochen) und als Reflex eines germanischen k in *esquila* 'Schelle' germ. skilla, *esquivar* 'vermeiden' germ. skiuhan 'scheuen', *esquena* 'Rückgrat' germ. skina.

gu.

68. Für die Aussprache des *gu* gilt dasselbe, was im § 67 über *qu* gesagt wurde: vor *a* und *o* wurde nach dem Ausweise des Nsp. gu̯ gesprochen; vor *e* und *i* spricht das Nsp. nur g, und dies scheint auch schon die Lautung im Asp. gewesen zu sein, wie man aus dem Umstande schließen kann, daß die Buchstabenverbindung *gu* auch dort gebraucht wurde, wo offenbar nur g gesprochen wurde, z. B. *llegue* Konjunktiv von *llegar*.

A) Im Anlaute erscheint *gu* für germanisches oder arabisches w: *guardar* 'hüten' wardan, *guarir* 'schützen' germ. warjan, *guerra* 'Krieg' germ. wirra, *guisa* 'Weise' germ. wīsa; *Guadalfajara* und andere mit *guad*- beginnende Ortsnamen zu arab. wādi 'Fluß', *alguazil* 'Aufseher' arab. al-wezīr.

B) Im Inlaute steht es

a) Für lat. qu zwischen Vokalen: *agua* aqua, *yegua* equa, *igual* aequale, *seguir* *sequire, *águila* aquila, *antiguo* antiquu. Dazu stellt sich auch *legua* leuca *lequa.

b) Für lat. gu̯ nach Kons. in *lengua* lingua.

c) Für f/c in *santiguar* aus sanctificare (über -ivigare vgl. § 58 B 2) und ähnlichen Wörtern.

d) Für konsonantisch gewordenes u in *menguar* *minuare 'vermindern'.

e) Für germ. w (oder ggw?) in *tregua* 'Waffenstillstand' germ. triuwa oder got. triggwa.

ch.

69. A) *ch* findet sich im Anlaute nicht eigentlich in kastilischen Wörtern, sondern nur in solchen, die dunklen Ursprungs oder Mundarten oder anderen Sprachen entnommen sind. Aus Dialekten entlehnt sind z. B. *chiflar* (neben echt kastilischem *silbar*) sibilare, *chumaço* 'Federkissen' *plumaceu (echt kast. wäre *ll*- zu erwarten, § 52), *chus* plus, *chisme* (neben *çisme* und *çimçe*) cimice, *chapuzar* (neben *çapuzar*) 'untertauchen', wenn es von *subputeare kommt, *choclo* (neben *çoclo*) 'Holzschuh' socculu; dem Französischen entstammt *chanzon* frz. chanson, dem Arabischen *chirivía* 'Zuckerwurzel' arab. karīvija; dunkel ist der Ursprung von *chico* 'klein'.

B) **Im Inlaute** vertritt *ch*:

a) In der Regel lat. ct zwischen Vokalen: *fecho* factu, *dicho* dictu, *derecho* directu, *ocho* octo, *conducho* conductu; sekundäres c/t in *feches* facitis.

Für ctj̧ nach Kons. steht es in dem Eigennamen *Sancho* Sanctiu.

b) Lat. lt nach ŭ: *mucho* multu, *cochiello* cultellu, *ascuchar* auscultare, *puches* pultes.

Anm. In diesen beiden Fällen ist *ch* die Weiterentwicklung eines älteren *jt*; diese ältere Stufe ist erhalten, wenn ihr ursprünglich ein *i* voranging, mit dem j̧ verschmelzen konnte, z. B. *fito* 'fest' aus fīctu (für fixu), *vito* vīctu, *frito* frīctu (*dicho* dagegen ist nach den stammbetonten Formen des Zeitwortes aus *decho umgebildet, vgl. ital. *detto*); ferner blieb *jt*, wenn es in den Auslaut trat oder vor Kons. zu stehen kam: *muyt muy* multu, *buitre* vulture. Übrigens hat das Portugiesische bis auf den heutigen Tag die ältere Stufe bewahrt: *feito, dereito, oito; muito*.

c) Lat. cl nach Kons.: *troncho* 'Stiel' trunculu, *concha* 'Muschel' conchula, *mancha* 'Fleck' mancula (für macula); mitunter schwindet davor ein anderer Kons.: *macho* 'Hammer' martulu, marculu, *sacho* 'Jäthacke' sarculu, *cacho* 'Scherbe' calculu, *macho* 'männlich' masculu. (Daneben steht allerdings *mesclar* misculare.) In *çincho* 'Gürtel' scheint gl dieselbe Behandlung erfahren zu haben: cingulu. Unklar ist *facha* 'Fackel' facula; vielleicht liegt *fascula zugrunde.

d) Lat. plj̧ nach Kons.: *ancho* ampliu 'weit', *finchamos* 'wir füllen' (Konj.) impleamus und danach dann auch der Infinitiv *finchir*.

e) Lat. clj̧ in *cuchara* 'Löffel' *cochleara.

f) *inchar* 'aufblasen' inflare ist vielleicht dem Portugiesischen entlehnt; *facha* 'Hacke' aus germ. hapja ist durch französische Vermittlung aufgenommen.

In den Auslaut ist *ch* manchmal getreten durch Abfall eines Vokales; doch finden sich häufiger die Formen mit erhaltenem Vokal: *noch* neben gewöhnlicherem *noche* nocte; *much* neben *mucho* usw.

ç.

70. A) Im Anlaute entspricht ç am häufigsten lat. c vor e oder i: *çierto* certu, *çiego* caecu, *çerca* circa, *çibdad* civitate; *çinco* *cinque (für quinque).

Auch auf griech. z- geht ç zurück: *çelo rreçelo* 'Furcht, Eifersucht' zêlos, *çumo* zōmós. Daneben findet sich dann eine nicht unbeträchtliche Anzahl von Wörtern, in denen ç auf lat. s beruht, z. B. *çerviçio* (neben s-) servitium, *çimençera* 'das Säen' *sementiaria, *çedaço* *setaceu, in denen sich ç statt s leicht durch Assimilation erklärt; bei *San Çalvador* Sanctu Salvatore, *conçertar* consertare, *ençienço* incensu hat sich zwischen n und s ein Dental als Gleitlaut eingeschoben und ts wurde durch ç wiedergegeben; in gleicher Weise mag *çerrar* 'schließen' serrare unter dem Einflusse von *en-serrar* = *ençerrar* entstanden sein oder vielleicht in Anlehnung an das sinnverwandte *çercar* 'umschließen' *circare; auch *quiça* 'vielleicht' qui sapit kann durch *quien sabe* (= *quien-t-sabe*) hervorgerufen worden sein. Dann finden sich aber andere Wörter, bei denen derartige Erklärungsversuche versagen; so *çahonder* subfundere, *çapato* 'Schuh', wenn es zum Stamme sappa (frz. sappe) gehört, *çendal* 'Schleier, Art, Stoff' zu griech. *sindōn* (auch frz. c-, mhd. z-) usw. Bei diesen Wörtern hat man vermutlich anzunehmen, daß sie aus irgendeiner Mundart stammen oder durch arabischen Mund gegangen sind; das arab. s (س) und ṣ (ص) werden nämlich im Asp. durch ç wiedergegeben, so *çaga* (س) 'Nachhut' sāġa, *Çid* arab. sejjid 'Herr'; *alcáçar* 'Schloß' arab. al-kaṣr.

B) Im Inlaute hat ç mannigfache Quellen:

a) Lat. c vor e und i nach Kons.: *vençer* vincere, *torçer* torcere (für torquere), *coçes* 'Ausschlagen der Pferde' calces, *dulçe* dulce. Besonders steht es auch für lat. sc vor e, i: *meçer* miscere, *peçes* pisces, Inchoativendung *-eçer* -escere; doch kommt hier auch, wenn auch seltener, die Schreibweise sç vor. In *açor* ist ç aus *tst reduziert (ältere Form: *aztor*, s. § 74 f.).

b) Lat. tį und cį nach Kons.: Suffix -ança -antia (*dubdança* von *dubdar* 'fürchten' dubitare; *criança* von *criar* creare usw.), *alçar* 'erheben' *altiare, *fuerça* *fortia, *caçar* 'jagen' *capt-iare, *terçero* 'der dritte' tertiariu; — *lança* lancea, *calçar* calceare.

c) Auf lat. ci zwischen Vokalen scheint ç zurückzugehen in *braço* brachiu, *cabeça* 'Kopf' *capicia, *peliça* 'Pelz' *pellicia, *amenaça* minacia [neben *amenaza*]; *pieça* zu franz. pièce, *pedaço* 'Stück' mit Suffix -aciu, *picaça* 'Elster' *picc-acia. Doch sind die meisten dieser Wörter in ihrem Ursprung nicht ganz aufgehellt; auch findet sich für lat. intervok. ci auch z (s. § 71 A), so daß die ganze Entwicklung wenig klar ist.

d) Lautgesetzlich ist vielleicht *uço* 'Türe' ostiu, da die Fälle, wo lat. stį als x erscheint, zweifelhaft sind (§ 62 B 2); in *verguença* scheint sich der Einfluß des Suffixes -ença geltend gemacht zu haben, die ungestörte Entwicklung zeigt die Form *verguenna* (§ 50 c).

e) In gelehrten Wörtern steht ç für lat. tį: *preçiar* pretiare, *graçia*, *serviçio*.

C) Im Auslaute wird ç durch z ersetzt, s. § 71 B.

z.

71. z kommt nur im Inlaute und im Auslaute vor; es hat zwei lautliche Geltungen: im Inlaute zwischen Vokalen bezeichnet es den Laut dz, vor Konsonanten aber und im Auslaute bedeutet es denselben Laut wie ç, nämlich ts; man hat es also hier mit einer bloßen Schreibergewohnheit zu tun.

A) Im Inlaute hat z seine Quelle:

a) In lat. intervok. c vor e und i; in ältester Zeit steht dafür noch oft das etymologische c in Erinnerung an das Lateinische, vom 14. Jahrh. ab erscheint regelmäßig z: *dezir* dicere, *vezino* vicinu, *fazer* facere, *cruzes* cruces.

In *rrezio* 'steif' rigidu scheint das bedeutungsverwandte *rezien* recente eingewirkt zu haben.

b) In griech. z: *bautizar* baptizare; neben çelos rreçelos (§ 70 A) findet sich auch z-.

c) In lat. ti zwischen Vokalen: Suffix -*eza*: *pereza* pigritia, *graveza* *gravitia, *pozo* puteu, *razon* ratione, *vezo* vitiu, *aguzar* acutiare.

Wenn sich daneben Formen mit z finden, die auf c$\mathfrak{i}$ zurückgehen, so liegen da vielleicht jüngere Bildungen vor; so könnte *fornazo* aus *fornaz furnace durch Anhängung des mask. -o erweitert sein, ebenso *amenaza* aus *menaz minace. Die Formen -*izo* -*ezo* für lat. -īciu -īciu erscheinen erst im 15. Jahrh., sind also halbgelehrte Neubildungen und vielleicht zu einer Zeit entstanden, wo sich der Unterschied zwischen z und ç schon zu verwischen begann.

Schon in älterer Zeit erscheint in gelehrten Bildungen z für lat. c$\mathfrak{i}$: *juizio* judiciu, *Gallizia* Gallicia.

d) Auf d$\mathfrak{i}$ beruht z in *gozo* gaudiu; das vorausgehende au scheint hier das Schicksal von d$\mathfrak{i}$ beeinflußt zu haben (vgl. §§ 60 B 4, 65 B 1).

e) Auf lat. g vor e, i und nach r oder n: *esparzer* spargere, *burzes* burgense, *senziello* singellu, *enzía* gingiva; doch findet sich in diesem Falle in manchen Denkmälern auch ç geschrieben: *onçeia* 'Kralle' *ungicula, *erçer* *ergere (für erigere nach érīgo usw.).

In *arzon* 'Sattelbogen' *arcione, *arienzo* 'Silberling' argenteu steht z, wo man eigentlich ç erwarten würde (§ 70 B b); der Grund der verschiedenen Behandlung ist nicht ersichtlich.

Über *rezar, amizad* s. § 74 f.

f) Analogisch ist z (d. i. in diesem Falle ts) in den Zeitwörtern auf -scere eingeführt, wenn c als c (k) erhalten blieb; nach *conoçe* cognoscit (§ 70 B a) bildet man neben *conosco* schon im 13. Jahrh. auch *conozco*; neben *creçe* crescit auch *crezca* crescat. Diese Analogie hat dann auch auf andere Verba übergegriffen; so wird zu *vençer* vincere auch ein *venzca* vincat gebildet; *mezclar* misculare steht wohl unter dem Einflusse des gleichbedeutenden *meçer* miscere. Vgl. auch § 133.

g) Endlich steht *z* für verschiedene fremde Laute, und zwar für arabisch *z* (zā): *alguazil* arab. al-wazīr, *azemila* az-zemila; hier auch im Anlaute: *zarafa* arab. zarāfa; — für arab. s und ṣ vor Kons.: *mezquino* 'armselig' arab. meṣkīn; — für bask. z in *izquierdo* 'link' bask. ezquerra.

B) Im Auslaute steht *z*:

a) Für span. *ç*, wenn dieses durch Abfall eines Vokals in den Auslaut tritt: *voz* voce, *pez* pisce, *prez* prece; — *rrafez* 'arm' arab. rachīṣ (ص).

b) In dem Lehnworte *assaz* 'genug' aus prov. assatz.

c) In der Endung der Patronymika *-ez*: *Ferrandez* Sohn des Ferdinand, *Gomez* Sohn des Gomo [got. guma 'Mann'] usw.; der Ursprung dieser Endung ist dunkel; aus der lat. Genitivendung -is kann sie nicht kommen, da lat. -s immer -s ergibt; gegen die Annahme, daß sie aus der germanischen Genitivendung (got. -is) entstanden ist, spricht nicht nur, daß wir sonst keinen Anhaltspunkt dafür haben, daß das germ. -s eine andere Aussprache gehabt habe als das lateinische, sondern noch mehr, daß gerade die Goten nicht derartige Patronymika bildeten.

B. Konsonantengruppen.

72. Die asp. Konsonantengruppen gehen entweder auf lateinische zurück oder sie sind erst durch spanische Vorgänge entstanden. Jene entsprechen entweder unverändert den lateinischen, z. B. *tiempo* tempus, *cantar* cantare; oder es zeigt sich, daß einer oder beide Konsonanten durch andere ersetzt worden sind: *padre* patre, *esparzer* spargere, *tanner* tangere.

73. Durch spanische Vorgänge entstehen Konsonantengruppen, wenn zwei Konsonanten durch Ausfall eines Vokales zusammentreten; und zwar ist dieser Ausfall verhältnismäßig spät eingetreten, wie man aus dem Umstande schließen kann, daß die Konsonanten noch so behandelt sind wie zwischen Vokalen. Die beiden Konsonanten können nun entweder einfach nebeneinander treten: *madurgar* 'früh kommen' *maturicare, *lazrar* lacerare, *vezindad* vicinitate; oder man findet, daß gewisse Veränderungen erfolgt sind: ein Konsonant gleicht sich dem andern mehr oder weniger an: *conde* comite; *cabalgar* *caballicare; in *buitre* vulture, *petral* pectorale, *fresno* fraxinu sind ältere Lautstufen durch den Zusammentritt bewahrt worden (§ 69 Anm. und § 62[1]). Oder es tritt noch ein Konsonant hinzu, der im Lat. noch nicht vorhanden war: *temblar* tremulare, *remembrar* rememorare, *combré* comedere + hajo 'ich werde essen', *açendrar* ad-cinerare. Seltener ist der umgekehrte Fall: daß beim Zusammenstoß dreier Konsonanten der mittlere ausgefallen ist: *vengar* vindicare, *contar* computare. Weiter ist es möglich, daß die durch den Vokalschwund zusammentretenden Konsonanten ihre Stellen vertauschen: *tierno* teneru, *arze* acere, *rienda* 'Zügel' *retina (von retinere). Endlich können Konsonantengruppen auch dadurch entstehen, daß eine lat. Verbindung gelöst und an einer anderen Stelle des Wortes wiederhergestellt wird: *fremoso* (neben *fermoso*) 'schön' formosu, *pretal* (neben *petral*) pectorale. Vgl. auch §§ 77, 78.

74. Die meisten Konsonantenverbindungen sind schon in den vorhergehenden Paragraphen behandelt worden, wo die Quellen ihrer Bestandteile nachgewiesen wurden. Hier sei nur noch auf eine Anzahl Fälle hingewiesen, deren Entwicklung ein besonderes Interesse bietet.

a) Die Verbindung *mn* entsteht durch Ausfall eines Vokales zwischen lat. m und n: *omne* homine, *femna* femina, *famne* *famine (statt fame), *semnar* seminare, *limnar* 'Schwelle' liminare. Im Nsp. ist an Stelle dieser Verbindung *mbr* getreten, d. h. der zweite der beiden Nasalen ist durch Dissimilation zu *r* geworden, und zwischen *m* und *r* hat sich *b* als Gleitlaut eingefunden; die angeführten Beispiele lauten daher nsp.: *hombre, hembra, ham-*

bre, sembrar, umbral.[1] Derartige Formen finden sich übrigens hie und da schon in asp. Denkmälern, sie sind mundartlich oder durch spätere Kopisten eingeführt, z. B. *relumbrar* 'leuchten' reluminare, *mimbre* 'Weide' vimine.

b) **mb** kommt im Kastilischen zwischen Vokalen nur dann vor, wenn eine der Vorsilben *con-* oder *en-* vor einen mit *b-* oder *v-* beginnenden Stamm tritt: *combidar* convitare, *ambidos* invitus. Sonst findet es sich zwischen Vokalen nur dialektisch (leonesisch) oder in Latinismen; das lat. mb ist nämlich in echt volkstümlichen Wörtern zu *m* geworden (s. § 48). Die Verbindungen *mbr mbl* sind entweder unverändert aus dem Lat. herübergenommen: *solombrar* 'beschatten' subumbrare, *miembro* membru, oder sie sind durch Zusammentreten von m/r m/l nach Schwund eines Vokales und mit Entwicklung des Gleitlautes *b* entstanden: *ombro* humeru, *remembrar* rememorare, *combré* aus *com'ré* Futurum von *comer* 'essen' comedere, *temblar* tremulare. (Über *mbr* vgl. auch oben unter a.)

c) **ld** und **nd** gehen entweder auf gleichartige lat. Gruppen zurück: *caldo* cal(i)du, *vender* vendere; oder sie entstehen durch Vokalausfall: *aneldo* anhelitu, *bondad* bonitate, *conde* (neben *comde*) comite, *senda* (neben *semda*) semita. Eine dritte Quelle bilden die durch Vokalschwund hervorgegangenen Gruppen t/l und t/n, die im Span. regelmäßig zu ld nd umgestellt werden[2]: *cabildo* capitulu, *tilde* titulu, *rolde* rotulu, *espalda* 'Schulter, Rücken' spatula, dazu auch *molde* modulu, *Roldan* aus afrz. Rodlant; — *rienda* 'Zügel' *retina, *serondo* serotinu, *candado* 'Schloß, Riegel' catenatu (die Form *cannado* ist vielleicht eine unvollkommene Wiedergabe der Zwischenform *candnado), *pendado* pectinatu. Dieses Bestreben, die un-

---

[1] In *el limnar* wurde *l-* durch unrichtige Trennung zum Artikel gezogen; *i* wurde durch den Einfluß des labialen *m* zu *u*, das zweite der beiden *r* zu *l* dissimiliert.

[2] t/l findet sich nur in alten Buchwörtern, da altes t/l schon im Vulgl. zu cl geworden war: vetulu vulgl. vecla sp. *viejo*.

bequemen Verbindungen *dl dn* durch Metathese zu beseitigen, ist so groß, daß es selbst dann auftritt, wenn *l* oder *n* einem Pronomen angehört, das an ein vorausgehendes, mit *t (d)* endendes Wort angelehnt wird: *dalde = dad le* 'gebt ihm', *toveldo = tove t(e) lo* 'ich hatte es dir', *dilde = di t(e) le* 'ich gab ihn dir', *dandos = dad nos* 'gebt uns'. Allerdings kommen auch in den ältesten Denkmälern schon die Formen ohne Metathese vor (*dad le* usw.), vielleicht nur in der Schrift.

Durch Metathese ist *nd* entstanden in *prenda* neben *pendra* 'Pfand' pignora (über *peñ'ra*). Nicht ganz klar ist *sendos* neben *sennos* singulos.

Endlich finden sich *ld* und *nd* für *ll* und *nn* in Lehnwörtern: *bulda* bulla, *celda* cellula, *pendola* 'Flügel' pennula.

d) **rn** gibt lat. und germ. *rn* wieder, z. B. *cuerno* cornu, *guarneçer* 'versehen' zu germ. warnjan. Ferner entsteht es aus *n/r*, die durch Synkope aneinandergetreten sind und regelmäßig ihre Stellen tauschen: *tierno* teneru, *yerno* generu, *viernes* (dies) Veneris, *çernada* 'Asche' *cinerata; dann in Verbalformen wie *porná* aus ponere + habet, *terná, verná* Fut. von *poner tener venir*. Diese Verbalformen fügen sich nicht dem gewohnten Typus des Futurum, der ein *r* vor dem Vokal der Endung aufweist; sie werden daher später verschiedentlich umgestaltet; entweder indem *rn* zu *rr* assimiliert wird: *porrá terrá*; oder indem die Rückumstellung zu *nr* vorgenommen wird, wobei sich zwischen *n* und *r* der Gleitlaut *d* entwickelt: *pondrá tendrá* (so die nsp. Formen). Der zuletzt genannte Vorgang findet sich übrigens auch bei Wörtern anderer Kategorie: *engendrar* 'erzeugen' ingenerare, *çendra* cinere + a, *açendrar* ad-cinerare, *ondrar* honorare; endlich kommt auch *onrar* vor; es scheint sich dabei um mundartliche oder lehnwörtliche Formen zu handeln.

e) Die Gruppe **dg** ergibt sich aus dem Zusammentritte von lat. d oder t mit c nach dem Ausfall eines Vokals: *judgar* judicare, *-adgo* -aticu, *piedgo* *pedicu (für

-a); daneben finden sich auch Formen mit *lg*: *julgar*, *portalgo* usw., die der leonesischen Mundart entstammen. Auch *jugar* findet sich in alten Denkmälern, das verschieden gedeutet werden kann. Die nsp. Form mit *z* (*juzgar*) kommt erst im 15. Jahrh. vor.

f) *zt* findet sich nur in *aztor* 'Falke' acceptore (Umformung von accipiter); *zd* in *plazdo* placitu, *amizdat* amicitate. In allen diesen Fällen ist jeder Bestandteil regelmäßig aus der lat. Quelle hervorgegangen; schon im Asp. findet sich nun aber Erleichterung der Verbindung *zd* zu *z*: *plazo amizad*; *rezar* 'beten' recitare ist nur mit *z* belegt; *aztor*, wo *z* vor dem Kons. der übliche graphische Ausdruck für *ts* ist, erscheint später in der Form *açor*.

C. Allgemeine Erscheinungen des Konsonantismus.

1. Assimilation.

75. Angleichung eines Konsonanten an einen andern ist im Asp. selten; außer Fällen wie *yffante* 'Prinz' infante, *yffierno* infernu, die sich auch anderswo finden, gehören hierher z. B. *ençina* 'Eiche' ilic-ina, *mermejo* neben *b-* 'rot' vermiculu, *vervezon* 'Würmchen' verm-icione; ferner die dem Provenzalischen entstammenden *fleylia* 'Brüderschaft' aus *freylia* (das wieder durch Dissimilation aus *freyria* entstanden ist) und *ruisennor* lusciniolu prov. rossinhol (mit volksetymologischer Einmischung von *Ruy*, Kurzform zu *Rodrigo*, und *sennor*).

2. Dissimilation.

76. Etwas häufiger ist Dissimilation zweier gleicher oder ähnlicher Konsonanten, es handelt sich fast nur um die Liquiden und oft um Lehnwörter.

Bei *r—r* wird eines zu *l*: *miércoles* mercurī (dies), *roble* 'Steineiche' robur, *árbol* arbore, *mármol* marmore, *cárçel* carcere, *vergél* frz.-prov. vergier, *fraile* '(Mönchs)-bruder' prov. fraire; *albergar* zu germ. *hariberga, *Beltran* Bertran (prov.). — Die Dissimilation ist bis zum Abfall vorgeschritten in *temblar* tremulare, *brabo* 'wild' barbaru, *confadria* confratr + ia, *Fadrique* Fridericu.

l—l ist dissimiliert in *ponçella* 'Mädchen' pulicella wohl durch Einmischung von *donzella*, *logar* locale, *carcannal* 'Ferse' calc + aneu + ale.

n—n: eines davon wird meist zu *l*: *espannol* (neben *espannon*) Hispanione (vielleicht prov.), *delante* neben *denante* 'vor' de-in-ante; *gonfalon* 'Fahne' germ. gunt-fano (wohl französisch); — zu *n—r* in *sangre* sanguine. Abfall des einen *n* in *andado* ante-natu.

m—n zu *m—l* in *comulgar* communicare.

n—m wird verschieden dissimiliert: *alma* anima, *nembrar* (neben *m-*) memorare, *mermar* 'vermindern' minimare.

d—d ist zu *l—d* dissimiliert in *galardon* 'Belohnung' germ. *widar-lōn, das aber nicht echt spanisch ist.

3. Metathese.

77. Die Metathese ist entweder einfach, d. h. ein einziger Kons. tritt an eine andere Stelle des Wortes, oder doppelt, d. h. zwei Konsonanten vertauschen ihre Plätze. Im allgemeinen sei bemerkt, daß fast immer auch die Formen ohne Metathese zu belegen sind; es handelt sich immer um l oder r, doch vgl. man auch § 74 c d.

Einfache Metathese liegt vor in: *perlado* praelatu, *dagron* dracone, *entregar* 'übergeben' integrare, *preguntar* 'fragen' percontari, *fremoso* formosu, *pretal* pectorale; *olbidar* oblitare, *blago* baculu, *blasmo* balsamu, *flabar* fabulari.

Doppelte Metathese ist weit seltener, z. B. *palabra* 'Wort' parabola, *estentinos* intestinos.

4. Zusatz von Konsonanten.

78. Am gewöhnlichsten ist Einschub eines Nasals, der auf Einmischung des Präfixes in- zurückzuführen ist, wie in *enxiemplo* exemplu, *embriago* *ebriacu, *enxugar* *exsucare, *ençiente* 'Wissen' sciente; — mitunter ist der Nasal durch einen andern im selben Worte hervorgerufen wie in *nin* nec, *ninguno* 'keiner' nec unu. Alle diese Fälle sind nicht auf das Spanische beschränkt.

Einschub eines *l* findet sich in *flablar* neben gewöhnlichem *fablar* fabulari; — *r* erscheint in dem Wörtchen *mientre* neben *miente*, das zur Bildung von Adverbien dient; *d* ist als Gleitlaut eingeschoben in den Futuris *valdra saldra faldra* und in *lazdrar* neben *lazrar* lacerare; *t* in *istrá* Fut. von *exir*.

Sechster Abschnitt.
Übersicht der lateinisch-spanischen Lautentwicklung.

A) Betonte Vokale.

79. Folgende Übersicht zeigt die Entwicklung der lateinischen betonten Vokale in Erbwörtern beim Übergang zum Spanischen.

Betont. latein.	wird unter folg. Bedingungen	zu aspan.	behandelt im §
a	—	*a*	8
	+ i̯-Element	*e*	9b
	+ u̯-Element	*o*	11 e γ)
	+ l$^{kons.}$	*o$^{kons.}$*	11 f
ę	—	*ie*	25 B
	+ i̯-Element	*e*	9 c
	vor i̯ der nächsten Silbe	*i*	10 d
	im Hiatus	*i*	26 A

[§ 79. 80.] Übersicht der lateinisch-spanischen Lautentwicklung. 57

Betont. latein.	wird unter folg. Bedingungen	zu aspan.	behandelt im §
ẹ	—	e	9a
	+ i̯-Element	e	9c
	vor i̯ der nächsten Silbe	i	10d
	vor I der nächsten Silbe	i	10c
	im Hiatus	i	10b
i	—	i	10a
ǫ	—	ue	33 B
	vor Palatal	o	11b
	vor ri̯	ue	33 C
	+ u̯-Element	u	12e
	vor gedecktem Nasal	o (ue)	11c
ọ	—	o	11a
	vor i̯ der nächsten Silbe	u	12d
	vor lt, ct	u	12c
	vor ri̯	ue	33 C
	+ u̯-Element	u	12e
u	—	u	12a
ae	teils wie lat. ẹ, teils wie ǫ		
ai	—	e	9 b α)
au	—	o	11e
ui	—	ui	34

B) Tonlose Vokale.

80. Die tonlosen Vokale des Lateinischen entwickeln sich normalerweise in der durch folgende Übersicht veranschaulichten Art. Unter Umständen schwinden sie ganz, worüber § 81 Aufschluß gibt.

Tonlos. latein.	wird unter folg. Bedingungen	zu aspan.	behandelt im §
a	—	*a*	37
	+ i̯-Element	*e*	40
	+ u̯-Element	*o*	41
	nach betontem i, ẹ, u	*e*	25A, 33A
e	—	*e*	37
	vor (span.) i̯, u̯ der nächsten Silbe	*i*	42
	im Auslaut	schwindet	47
	im Auslaut nach (span.) *e*	*y*	64 C
	in der Mittelsilbe der Proparoxytona	schwindet	82 b
	nach dem Nebenton	schwindet	82 a
i	—	*i*	37
	vor Tonsilbe mit I	*e*	40
	im Auslaut	*e*	40
	nach dem Nebenton	schwindet	82 a
o	—	*o*	37
	vor (span.) i̯ u̯ der nächsten Silbe	*u*	43
	vor Palatal	*u*	43
	im Auslaut gewiss. Wört.	schwindet	46
	in der Mittelsilbe der Proparoxytona	schwindet	82 b
	nach dem Nebenton	schwindet	82 a
u	—	*u*	37
au	—	*o*	41
	vor Tonsilbe mit u	*a*	39

81. Die tonlosen Vokale bleiben — unverändert oder verändert — erhalten: a) wenn sie entweder in der einzigen Silbe vor der betonten stehen, oder b) wenn sie einen Nebenton tragen; bei Wörtern, die vor der betonten Silbe mehr als eine unbetonte haben, erhält nämlich diejenige einen Nebenton, die nach lat. Akzentgesetzen den Hauptton trüge, wenn jene Gruppe von tonlosen Silben ein selbständiges Wort wäre.

Als Typen für a) mögen angeführt sein: valere *valer*, vicinu *vezino*, colúbra *culuebra*, locale *logar*, auricula *oreja*.

Als Beispiele für b) vergleiche man: roburetu (wäre robu- ein selbständiges Wort, so müßte o den Hauptton bekommen, daher erhält es in ròburétu den Nebenton und bleibt bewahrt): *robledo*; cìvitáte *çibdat*, còllocáre *colgar*, sèptimána *sedmana*, jùdicáre *judgar*; — bei mehr als zwei Silben vor dem Tone: vicìnitáte *vezindat*, *matùricáre *madurgar*, *caballicáre *cavalgar*.

Anm. Wörter wie recuperare *recobrar*, ingenerare *engendrar* bilden keine Ausnahmen, sondern es sind hier re-, in- als Präfixe gefühlt und daher als außerhalb des Wortkörpers stehend behandelt worden.

82. Von den tonlosen Vokalen, die weder einer der eben genannten Bedingungen entsprechen, noch im Auslaute stehen, bleibt nur *a* bestehen, die andern schwinden. Es handelt sich dabei um zwei Fälle:

a) Um den Vokal zwischen Neben- und Hauptton. Beispiele für **a**: calamellu *caramiello*, paradisu *paradiso*, quadraginta *quaraenta*. — Andere Vokale: catenatu *candado* (aus *cadnado* § 74 c), cons(u)etudine *costumbre*, pollicare *pulgar*, pectorale *petral*.

Vor oder nach Konsonantengruppen scheinen auch die andern Vokale zu bleiben, doch sind die Beispiele dafür wenig zahlreich und lassen sich auch anders erklären, vgl. sedentare *seentar*, tempestate *tempestat*, hospitate *ospedado*, castigare *castigar*.

Der Vokal scheint auch zu bleiben, wenn er durch frühen Ausfall eines Konsonanten in den Hiatus getreten ist: litigare *lidiar*.

Wo sonst andere Vokale als *a* erhalten sind, handelt es sich um analogische Einflüsse anderer Formen desselben Stammes, in denen der Vokal lautgesetzlich bleiben mußte; so meist bei Zeitwörtern: bei acutiare *aguzar* wirkt der Einfluß der stammbetonten Formen (acútiat *aguza*) und von acútu *agudo*; ähnlich bei mensurare *mesurar*.

b) Um den mittleren Vokal der Proparoxytona. Auch hier hält sich bloß *a*, während die anderen Vokale schwinden: orphanu *uerfano;* — generu *yerno*, homine *omne*, tredecim *tredze*, cubitu *cobdo*, lepore *liebre*, populu *pueblo*.

Auch hier scheinen die Vokale nach Konsonantengruppen bewahrt zu bleiben: hospite *huésped*, lubricu *lóbrego*. Ebenso wenn durch Ausfall eines Konsonanten ein Hiatus entsteht: limpidu *limpio*, tepidu *tibio*.

C) Konsonanten.

a) Übersicht.

83. Für die Entwicklung der Konsonanten gelten für das Asp. dieselben Gesetze wie für den größten Teil des romanischen Gebietes, nämlich:

Die Sonanten (m n l r s) bleiben im allgemeinen unverändert; nur l in Konsonantengruppen ist im Asp. gefährdet.

Bei den Explosiven (p t c b d g) und Frikativen (f v ć ǵ) hängt in der Regel die Entwicklung von der Stellung ab; diese kann zweifach sein: stark oder schwach. In starker Stellung befinden sich die Konsonanten im Wortanlaute, wenn sie gedehnt (geminiert) sind und als zweiter Konsonant einer Gruppe; in schwacher Stellung befinden sie sich im Inlaute zwischen Vokalen und zwischen Vokal und r. Im allgemeinen bleiben die genannten Konsonanten in starker Stellung unverändert; in schwacher werden die stimmlosen stimmhaft, die stimmhaften bleiben unverändert oder schwinden gänzlich.

Weiter wird das Schicksal der Konsonanten beeinflußt durch ein folgendes i, oft auch durch die Nachbarschaft eines l; beide haben palatalisierende Wirkung. Ferner entwickeln sich die Konsonanten oft anders, wenn sie mit anderen entweder schon im Lateinischen oder durch Vokalausfall im Spanischen Gruppen bilden.

Diese allgemeinen Gesetze sollen nun näher besprochen werden.

b) Die Konsonanten in starker Stellung.

84. In starker Stellung bleiben fast alle Konsonanten unverändert; Beispiele findet man unter den entsprechenden Paragraphen des fünften Abschnittes. Ausnahmen bilden b und v, die zusammenfallen (§ 58); mitunter s vor i (§ 62 A 1); lat. ć (d. h. c vor e oder i) wird asp. zu ç (§ 70 A); ǵ und j (und dj) vor a o u erscheinen teils als j (§ 63 A 1), teils als y (§ 64 A); vor e und i schwinden sie ganz: generu *yerno*, gemma *yema*, gelu *yelo*, germanu *ermano*, genuclu *inojo*, gingiva *ençia*, jenuariu (für ja-) *enero*, jactare *echar* usw.

Zu bemerken ist noch, daß bei den geminierten Konsonanten *nn ll* das Verbleiben bloß graphisch ist (§§ 50, 52).

c) Die Konsonanten in schwacher Stellung.

85. Zwischen Vokalen und zwischen Vokal und r entwickeln sich die lat. Konsonanten in folgender Weise:

Lat.	p	t	c	b, v	f	ć	ǵ j
Asp.	b	d	g	v (b)	v	z	y.

Die andern Konsonanten bleiben unverändert, nur ist daran zu erinnern, daß bei s die Erhaltung wieder bloß graphisch ist. Beispiele sehe man unter den betreffenden asp. Lauten im 5. Abschnitt. Im einzelnen ist noch folgendes zu bemerken:

d und g schwinden mitunter zwischen Vokalen, ohne daß man bestimmte Bedingungen angeben könnte, Beispiele §§ 15—32; — j (ǵ) schwindet vor und nach palatalen Vokalen: sagitta *saeta*, vagina *vaina*, rege *ree rey, pejore *peor*; — v (b) schwinden vor betontem u: tributu *treudo* und in der Endung -ivu -iva: vacivu *vazío*, aestivu *estío*. — Nach au bleiben p t c erhalten, ebenso p nach i̯ (s. 5. Abschnitt).

d) Konsonantengruppen:

86. Im Anlaut bleiben die aus Kons. + r bestehenden Gruppen unverändert (Beispiele s. 5. Abschnitt). Vor l ergeben sich folgende Änderungen:

pl cl fl werden zu *ll* (§ 52),
bl bleibt: blank *blanco*, blandu *blando*,
gl wird *l* (§ 51) oder bleibt (§ 66 A).

Qu im Anlaute bleibt wenigstens graphisch erhalten (§ 67).

Im Inlaute haben die lat. Konsonantengruppen folgende Schicksale (alphabetisch angeordnet):

Latein.	Aspan.	Beispiele im §	Latein.	Aspan.	Beispiele im §
bi̯	*bi*	58 B	lć	*lç*	70 B A
ci̯	*ç, z*	{ 70 B c, 71 A c	alć	*oç*	70 B A
			ld	*ld*	74 c
kons. c	kons. *c*	65 B 1	li̯	*j*	63 B 1
kons. ci̯	kons. *ç*	70 B b	lm	*lm*	51
cl	*j*	63 B 2	lp	*lp*	57
kons. cl	*ch*	69 B c	ls	*ls*	51
cli̯	*ch*	69 B e	lt	*lt*	51
ct	*ch*	69 B	al kons.	o^kons.	11 f.
di̯	wie *j*	85	ult	*uch*	69 B b
fl	*ll*	52	lv	*lv*	58 B
gi̯	wie *j*	85	mb	*m*	48
gl	*j*	63 B 2	mi̯	*mi*	10 d
gn	*nn*	50 d	mn	*nn*	50 b
lb	*lv, lb*	58 B	mni̯	*nn*	50 c
lc	*lc*	65 B 1	mp	*mp*	57

§ 86. 87.] Übersicht der lateinisch-spanischen Lautentwicklung. 63

Latein.	Aspan.	Beispiele im §	Latein.	Aspan.	Beispiele im §
nc	nc	65 B 1	rg	rg	66 B 1
nć	nç	70 B a	rg'	rz	71 A e
nd	nd	61 B 1	arį, erį	er	9 b β
ndį	nn	50 c	ǫrį, ǫrį	uer	33 C
ng	ng	66 B 1	rm	rm	53
ng'	nn	50 c	rn	rn	53
ng'	nz	71 A e	rp	rp	57
ngl	nn	50 f	rs	ss	56
ngu	ngu	68 B b	rt	rt	60 B 3
nį	nn	50 c	rv	rv, rb	58 B
nqu	nc	65 B 3	sc	sc	65 B 1
nt	nt	60 B 3	sć	ç	70 B a
apį	ep	9 b β	asį	es	55 B
pl	bl	58 B	osį	ues	33 C
kons. plį	kons. ch	69 B d	ssį	x	62 B 2
ps	ss, x	56, 62 B 2	sp	sp	57
pt	t	60 B 3	squ	sc	65 B 3
qu	gu	68 B a	st	st	55 B
rb	rb, rv	58 B	stį	ç	70 B d
rc	rc	65 B 1	tį	z	71 B c
rć	rç	70 B a	kons. tį	kons. ç	70 B b
rd	rd	61 B 1	vį	vi	58 B
rf	rf	59 B 1	x	x	62 B 1

Die Entwicklung derjenigen Konsonantengruppen, die erst im Spanischen durch Ausfall eines Vokals entstanden sind, ist in den §§ 72—74 angedeutet.

e) Die Konsonanten im Auslaute.

87. Von den im Lateinischen im Auslaute stehenden Konsonanten bleiben nur l und s erhalten: fel *fiel*, mel *miel*, annos *annos*, minus *menos*; x wird zu *is* in sex *seis*; m wird zu *n*: quem *quien*, und in den unbetonten

Adverbien tam *tan*, quam *quan*, nur in jam *ya* fällt es ganz ab (wie auch in den andern romanischen Sprachen).

Bei auslautendem n und r zeigt sich Umstellung: nomen *nomne*, inter *entre*, semper *siempre*. — Die anderen Konsonanten schwinden: c: sic *si*, dic *di*, eccu-illac *allá*; — t: amat *ama*, caput *cabo*; sunt *son*, amant *aman*, post *pues*.

88. Treten die Konsonanten erst im Spanischen (durch Abfall eines Vokales) in den Auslaut, so ergeben sich ebenfalls einige Änderungen:

-v wird regelmäßig zu *f*: nove *nuef*, nave *naf*; — ç z erscheinen als *z*: pace *paz*, pisce *pez*, in-tunc-ce *entonz*. -d fällt, wenn es auf lat. d zurückgeht: pede *pie*, fide *fe*; es bleibt oder wird t, wenn es auf lat. t beruht: veritate *verdad* oder *verdat*, lite *lid*, amate *amad* oder *amat*.

Doppelkonsonanten werden vereinfacht (womit also bei *ll nn* auch Entpalatalisierung verbunden ist): messe *mies*, turri *tor*, pelle *piel*, longe *(luenne) luen*.

Zweiter Hauptteil.
Wortlehre.

Siebenter Abschnitt.
Die Nominalflexion.

A) Substantivum.
Allgemeines.

89. Das Substantiv hat im Spanischen nur einen einzigen Kasus, der formell fast immer dem lateinischen Akkusativ entspricht. Verwendet wird er in der Bedeutung des Nominativs, des Vokativs und des Akkusativs des Lateinischen, andere Kasusbeziehungen werden durch syntaktische Mittel ausgedrückt. Formelle Reste des lateinischen Nominativs haben sich nur wenige erhalten: *Dios* Deus, Eigennamen wie *Jesus, Carlos*; ferner in einigen Gattungsnamen, die der Entlehnung verdächtig sind: *preste* presbyter, *virtos* 'Heer' virtus, *res* (neben *ren*) res; nur scheinbar in *sierpe*, das auf ein schon lat. *serpe zurückweist usw. Alle jene aber sind nur ihrem Ursprung, nicht ihrer Verwendung nach Nominative, denn sie werden auch als Akkusative gebraucht. Überbleibsel des lat. Genitivs liegen vor allem vor in den Namen der Wochentage: *martes* Martis (dies), *jueves* Jovis, *viernes* Veneris, woran sich dann *lunes* lunae, *miercoles* *Mércŭrī in der Endung angeschlossen haben; ferner *Fuero juzgo* foru(m) judicu(m), *condestable* comite stabuli u. a., auch diese aber werden im Span. auch als Akkusative verwendet. Der lat. Vokativ endlich ist — ebenfalls bloß der Form nach — in einigen Heiligennamen erhalten geblieben, bei denen er durch den Gebrauch in Gebeten usw. besonders geläufig war; so *Santi Yague* Sancte Jacobe, *Jesucriste* usw.

90. Die Flexion des Substantivs beschränkt sich somit auf die Bildung des Plurals, und zwar erfolgt sie durch Anhängung von *-s*, wenn der Singular auf einen Vokal endet, von *-es*, wenn er auf einen Konsonanten ausgeht. Einige Substantiva bilden den Plural auf beide Arten, nämlich die auf *-ey* endenden wie *rey ley buey*, die neben dem lautgesetzlichen *reys leys bueys* auch den analogischen *reyes leyes bueyes* haben; ferner *pié*, das *piedes* und *pies* hat; *fé* fide bildet *fees* und *fes*. *Dios* bleibt im Plural unverändert. Endlich sind einige Substantiva auf *-os* zu erwähnen, die auf lat. Neutra auf *-us* zurückgehen, so *huebos* 'Bedürfnis' opus, *pennos* pignus, *pechos* pectus, *tiempos* tempus, *cuerpos* corpus. Sie haben das Aussehen von Pluralen und werden mit dem Plural der Determinativa verbunden, so z. B. *sos pechos* 'seine Brust' (von einer Person!); in späterer Zeit wird daraus dann ein Singular auf *-o* gebildet; daher nsp. *pecho, tiempo* usw. Schon in lateinischer Zeit hat sich pulvus angeschlossen, daher asp. *polvos* Sing. und Plur.

Berücksichtigt man das Verhältnis zum Lateinischen, so kann man die asp. Substantiva in drei Klassen teilen: I. solche, die im Sing. auf *-a* enden, II. Sing. auf *-o* und III. Sing. auf *-e* oder Konsonanten.

I. Klasse.

Sg. *puerta*   Plur. *puertas*.

91. Zu dieser Klasse gehören nicht nur die Subst., die auf die lat. erste Deklination zurückgehen, sondern auch mehrere der lat. fünften, die sich wie in andern romanischen Sprachen angeschlossen haben, z. B. *sanna* *i(n)sania statt -e, *rabia* rabie + a, *dia* die + a. Dann einige Feminina oder fem. gewordene der lat. dritten Deklination, die das charakteristische *-a* des Femininums angenommen haben wie *grua* grue, *cuchara* (neben *cuchar*) cochlear + a, *sennora* seniore + a, *infanta* (neben -e), *pulga* pulice + a u. a.; endlich einige Neutra Plur., die zum Fem. Sg. geworden sind: *foja* folia, *lenna* ligna usw.

II. Klasse.

Sg. *campo*   Plur. *campos*.

92. Hierher gehören die Subst. der lat. zweiten Deklination und andere, die die Endung -o erhalten haben. Solche sind z. B. *cabo* caput, *cuerno* cornu, *paxaro* passere, *huesso* ossu (schon lat. neben os).

III. Klasse.

a) Sg. *omne*   Plur. *omnes*.
b) Sg. *ladron*   Plur. *ladrones*.

93. Der Unterschied zwischen diesen beiden Abteilungen der III. Klasse ist erst im Spanischen infolge der verschiedenen Behandlung des auslautenden -e entstanden (§ 47). Zu dieser Klasse gehören die Subst. der lat. dritten Deklination und einige der fünften, die nicht -a angenommen haben (§ 91), wie *faz* facie, *doblez* 'Falschheit' *duplitie. Weiter die lat. Neutra, die im Span. die Endung -e bekommen haben wie *lumne* lumen, *vimbre* vimen usw. Endlich die Mask. und Neutra der lat. zweiten Deklination, die infolge lehnwörtlicher Behandlung (§ 46) auf -e oder Kons. enden, wie *tilde*, *angel* usw.

B) Adjėktivum.

94. Die Flexion des Adjektivs stimmt mit der des Substantivs überein, beschränkt sich also auf die Bildung des Plurals; diese geschieht nach denselben Regeln wie beim Substantiv:

I. Klasse: Sg. *fermosa*, Plur. *fermosas*
II.   »   » *fermoso*,   »   *fermosos*
III.   » a) » *pobre*,   »   *pobres*
III.   » c) » *leal*,   »   *leales*.

95. Die Bildung des Femininums entspricht im ganzen der lateinischen. Demgemäß bilden die Adjektiva, die im Mask. auf *-o* enden, ihr Fem. auf *-a*: *bueno buena*; die auf (stetiges oder loses, § 47) *-e* ausgehenden lauten im Mask. und im Fem. gleich: *pobre, feliz, fuert(e)*. Doch zeigt sich bei gewissen konsonantisch endenden Adjektiven schon im Asp. das Bestreben, das Fem. durch die Endung *-a* vom Mask. zu unterscheiden. Am frühesten (schon im 12. Jh.) findet man dies bei den von Ortsnamen abgeleiteten Adjektiven auf *-es -ense*, so bei *françes, leones*, dann bei *burges*. Viel später (etwa im 14. Jh.) folgen Adjektiva auf *-on* und auf *-or* nach, wie *ladron -a, sabidor -a* 'wissend, bekannt mit'; so auch *espannol -a*. Doch sind in allen diesen Fällen in alter Zeit auch die Formen ohne *-a* zu belegen.

Das Neutrum lautet formell gleich dem Maskulinum. Reste des lat. Neutrums haben sich nur im Komparativ erhalten.

Steigerung.

96. Die Steigerung des Adjektivs (und des Adverbs) erfolgt durch Vorsetzen von *mas* magis: *mas grande* usw. Selten findet sich dafür *plus (chus)*; näheres s. § 170.

Nur folgende organische Komparative haben sich erhalten: *mejor* meliore, *peor peyor* pejore, *mayor* majore, *menor* minore. Sie lauten im Mask. und im Fem. gleich; die beiden ersten werden auch in neutraler Geltung gebraucht: *lo mejor* 'das Beste', *lo peor* 'das Schlimmste'. Für die beiden andern treten im Neutrum ein: *mas* magis, *menos* minus. Bloß der Form nach komparativisch ist *lexos* laxius, das aber 'weit, entfernt' bedeutet.

Einen organischen Superlativ kennt das Asp. nicht; Bildungen auf *-issimo*, die übrigens selten vorkommen, sind gelehrt.

97. C) Das Zahlwort.

Kardinalzahlen.

1 Mask. *un(o)*   3 *tres*
  Fem. *una*   4 *quatro*
2 Mask. *dos*   5 *çinco*
  Fem. *dues*   6 *seys*

7	*siete, siet*	50	*çinqu(a)enta*
8	*ocho*	60	*sex(a)enta*
9	*nueve, nuef*	70	*set(a)enta*
10	*diez*	80	*ochaenta*
11	*onze*	90	*nonaenta, novaenta*
12	*doze, dodze*	100	*çiento*
13	*treze, tredze*	200	Mask. *dozientos*
14	*catorze*		Fem. *dozientas*
15	*quinze*	300	*trezientos -as*
16	*seze, sedze*	400	*quatroçientos -as*
17	*diz e siete*	500	*quinientos -as*
18	*diz e ocho*	600	*seisçientos -as*
19	*diz e nueve*	700	*seteçientos -as*
20	*veínte veyente*	800	*ochoçientos -as*
30	*treínta*	900	*noveçientos -as*
40	*quar(a)enta*	1000	*mil.*

Erläuterungen.

98. 1. Das Mask. *uno* verliert vor einem Substantiv sein *-o*: *un dia*, das Fem. häufig vor Vokal sein *-a*: *un almofalla*. — 2. Neben *duas dues* kommt auch im Fem. schon im Poema del Cid die Mask.-Form *dos* vor. 'Beide' heißt *amos* oder *ambos*, Fem. *amas* (*ambas*), oft erscheint es verstärkt durch *entre*: *entramos*. — 5. *çinco*, vgl. über das *-o* § 41. — 7. *siete* und *siet*, 9. *nueve* und *nuef* s. § 47. — 12. Die Dekomposition kann auch schon bei 12 beginnen: *diz e dos, diz e tres* usw. — 40—90. Statt *quaraenta* usw. kommt auch schon im Asp. die kontrahierte Form *quarenta* usw. vor. — 100 *çiento* verliert vor dem Substantiv sein *-o*, oft auch *-t*: *çien marcos* oder *çient marcos*. — 200, 300. Man beachte *z* in *dozientos, trezientos*, es ist lautgesetzlich aus intervokalischem *c* hervorgegangen (§ 71 A 1). — 500. *quinientos* ist in seiner Endung durch *-çientos* beeinflußt (man würde **quinnentos* erwarten, § 50 e). Vielfache von 1000 werden durch Umschreibung mit *vez vice* ausgedrückt: *dos vezes mil* 2000; 'ein Tausender' (Subst.) heißt *milliaria*. Für 'eine Million' kommt *un* *cuento* vor. — Kleinere Zahlen werden an höhere mit *e* angereiht: *çiento e treynta e çinco.*

Ordnungszahlen.

99.
1. *primero*
2. *segundo*
3. *terçero*
4. *quarto*
5. *quinto*
6. *siesto*
7. *sietmo*
8. *ochavo*
9. *noveno*
10. *diezmo.*

Von 'vier' ab und bei Zahlen über 10 ausschließlich wird das Ordnungszahlwort auch durch Anhängen der Endung *-eno* an die Grundzahl ausgedrückt: *quatreno, çinqueno, catorzeno, veynteno* usw.

Alle Ordnungszahlwörter sind Adjektiva, die im Fem. auf *-a* enden.

Multiplikativa.

100. Sie werden durch Umschreibung mit *vegada* 'Mal' vic-ata oder mit *tanto* gebildet: *tres vegadas* 'dreimal', *mucho mas dos tantos* 'zweimal soviel'. Daneben kommen *doble* 'doppelt', *treble* 'dreifach' vor.

D) Das Pronomen.

1. Personalpronomen.

101. Beim Personalpronomen ist zu unterscheiden, ob es betont oder unbetont ist. Im Nominativ hat es in beiden Fällen dieselbe Gestalt, dagegen weichen im Obliquus betonte und unbetonte Form voneinander ab; in der unbetonten Form unterscheiden sich außerdem Dativ und Akkusativ voneinander, jedoch nur in der 3. Person.

a) Betonte Formen.

1. Person Sg.	2. Person Sg.
Nom. *yo*	Nom. *tu*
Obl. *mi*	Obl. *ti*
1. Person Plur.	2. Person Plur.
Nom. *nos*	Nom. *vos*
Obl. *nos*	Obl. *vos*

Die Nominalflexion.

3. Person Sg. Mask.
Nom. } *el*
Obl. }

3. Person Plur. Mask.
Nom. } *ellos*
Obl. }

3. Person Sg. Fem.
Nom. } *ella*
Obl. }

3. Person Plur. Fem.
Nom. } *ellas*
Obl. }

3. Person Sg. Neutr.
Nom. } *ello*
Obl. }

Reflexiv: Obl. *si*.

102. In der 2. Sg. findet sich mundartlich (aragonesisch) *tu* auch als Obliquus nach Präpositionen. In der 3. Person Sg. Mask. kommen neben *el* auch *elle* und *elli* vor; die Endung *-i* kann dialektisch sein (§ 42 Ende) oder auf Übertragung von *qui* aus beruhen (§ 105).

Mit der Präposition *con* verbinden sich diese Fürwörter in den Formen *conmigo* mecum, *contigo*, *consigo*, *connusco*, *convusco*.

b) Tonlose Formen.

103. Der Nominativ lautet überall gleich der betonten Form.

	1. Sg.	2. Sg.	1. Pl.	2. Pl.
Dat.	*me*	*te*	*nos*	*vos*
Akk.	*me*	*te*	*nos*	*vos*

3. Person.

	Mask. Sg.	Fem. Sg.	Neutr. Sg.
Dat.	*le, li, ge*	*le, li, ge*	—
Akk.	*lo, (le)*	*la, (le)*	*lo*

	Mask. Pl.	Fem. Pl.
Dat.	*les, lis, ge*	*les, lis, ge*
Akk.	*los, (les)*	*las, (les)*.

Von den für den Dativ angegebenen Formen sind *li* und *lis* mundartlich[1], die Form *lur* für den Dativ Plur. der 3. Person kommt selten und nur in vom Katalanischen be-

---

[1] Sie sind u. a. charakteristisch für die Sprache Berceos.

einflußten (aragonischen) Denkmälern vor. Der Dativ lautet *ge* (selten *xe*), wenn ihm noch ein mit *l-* beginnender Akkusativ inkliniert ist, z. B. *que ge la darie* 'daß er sie ihm geben würde', *dargelo* 'es ihm (oder ihnen) geben'; *ge* ist aus dem lat. Dat. illī entstanden, dessen I das vorausgehende l palatalisiert hat und dann zu -*e* geworden ist (vgl. *ove habuī*); das palatale l' (vgl. die portugiesische Form *lhe*) ist dann den gewöhnlichen Weg zu *g* gegangen (§ 63 B 1). — Bei den Akkusativformen sind auch die des Dativs eingeklammert, da dieser in weitem Umfange für jenen eintritt (s. § 167). — Zu bemerken ist noch, daß die mit *l* und *s* beginnenden Formen sich das -*r* des Infinitivs, an den sie sich anlehnen, assimilieren: *ganalla = ganar la*, *echasse = echar se*. Endet die vorausgehende Verbalform auf -*d*, so ergeben sich die im § 74 c besprochenen Veränderungen. Lehnt sich ein mit -*e* auslautendes Pronomen an ein vokalisch endendes Wort an, so verliert es sein -*e*, desgleichen nach *non nin*, die in diesem Falle ihr -*n* verlieren, z. B. *que·m darie*[1] *= que me d.*, *quando·l vido = quando le vido*; *siempre·t maldizré*; es finden sich dann sogar Veränderungen der Konsonanten der Pronomina, wie *tengo·n por pagado = tengo me p. p.* 'ich halte mich für zufrieden', *fuste·d meter = fuste te m.*, *nimbla darie = nin me la d.*, *toveldo = tove te lo* (§ 74 c). Doch kommen so weit gehende Enklisen nur in den ältesten Denkmälern vor und überhaupt ist die Anlehnung mit Schwund des -*e* nirgends streng durchgeführt; bei *me te* verliert sie sich am frühesten, bei *le* ist sie länger beliebt, am längsten in den Verbindungen *no·l = non le* und *que·l = que le*. Obligatorisch scheint der Verlust des -*e* zu sein, wenn das Pronomen im Futurum oder im Kondizionale zwischen Infinitiv und Hülfszeitwort eingeschoben wird: *darte = dar te he* 'ich werde dir geben', *tenermya = tener me ia* 'ich würde mich halten'.

---

[1] Das inklinierte Pronomen wird in diesem Buche durch einen Punkt von dem vorausgehenden Worte getrennt.

2. Possessivpronomen.

104. Die gewöhnlichen Formen sind:

a) Ein Besitzer:

	1. Pers.	2. Pers.	3. Pers.
Mask.	*myo*	*to*	*so*
Fem.	*mia (mie)*	*tua (tue) tu*	*sua (sue) su*

b) Mehrere Besitzer:

Mask.	*nuestro*	*vuestro*	*so*
Fem.	*nuestra*	*vuestra*	*sua (sue)*.

Handelt es sich um eine Mehrheit von Besitztümern, so tritt überall ein *-s* hinzu.

Andere Formen sind: *tu su, tuyo suyo* für *to so; nuesso vuesso* für *nuestro vuestro*. Im Aragonischen kommen auch *lur (lor) lures* in der Bedeutung des frz. *leur leurs* vor.

Die angeführten Formen, die genau den lateinischen Typen entsprechen, kommen sowohl in substantivischer wie in adjektivischer Geltung, in letzterem Falle mit und ohne Artikel vor: *myo fijo* und *el myo fijo*.

3. Demonstrativpronomen und Artikel.

105. Die Demonstrativpronomina sind:

Sing.			Plur.	
Mask.	Fem.	Neutr.	Mask.	Fem.
este (est, esti)	*esta*	*esto*	*estos*	*estas*
esse (es, essi)	*essa*	*esso*	*essos*	*essas*
aquel (aquelli)	*aquella*	*aquello*	*aquellos*	*aquellas*.

Davon beruht *este* auf lat. *iste*; *esse* auf *ipse*, *aquel* auf *eccu*(?) + *ille*. Das *-i*, das sich mundartlich im Auslaute des Mask. findet, dürfte wie bei andern Fürwörtern von *qui* übertragen sein. Auch *este* und *esse* können die Vorsilbe *aqu-* bekommen: *aqueste, aquesse* usw. Weiter können alle Demonstrativa mit *otro* Verbindungen eingehen: *estotro estotra, essotro* usw. Formen des lat. *hic* haben sich in den Adverbien *agora* 'jetzt' *hāc horā*, *oganno* 'heuer' *hōc annō*, *poro* 'daher' *per hoc* erhalten.

Hier seien auch angereiht: *mismo* 'selbst', *el mismo* 'derselbe' aus *met-ipsimu und *tal* oder *atal* 'solch', die ganz wie Adjektiva flektieren.

Der Artikel.

106. Als unbestimmter Artikel dient das Zahlwort *uno* (§ 98); es erscheint in dieser Bedeutung auch im Plural: *unos dulçes sones* 'süße Klänge'.

Der bestimmte Artikel lautet:

	Mask.	Fem.	Neutr.
Sing.	*el, el(l)*	*la, e(l)*	*lo*
Plur.	*los*	*las*	—.

Es liegt das lat. *ille* zugrunde; dieses behielt den anlautenden Vokal, wenn der Vokal der zweiten Silbe fiel, d. h. *-e* war, oder vor vokalisch anlautendem Substantiv unterdrückt wurde. In letzterem Falle wurde *el (ell)* für Mask. wie für Fem. verwendet: *el rey, ell espejo, ell angel, el ora, el amizat, ell áncora*. Leonesische Denkmäler kennen auch die vollere Form *ela* für das Fem., *elos elas* für den Plural.

Mit manchen Präpositionen wird der Artikel *el* zusammengezogen und zwar notwendigerweise mit *de* zu *del*, mit *a* zu *al*, mit *so* sub zu *sol*, gewöhnlich auch mit *ante, contra, pora, fasta* 'bis', *sobre* zu *antel, contral, poral, fastal, sobrel*. Bei konsonantisch auslautenden Präpositionen findet sich diese Enklise nicht im Kastilischen, wohl aber z. B. im Leonesischen, und zwar nicht bloß im Mask., sondern bei allen Formen: mit *con* zu *conno conna, connos connas* (auch *collo* usw.), mit *en* zu *enno*, mit *per* zu *pelo*, mit *por* zu *pollo*.

Über das Neutrum *lo* und die Verwendung des Artikels als Determinativpronomen s. §§ 158, 159.

4. Relativpronomen.

107. Als Relativpronomen wird am häufigsten *que* verwendet, das auf lat. *quid* zurückgeht, im Span. aber ohne Unterschied in Numerus und Genus gebraucht wird.

Für Personen wird daneben auch *quien* gesagt, das dem lat. quem entspricht, im Span. aber wieder verallgemeinert worden ist: es gilt für Nominativ und Obliquus, für beide Genera und Numeri. Der lat. Nominativ ist wohl auch in der Form *qui* erhalten, steht aber meist in allgemeinerer Bedeutung (= lat. is qui), kommt übrigens auch nach Präpositionen vor: *con qui*. Über *el que, lo que* usw. s. § 179.

Manche Denkmäler zeigen Vorliebe für die Verwendung von *el qual*, Fem. *la qual*, Plur. *los, las quales* als Relativpronomen.

Endlich ist der lat. Genitiv cujus in der Gestalt *cuyo* erhalten, ist aber im Span. zu einem Adjektiv geworden, lautet also vor weiblichen Substantiven *cuya*, vor Plur. *cuyos cuyas*.

Als verallgemeinernde Relativa dienen die Verbindungen *quien quier*, auch *quien se quier, qual quier, qui quier que, que quier que, qui quier qui*, die also eigentlich kurze Sätzchen darstellen (*quier* 'er will' quaerit).

5. Interrogativpronomen.

108. Substantivisch sind: für Personen *quien* für Sing. und Plur. (doch findet sich auch schon der analogische Plur. *quienes*); als Neutrum gebraucht man *que*; sowohl *quien* als *que* werden alleinstehend und auch nach Präpositionen gebraucht. Auch *qui* kann für Personen gebraucht werden.

Adjektivisch sind *que* und *qual*, jenes unverändert in Genus und Numerus, dieses als Adjektiv behandelt. Endlich wird *cuyo* adjektivisch gebraucht, um das Possessivverhältnis auszudrücken (wie beim Relativum).

6. Indefinita.

109. Die wichtigsten sind:

otro (adjektivisch), *otrye* (subst.) 'ein anderer'; *al* *alid für aliud '(etwas) anderes'; *alguien* aliquém 'jemand', *algo* aliquod 'etwas', *algun* (adj.) aliqu-unu 'irgendein', *nengun ningun* (adj.) nec-unu 'kein', *nul* Fem. *nulla* 'kein'; *alguno* (subst.) 'irgendeiner', *ninguno* (subst.) 'keiner'; *res, ren* 'nichts', *nada* aus (res) nata 'nichts', *omne nado* homine natu 'jemand'; *nadie* immer mit Negation natī 'niemand'; *çierto* und *mucho* (beide adj.) 'manch'; *todo* (adj.) 'jeder, all', *cada uno* (subst.), *cada* (adj. unveränderlich) aus griech. kata 'jeder'; *sendos*, Fem. *sendas* 'jeder einzelne'; *omne* 'man'; *quantos* 'alle, einige'. S. auch § 180.

Achter Abschnitt.
Die Konjugation.

A) Allgemeines.

110. Das Altspanische kennt folgende Verbalformen: den Infinitiv (Präs. Akt.), das Gerundium, das Partizipium Präsentis Aktivi und Perfekti Passivi; ferner vom Indikativ: das Präsens, das Imperfektum, das Perfektum und das Plusquamperfektum; — vom Konjunktiv: das Präsens, das Plusquamperfektum (wie in den andern romanischen Sprachen in der Bedeutung eines Konj. Imperfekti), das Futurum exaktum (in der Bedeutung eines Konj. Futuri); weiter vom Imperativ Präs. die 2. und die 5. Person.[1]

Diesen aus dem Lateinischen überkommenen Formen reihen sich als neue Bildungen das Futurum und das Kondizionale an, die aus der Zusammenfügung des Infinitivs jenes mit dem Präsens, dieses mit dem Imperfektum von habere hervorgegangen sind — eine Entstehungsweise, die sich gerade im Asp. noch deutlich verfolgen läßt (§ 119). Die Bildung der umschriebenen Perfekttempora teilt das Span. mit den andern romanischen Sprachen. Das Passivum ist verloren gegangen; die Deponentia treten zu den Aktiven über: mori wird zu *morire.

---

[1] Mit 1.—3. sind die Personen des Singulars, mit 4.—6. die des Plurals bezeichnet.

B) Infinitiv und Konjugationen.

111. Die span. Verba verteilen sich auf drei Konjugationen, die man nach den Endungen des Infinitivs -*ar* -*ir* -*er* als *a*- *i*- und *e*-Klassen unterscheiden kann.

Die *a*-Klasse entspricht der lat. ersten Konjugation. Von neu hinzugekommenen ist zu erwähnen *prostrar*, das vom Part. prostratus aus an Stelle von prosternere getreten ist. Dann fügen sich dieser Klasse die meisten Verba germanischen Ursprungs: *guardar* germ. *wardan. Andere Verba setzen schon lat. Verba der a-Konjugation voraus, wie *fiar* *fidare, *mojar* *molliare usw.

Zur *i*-Klasse gehören Verba der lat. vierten Konjugation. Dazu kommen zum Teil schon im Vulgärlatein verschiedene Verba, die im klassischen Latein zur ĕ-Konjugation gehörten, den *i*-Verben aber dadurch glichen, daß sie den Präsensstamm mit *i* bildeten, wie *fuir* fugere, *morir* mori, *padir* pati, *reçebir* recipere, *pedir* petere, *soffrir* sufferre usw. Auch Verba der lat. ē-Konjugation sind häufig zur *i*-Klasse übergegangen, da eben für das Vulgärlateinische das e vor Vokal (in -eo -eam usw.) dem i gleichgestellt war, z. B. *enchir* implere, *luzir* lucere, *reir* ridere u. a. Anderer Art und schwierig zu erklären sind z. B. *dezir* dicere, *aduzir* adducere, *vevir* vivere, *escrevir* scribere, *çennir* cingere usw. Häufig ist der Übergang von e-Verben zur *i*-Klasse bei Buchwörtern, z. B. *regir, restituir, aborrir*. Endlich schließen sich der *i*-Klasse die germ. Verba auf -jan an: *guarir* warjan, *guarnir* warnjan, *rostir* raustjan usw.

Zur *e*-Klasse gehören alle übrigen Verba sowohl der lat. zweiten als der dritten Konjugation. Die Infinitivendung ist dabei stets betont; da ferner auch die Betonung des Stammes in der 4. 5. Pers. aufgegeben worden ist (*vendémos vendédes*), so ist die lateinische ĕ-Konjugation im Spanischen tatsächlich verloren gegangen.

Zu erwähnen ist noch, daß manche Verba zwischen der *i*- und der *e*-Klasse schwanken (die e-Form wird dann meist vom Leonesischen bevorzugt): *dizer* und *dezir*, *escrever* und *escrevir*, *viver* und *vevir*.

Endlich ist zu bemerken, daß das Spanische die Erweiterung des Präsensstammes mit dem Infix -isc- in der Art, wie sie sich in anderen romanischen Sprachen findet, nicht kennt; es verwendet das Suffix *-eçer* als wortbildendes Element, und häufig findet man Verba, die sowohl mit als ohne dieses Infix durchkonjugiert werden können, z. B. *guarnir* oder *guarneçer*, *ofrir* — *ofreçer* usw. (s. § 149).

C) Die schwachen und die starken Verba.

112. Wie in andern romanischen Sprachen kann man auch im Spanischen die Verba in zwei große Gruppen teilen: in schwache und starke. Zu jenen rechnet man diejenigen, die im ganzen Perfektum die Endung betonen, z. B. *canté cantést cantó* usw., zu diesen diejenigen, die in der 1. und 3. Pers. den Stamm betonen, z. B. *víne viniéste víno* usw. Bei der 6. Pers. ist im Span. im Gegensatz zu andern Sprachen überall die Betonung der Endung durchgedrungen.

1. Die schwachen Verba.

113. Die Flexion der schwachen Verba zeigt folgendes Paradigma:

a-Klasse.

Präsens.

Ind.	Konj.
canto	*cante*
cantas	*cantes*
canta	*cante*
cantamos	*cantemos*
cantades	*cantedes*
cantan	*canten.*

Imperfekt.

Ind.	Konj.
cantava	*cantasse, cantás*
cantavas	*cantasses*
cantava	*cantasse, cantás*
cantávamos	*cantássemos*
cantávades	*cantássedes*
cantavan	*cantassen.*

Die Konjugation.

Perfekt.	Fut. ex.
canté, cantéy	cantaro, cantare, cantar
cantest, -este, -esti, -aste	cantares
cantó	cantar, cantare
cantamos	cantáremos, cantarmos
cantastes	cantáredes, cantardes
cantaron	cantaren.

Plusquamperfekt.
cantara
cantaras
cantara
cantáramos
cantárades
cantaran.

Futurum	Kondizionale
cantaré, cantaréy	cantaría
cantarás	cantaries
cantará	cantarie
cantarémos	cantariemos
cantarédes	cantariedes
cantarán	cantarien.

Imperativ	Infin.	Part. Präs.	Gerund.
canta	cantar	cantant(e)	cantando
cantad, cantat			

Part. Perf. Mask.	Fem.
cantado	cantada.

i-Klasse.
Präsens

Ind.	Konj.
parto	parta
partes	partas
parte, part	parta
partimos	partamos
partides	partades
parten	partan.

Imperfekt

Ind.	Konj.
partía	*partiesse, partiés*
parties	*partiesses*
partie	*partiesse, partiés*
partiemos	*partiéssemos*
partiedes	*partiéssedes*
partien	*partiessen.*

Perfekt	Fut. Konj.
partí	*partiero, partier(e)*
partiste, partist, partisti	*partieres*
partió	*partiere, partier*
partimos	*partiéremos, partiermos*
partistes	*partiéredes, partierdes*
partieron, partioron	*partieren.*

Plusquamperfekt

partiera
partieras
partiera
partiéramos
partiérades
partieran.

Futurum	Kondizionale
partiré, partirey	*partiría*
partirás	*partiries*

usw. wie bei der *a*-Klasse.

Imper.	Inf.	Part. Präs.	Ger.
parte, part	*partir*	*partiente*	*partiendo*
partid, partit			

Part. Pf. M.	F.
partido	*partida.*

e-Klasse.

Die *e*-Klasse flektiert in den meisten Denkmälern wie die *i*-Klasse, mit Ausnahme des Infinitivs, des Präsens Ind. und des Imperativs.

Präs. Ind.
vendo
vendes
vende
vendemos
vendedes
venden.

Infinitiv
vender

Imperativ
vende
vended, vendet.

Erläuterungen.

114. Das Präsens Ind. und Konj. entspricht im ganzen den lateinischen Typen; zu bemerken ist nur, daß in der 3. Pers. Ind. der *i*- und der *e*-Klasse das auslautende *-e* auch abfallen kann (§ 47), z. B. *sal* salit, *cal* 'es ist nötig' calet, *suel* solet, *fier* ferit usw. In der 2. und 3. Konj. der *a*-Klasse, wo man dasselbe erwarten würde, findet sich der Abfall so gut wie nie. — In der 5. Ind. und Konj. aller Klassen tritt sehr spät (allgemeiner erst im 15. Jh.) Ausfall des *d* ein: *amaes*, dann *amais*; nur beim Zeitwort *ser* ist diese Entwicklungsstufe schon früher zu bemerken: *soes* für *sodes*. — Der Akzentverschiebung in der 4. 5. ist schon im § 111 gedacht worden. Die 6. Ind. der *i*- und der *e*-Klasse geht auf lat. -ent zurück.

115. Imperfektum Ind. Bei der 4. und der 5. Pers. des Impf. Ind. und Konj., des Fut. Konj. und des Plusquamperfekts hat bei allen drei Klassen Zurückziehung des Akzents von der Endung auf den Charaktervokal stattgefunden. Das Impf. Ind. der *a*-Klasse bietet nichts Bemerkenswertes. Das der *e*- und der *i*-Klasse geht wohl auf lat. -ēa und *-ia zurück. Auffällig ist dabei, daß die 1. Pers. -ia hat, während die andern das tonlose *a* zu *e* werden ließen. Festzuhalten ist, daß -*ia* in Versen als zwei Silben, das *ie* des Impf. aber nur als eine gerechnet wird; welcher Bestandteil dieses Diphthongen *ie* den Hauptton gehabt habe, ist strittig. Übrigens kommen in allen Texten Ausgleichungen in der Weise vor, daß sowohl *ie* in der 1. als *ia* in den anderen Personen gefunden wird.

116. Imperfektum Konj. Wegen des auslautenden *-e* in der 1. und 3. vgl. § 47, wegen der Akzentverschiebung § 115. Selten trifft man statt des betonten *ie* in der *i*-Klasse das dem Lat. entsprechende *i*: *salissen* für gewöhnlicheres *saliessen*; dieselbe Bemerkung gilt auch für das Futurum Konj. und für das Plusquamperfektum der *i*-Klasse; umgekehrt ist manchmal *i* auch auf die *e*-Klasse übertragen worden (leonesisch): *perdira* statt *perdiera*.

117. Perfektum. Es entspricht bei der *a*-Klasse dem vulgärlat. Typus (ohne v); die 2. lautet gewöhnlich *-est*, auch *-este* und *-esti*, wobei das *é* von der ersten Pers. übertragen ist; später tritt *-ast (-aste -asti)* an seine Stelle, das im 13. und 14. Jh. noch selten ist. In der 4. und 5. findet man vereinzelt *-emos, -estes*, ebenfalls nach der 1. Pers. gebildet. — Auch das Perf. der *i*-Klasse entspricht im ganzen dem Vulgärlateinischen; die 6. *-ieron* beruht auf Einfluß des dedi-Perf. (s. u. § 139); übrigens findet man *ie* statt *i* auch in der 2. 4. und 5.: *partieste partiemos partiestes*. Im Leonesischen ist die 6. eng an die 3. angeglichen worden, indem sie dort auf *-ioron* auslautet. — Das Perf. der *e*-Klasse ist stark von dem der *i*-Klasse beeinflußt worden; es geht auf das lat. dedi-Perfektum zurück: 2. vendidisti, 4. vendidímus, 5. vendidistis verloren durch Dissimilation die Reduplikationssilbe und ergaben im Span. *vendiste *vendemos *vendestes*; die 1., die **vendei* lauten sollte, wurde unter dem Einfluß der 2. und nach dem Muster der *i*-Klasse zu *vendí* umgestaltet, die 3. zunächst zu *vendéo*, das in leonesischen Denkmälern nachzuweisen ist, dann, ebenfalls nach dem Vorbilde der *i*-Klasse, zu *vendio*. Die 6. *vendieron* gibt lat. vendēderunt wieder; sie wirkte ihrerseits wieder auf die 4. und die 5., die zu *-iemos -iestes* umgeformt wurden; auch die 2. ist oft mit *-ieste* zu belegen. Der Einfluß der *i*-Klasse tut sich endlich auch darin kund, daß in der 2. 4. 5., seltener in der 6. auch *i* als betonter Vokal erscheint.

118. Das Plusquamperfektum Ind. gibt die vulgärlat. Formen wieder. In der *i-* und der *e-*Klasse wechselt wieder *i* und *ie* als Tonvokal wie im Perfekt. Das gleiche gilt für das Futurum Konj. Hier ist in der 1. neben dem dem Lat. entsprechenden *-o* schon frühzeitig Angleichung an die 3. (also *-ar* oder *-are* nach § 47) zu beobachten. In der 4. und 5. finden sich die synkopierten Formen *-armos -ardes* usw. besonders im Leonesischen.

119. Futurum und Kondizionale werden wie in andern romanischen Sprachen durch Zusammensetzung des Infinitivs mit dem Präsens und dem Impf. von *habere* gebildet; der Stamm *av-* des Hülfszeitwortes geht dabei verloren; wegen der Endungen des Kondizionales gilt das § 115 vom Impf. der *i-*Klasse Gesagte. Die Verbindung des Infinitivs mit dem Hülfszeitwort ist so lose, daß sie durch den Obliquus der Personalpronomina getrennt werden können, z. B. *dezirté = dezir te e, tomarle hedes* 'ihr werdet ihn nehmen', *aver la yemos* usw. Wegen der Synkope des Vokals der Infinitivendung s. § 137 f.

120. Imperativ. Die 5. lautet sowohl auf *-d* als auf *-t* aus, immer aber findet man *d*, wenn ein Pronomen inkliniert und Metathese eingetreten ist: *ferilde = ferid-le* (§ 74 c). — In der *i-* und der *e-*Klasse fällt das *-e* der Endung nach § 47 weg: *val* vale, *pon* pone, *pit* pete usw.

121. Das Partizipium Perf. zeigt in der *e-*Klasse Übertragung aus der *i-*Klasse. Daneben findet sich eine beträchtliche Anzahl von Partizipien auf *-udo*, das bei *atrevudo* attributu 'verwegen', *batudo* batutu lautgesetzlich, bei anderen wie *conosçudo, vençudo, defendudo* usw. analogisch ist.

2. Das starke Perfektum.

122. Stammbetonung zeigen im Spanischen nur zwei Personen, nämlich die 1. und die 3. Der starke Perfektstamm erscheint aber in allen Personen des Perfekts, ferner im Imperfekt Konj., im Futurum Konj., im

Plusquamperfekt. Die Endungen sind, abgesehen von der 1. und 3., dieselben wie bei den Verben der *i*-Klasse, also 2. *-ist(e)*, 4. *-iemos*, 5. *-iestes*, 6. *-ieron*; in 2. erscheint auch *-iest(e)*, in 4. auch *-imos*, in 5. auch *-istes*. Die erste Person hat als Endung, dem lat. -i entsprechend, *-e*, das aber nach § 47 auch fehlen kann; die 3. sollte keine Endung haben, hat aber schon in den ältesten Texten unbetontes *-o* angenommen, und zwar nach dem Vorbilde der u-Perfekta, wo es lautgesetzlich war (§ 41). Man kann die starken Perfekta im Spanischen in drei Klassen einteilen, je nachdem im Lateinischen ein Perf. auf -i zugrunde lag, z. B. veni; oder auf -si: prēsi *prehensi; oder auf -ui: sapui. Die dritte Klasse hat zwei Unterabteilungen: a) mit dem Stammvokal *a* oder *e*, b) mit dem Stammvokal *o* (potui). Die Paradigmen sind folgende:

	I.	II.	IIIa	IIIb
Perf.	*vin(e)*	*pris(e)*	*sope*	*pude*
	viniste	*prisiste*	*supiste*	*pudiste*
	vino	*priso*	*sopo*	*pudo*
	viniemos	*prisiemos*	*supiemos*	*pudiemos*
	viniestes	*prisiestes*	*supiestes*	*pudiestes*
	vinieron	*prisieron*	*supieron*	*pudieron*
Fut. Konj.	*vinier(o)*	*prisier(o)*	*supier(o)*	*pudier(o)*
	vinieres usw.	*prisieres* usw.	usw.	usw.
Impf. Konj.	*vinies(se)*			
	viniesses usw.			
Plusqu.	*viniera*			
	vinieras usw.			

Erläuterungen.

123. Die I. Klasse entspricht genau dem lat. Typus; das betonte *i* in der 1. erklärt sich durch die Wirkung des auslautenden -ī (§ 10 c), die 3. ist im Vokal an die erste angeglichen; in den anderen Personen hat das § 42 erwähnte Gesetz gewirkt. Zu dieser Klasse gehören noch:

fiz feci, 2. *fiziste* usw.; *vi* vidi, 2. *viste* (aus *vi-iste*), 3. *vido* und *vio* usw.

124. Zur II. Klasse gehören einige Verba, die das s- im Span. noch deutlich zeigen, nämlich *quis* quaesi (für *quaesii), das sich ganz an *pris* anschließt, ferner *miso* misit, *remaso* rema(n)sit, *riso* risit, die gewöhnlich schwach flektiert werden, *escrisso* scripsit, *respuse* respondi (an *poner* angeglichen). Ging im Lat. dem s ein c voraus (x), so ergab sich im Span. x (= š), so bei *adux(e)* adduxi, *dix(e)* dixi, *traxe* traxi, dann einigen andern, die auch schwache Formen zeigen: *çinxo* cinxit, *destruxo* destruxit, *fuxo* *fuxit (für fugit), *tanxo* tanxit, *raxo* rasit, *coxo* coxit.

125. Der Unterschied zwischen den beiden Abteilungen der ui-Verba erklärt sich aus dem verschiedenen Ergebnisse, das die Verbindung des in den Stamm getretenen u̯ der Endung mit dem Stammvokal zur Folge hatte: sapui wurde über *saupi *soupi zu *sope* (§ 11 e γ), potui über *poudi zu *pude* (§ 12 e); daß sich die Verba mit dem Stammvokal *e* denen mit *a* angeschlossen haben, beruht auf Angleichung auf Grund begrifflicher Verwandtschaft.

Zu bemerken ist noch, daß die im Nsp. durchgeführte Ausgleichung der beiden Abteilungen schon im Asp. angebahnt ist, indem die *u*-Formen auch in III a eindringen, wenn auch noch selten; umgekehrt findet man wieder *o*-Formen bei III b (*podi* neben *pude*).

Zu III a gehören: *ovo* habuit, *copo* *capuit (für cepit), *yogo* jacuit (f. jecit), *plogo* placuit, *trogo* traguit (für traxit), *troxo* *traxuit. Mit Stammvokal e: *tovo* von *tener*, an habuit angeglichen wegen der Bedeutungsverwandtschaft, *sovo* *seduit (f. sedit) ebenfalls nach habuit, dem es wegen seiner Verwandtschaft mit esse nahesteht; *crovo* *creduit richtet sich nach *sovo* wegen der lautlichen Ähnlichkeit vor *seer* und *creer*, ihm schließt sich *crovo* *crevuit an. Endlich hat sich *estar* in seinem Perf. an das ihm als Auxiliar nahestehende *aver* angeschlossen: *estovo*, und seinerseits das sinnverwandte *andar* nach sich gezogen: *andovo*.

Zu IIIb gehören noch: *puso* posuit, *connuvo* *cognovuit. Auch *estudo* stetuit und daran angeglichen *andudo* von *andar* sind hierher zu zählen.

Über die Perfekta dedi und fui s. § 139.

3. Starke Partizipia.

126. Das Asp. kennt folgende häufigere starke Partizipien:

1. Auf *s*: *preso* pre(n)su, *defeso* defe(n)su, *espeso* 'ausgegeben' expensus und einige andere selten begegnende.

2. Auf *t*, das im Span. durch lautliche Vorgänge z. T. verändert wurde: *fecho* factu, *trecho* tractu, *dicho* dictu, *cocho* coctu, *ducho* ductu, *cogecho* collectu; *frito* frictu, *tinto* tinctu, *çinto* cinctu, *junto* junctu; *puesto* positu, *quisto* *quaesītu (im Vokal an das Perf. angeglichen), *visto* *visitu (f. visu); *abierto* apertu, *muerto* mortuu, *cubierto* copertu, *suelto* solvitu, *vuelto* volvitu, *tuelto* *tollitu (von tollere); *escrito* scriptu, *roto* ruptu. Auch *ido* itu und *nado* natu gehören hierher.

D) Die Form des Stammes.

127. Bei den meisten Zeitwörtern hat der Stamm, der in den einzelnen Verbalformen erscheint, dieselbe Gestalt wie im Infinitiv. Es gibt jedoch eine große Anzahl von Verben, bei denen er, sei es im Vokal, sei es in den auslautenden Konsonanten, gewisse Veränderungen erleidet. Sie erklären sich aus der Wirkung der Lautgesetze, und zwar teils durch die Tatsache, daß der Stammvokal bald betont, bald unbetont ist, die lat. betonten Vokale sich aber im Spanischen oft anders entwickeln als die unbetonten; teils dadurch, daß der Vokal oder der Endkonsonant des Stammes unter dem Einflusse nachfolgender Laute verschiedene Wege der Entwicklung ging.

1. Der Vokal des Stammes.

128. Bei einer großen Anzahl von Zeitwörtern wechselt im Stamme *ie* mit *e* und zwar so, daß jenes in betonter, dieses in tonloser Silbe steht; es liegt dann in der Regel vulgärlat. ę zugrunde, dessen Entwicklung sich ja in derselben Richtung bewegt (§§ 79 u. 80). Man konjugiert also z. B. das Zeitwort *vedar* vetare: im Präs. Ind.: *viedo viedas vieda vedamos vedades viedan*; im Präs. Konj.: *viede viedes viede vedemos vededes vieden*; im Imperativ: *vieda vedad*. In allen andern Verbalformen ist der Stamm unbetont und heißt daher *ved-*. Ebenso konjugieren: *quebrar* oder *crebar* crepare, *levar* levare, *negar* negare, *pregar* *praecare, *querer* 'wollen' quaerere, *se(d)er* sedere, *confessar* *confessare, *errar* errare, *governar* gubernare, *perder* perdere, *tender* tendere, *tentar* tentare, *membrar* memorare, *reptar* reputare usw. Diesen Zeitwörtern, in denen lat. ę zugrunde liegt, haben sich andere angeschlossen, die im Lat. ẹ hatten, z. B. *sembrar* seminare, *nevar* 'schneien' *nivare, *començar* 'anfangen' cum-initiare u. a.

129. In ganz ähnlicher Weise wechselt bei anderen Verben der Stammvokal zwischen *ue* (betont) und *o* (unbetont), wobei in der Regel lat. ǫ zugrundeliegt (vgl. §§ 79 u. 80). Man flektiert also z. B. *provar*: im Präs. Ind.: *pruevo pruevas prueva provamos provades pruevan*; im Präs. Konj.: *prueve prueves prueve provemos provedes prueven*; im Imperativ: *prueva provad*; in allen anderen Formen erscheint der Stamm *prov-*. Ebenso flektieren z. B.: *acordar* 'zustimmen' *accordare, *colgar* collocare, *coçer* *cocere (= coquere), *contar* computare, *doler* dolere, *jogar* jocare, *moler* molere, *morder* mordere, *mover* movere, *oler* olere, *portar* portare, *poder* *potere (= posse), *rogar* rogare, *sonar* sonare, *sonnar* 'träumen' somniare, *solver* solvere, *torçer* *torcere (= torquere), *volver* volvere usw.

Auch hier gibt es wieder einige Verba, die im Lat. ǫ haben, die also nur durch Analogie zu diesem Vokalwechsel gekommen sind, z. B. *consolar, costar* constare, *mostrar* monstrare, *llover* plovere (= pluere) u. a.

130. Ein anderer Vokalwechsel beruht nicht auf der Wirkung des Akzents, sondern auf dem Einflusse eines *i* der folgenden Silbe, das ja ein vorausgehendes tonloses *e* zu *i*, *o* zu *u* werden ließ (§ 80). So lautet z. B. zu *sentir* das Perfekt zwar in der 1. Person *sentí*, aber in der 3. *sintió*, in der 6. *sintieron*; das Impf. Konj., das Plusqu., das Fut. Konj. werden ganz vom Stamme *sint-* gebildet: *sintiesse, sintiera, sintiero* usw.; das Gerundium lautet *sintiendo* usw. Die Wirkung des *i̯* auf den tonlosen Stammvokal zeigt sich selbst dann, wenn es (schon vor der Fixierung der ältesten Denkmäler) abgefallen ist, nämlich in der 4. und der 5. Person des Präs. Konj.: *sintamos sintades*. Ganz ähnlich sind die Formen z. B. von *dormir*: Perf. 3. *durmió*, 6. *durmieron*, Impf. Konj. *durmiesse*, Plusqu. *durmiera*, Fut. Konj. *durmiero*, Ger. *durmiendo*, Präs. Konj. 4. *durmamos*, 5. *durmades*. Derselbe Wandel findet sich, durch Analogie übertragen, nicht selten auch im Imperfekt: 3. *sintie* neben *sentie*, *murie* neben *morie*, sogar *udie* neben *odie* (wo also selbst *o* aus *au* der Analogie folgte).

Der erörterte Vokalwechsel ist bei den Verben der *i*-Klasse streng durchgeführt, also z. B. bei *arrepentirse* 'bereuen' re-paenit-ire, *çennir* cingere, *comedir* 'überlegen, ermessen' commetire, *fenchir* implere, *mentir* mentire, *pedir* petere, *reçebir* recipere, *rennir* 'streiten' ringere, *seguir* *sequi(re), *servir* servire, *tennir* tingere, *venir* (Perf. s. § 122) venire, *vestir* vestire u. a.; mit o: *cobrir* cooperire, *morir* *morire u. a. Bei einigen dringt *u* selbst in den Infinitiv, s. § 131. Besonders anzuführen sind *dezir* dicere, *escrevir* scribere, *freir* frigere, *reir* ridere, *vevir* vivere; hier ist, historisch betrachtet, das *e* des Infinitivs analogisch; da nämlich neben *pidiendo*, das auf die eben angegebene Art entstanden war, der Inf. *pedir* stand, so bildete man zu *diziendo* (mit *i* aus I!) auch einen Inf. *dezir*.

Die Verba der *e*-Klasse entziehen sich dem besprochenen

Lautgesetze; so lautet von *creçer, prender, dever* usw. das Gerundium z. B. immer *creçiendo, prendiendo, deviendo*, nicht *criçiendo usw., von *correr, mover, solver: corriendo, moviendo, solviendo*, nicht *curriendo usw.

131. Ein anderer Vokalwechsel, dessen Ursache noch nicht genügend aufgeklärt ist, scheidet die Verba der *i*-Klasse, die *e* im Stamme haben, in zwei Abteilungen, deren eine dem im § 128 aufgestellten Schema folgt, während die zweite in den stammbetonten Formen *i* statt *ie* aufweist. In unbetonter Silbe erscheint *i* unter den im § 42 bespochenen Bedingungen.

Zur ersten Abteilung gehören *arrepentirse* 'bereuen', *ferir, mentir, sentir*. Das zuletzt genannte hat also z. B. folgende charakteristische Formen: Präs. Ind. *siento sientes siente sentimos sentides sienten*; Präs. Konj. 1. *sienta*, 4. *sintamos*; Impf. Ind. 3. *sentié*; Perf. 1. *sentí*, 3. *sintió* usw.

Zur zweiten Abteilung sind zu rechnen: (mit lat. ę:) *fenchir* implere, *medir* metire, *reçebir* recipere, und die den lat. auf -ingere entsprechenden, wie *çennir, costrennir, tennir*; (mit lat. ẹ:) *pedir* petere, *reyir* regere (Buchwort), *seguir* sequi(re), *servir* servire, *vestir* vestire. Dazu gehören auch *dezir, escrevir, freir, reir* und *vevir*, bei denen aber das *i* im Stamme (Präs. Ind. 3. *dize* usw.) auf lat. i zurückgeht, wie schon § 130 erwähnt wurde. So sind also z. B. die Formen von *pedir*: Präs. Ind. *pido pides pide pedimos pedides piden*; Präs. Konj. *pida pidas pida pidamos pidades pidan*; Impf. Ind. 3. *pedié*; Perf. 1. *pedí*, 3. *pidió* usw. Zu bemerken ist noch, daß auch bei dieser Klasse Formen mit betontem *ie* (also wie in der ersten Abteilung) zu belegen sind.

Auch einige Verba mit *o* im Stamme haben sich nach der zweiten Abteilung gerichtet; sie zeigen nämlich in betonter Silbe *u* statt *ue* (das übrigens auch gelegentlich vorkommt). So flektiert z. B. *complir* complere: Präs. Ind. *cumplo cumples cumple complimos complides cumplen*; Präs. Konj.: *cumpla cumplas cumpla cumplamos cumplades cumplan*; Impf. Ind. 3. *complié*; Perf. 1. *complí*, 3. *cumplió* usw. Bei diesen Zeitwörtern hat sogar die Analogie so mächtig gewirkt, daß *u* selbst in andere Formen eingedrungen ist; so findet man häufig den Inf. *cumplir* usw. Wie *complir* flektieren: *cobrir*, *contir* contingere, *foir* fugere, *destroir* destruere, *nozir* nocere, *podrir* *putrire, *recodir* 'antworten' recutere, *sobir* subire, *sofrir* *sufferire, *tondir* tundere usw. Das Nebeneinander von *cobrir* und *cubrir*, *sofrir* und *sufrir* usw. hat zu *aduzir* adducere auch *adozir* entstehen lassen.

2. Der Endkonsonant des Stammes.

132. Änderungen im Endkonsonanten des Stammes sind im Spanischen auf eine geringe Anzahl von Verben beschränkt. Sie beruhen entweder auf der Einwirkung des Vokales der Endung oder des ableitenden i̯ auf den Stammkonsonanten. Diese Einflüsse müßten bei strenger Wirksamkeit der Lautgesetze nicht unbeträchtlich sein, aber die Analogie hat meist schon im Asp. ausgleichend eingegriffen. So würde man neben *niega* negat dem Konjunktiv *ney neget erwarten (vgl. lege *ley*); neben *lee* legit müßte die 1. Person *liego lego heißen; neben 3. *çinne* cingit sollte 1. *çengo cingo stehen. Aber alle diese hypothetischen Formen sind schon im Asp. nicht zu belegen; die Analogie der häufiger gebrauchten bringt es mit sich, daß die mit * bezeichneten Formen sich in Wirklichkeit jenen anschlossen; sie heißen schon asp.: *niegue*, *leo*, *çinno*. Bei einigen Verben hat sich aber doch die Doppelheit der Entwicklung erhalten; sie gehören sämtlich der *i*- und der *e*-Klasse an, während die der *a*-Klasse infolge der Wirksamkeit der Analogie ausnahmslos eine streng regelmäßige Konjugation erreicht haben.

133. Die lautgesetzlichen Formen finden sich zunächst bei den Inchoativverben erhalten; *creçer* z. B. flektiert im Präs. Ind.: *cresco creçes creçe* usw., Präs. Konj.: *cresca* usw. Schon im Asp. findet sich indes diese lautgesetzliche Gestalt insofern durchbrochen, als an Stelle des *s* vor *c* das ç (vor dem Kons. *z* geschrieben) der anderen Formen trat: *crezco, crezca*. Diesen ursprünglichen Inchoativverben haben sich einige andere angeschlossen, die ihnen im Stammauslaute glichen, z. B. *conduzir* Präs. Ind. *conduzco*, Konj. *conduzca*; ebenso *luzir, yazer, plazer, vençer* usw.

134. Weiter begegnet der lautgesetzliche Wechsel im Stammkonsonanten bei *dezir, duzir*, denen sich *yazer* angeglichen hat, dann bei *traer*, dessen 1. Präs. *trago* auf vulgl. *trago zurückgehen kann. (Die Formen dieser Zeitwörter sehe man im § 139 nach.) Da *yazer* auch inchoativ flektieren kann (§ 133), so entsteht auch eine Mischform 1. Präs. Ind. *yazgo*. Mischformen anderer Art sind *yego* von *yazer* und Präs. Konj. *plega* von *plazer*, in denen sich das *g* auf die eben angegebene Weise, der Stammvokal aber, wie es scheint, aus der Analogie von *quepa* usw. (§ 136) erklärt; weiter *traygo* u. ä., die im § 136 besprochen werden.

135. Die Präsensbildung mit *g* erscheint wie auch in anderen romanischen Sprachen bei *venir*, und zwar in der 1. Präs. Ind. *vengo* und im ganzen Präs. Konj.: *venga* usw. Weiter bei *tener poner remaner*. Diesen schließen sich *valer salir soler toller ferir* an (*valgo salgo suelgo tuelgo*; 5. Präs. Konj. *firgades*), bei denen aber in älterer Zeit die Formen mit *l* (auch *ll*) noch überwiegen.

136. Eine Wirkung des ableitenden i̯ auf den Endkonsonanten des Stammes ist bei folgenden Verben wahrzunehmen:

a) Das i̯ ist in den Stamm getreten und hat sich mit dem Stammvokal verbunden, auf den Konsonanten aber konservierend gewirkt. Dies ist der Fall bei *caber* capere: 1. Präs. Ind. *quepo* (aus capio *caipo), Konj. *quepa* usw.; und bei *saber*: nur im Konj. *sepa usw.

b) Oder i̯ hat sich mit dem Stammauslaute zu einem palatalen Kons. *y* vereinigt. So bei *caer*: 1. Präs. Ind. *cayo* *cadeo, Konj. *caya* usw. Dasselbe findet sich bei *aver* (nur im Konj.), *creer destroir foir oir raer roer seer traer veer*, deren Formen im § 139 verzeichnet sind. Da nun z. B. nebeneinander standen: *veyo* video und *vee* videt, so macht sich Ausgleichung nach beiden Richtungen geltend, d. h. man findet einerseits 1. Präs. Ind. *veo*, anderseits (seltener) 3. *veye*. Nicht alle diese *y*-Bildungen sind gleich alt; da dem Infinitiv *caer* die 1. Präs. *cayo* entsprach, so entstand zu *traer* die 1. Präs. *trayo*. Dieses Verbum hatte somit zwei Formen der 1. Präs. Ind. und des ganzen Konjunktivs: entweder *trago traga* usw. (§ 134) oder *trayo traya*. Aus der Vermischung beider erklärt sich die Form *traigo traiga*, die nun ihrerseits zu *cayo* auch ein *caigo* nach sich zog; das gleiche gilt von *oigo fuiga* usw.

3. Der Stamm des Futurums.

137. Das Gefühl für die Zusammensetzung des Futurs und des Kondizionals ist im Asp. noch sehr lebhaft, wie daraus hervorgeht, daß beide Bestandteile auch in umgekehrter Reihenfolge (Hülfsverb — Infinitiv) stehen können und daß zwischen beide ein Objektspronomen treten kann. In diesen beiden Fällen bewahrt der Infinitiv stets seine volle Gestalt. Werden aber Infinitiv und habere eng aneinandergerückt, so fällt im Asp. das i oder e der Infinitivendung aus; so wird habere-hajo zu *avré*, *potere-hajo zu *podré* usw. Zu bemerken sind dabei die Futura der Verba, deren Stamm auf *n* ausgeht; die Verbindung n'r, die durch den Ausfall des Vokales entsteht, wird dann auf die im § 74 d besprochene Art beseitigt. Ferner ist zu erwähnen, daß die im § 131 angeführten Zeitwörter beim synkopierten Futurum als Stammvokal *i u* aufweisen: *mintré* (daneben allerdings auch *mentré*).

138. Die häufigsten der synkopierten Futura des Asp. zeigt die folgende Zusammenstellung, meist kommen auch nicht synkopierte Formen daneben vor *(odrá* und *oirá)*; diejenigen, bei denen die Synkope obligatorisch ist, sind mit * bezeichnet. Selbstverständlich gilt das vom Futurum Gesagte auch vom Kondizional.

§ 138.] Die Konjugation.

annadir	'hinzufügen'	annadrá
aver	'haben'	*avra
bever	'trinken'	bevra
vevir	'leben'	vivra
caber	'fassen'	*cabra
caer	'fallen'	cadra, carra
coger	'pflücken'	codra
comedir	'überlegen'	comidra
comer	'essen'	combra
correr	'laufen'	corra
creçer	'wachsen'	creçra
dezir	'sagen'	*dizra, dira
dever	'sollen'	devra
doler	'schmerzen'	doldra
entender	'verstehen'	entendra
escrevir	'schreiben'	escrivra
exir	'ausgehen'	istra
fallir	'fehlen'	faldra
fazer	'machen'	*fara
ferir	'schlagen'	ferra
mentir	'lügen'	mintra
meter	'setzen'	metra
moler	'mahlen'	moldra
morir	'sterben'	*morra
oir	'hören'	odra
parir	'gebären'	parra
pedir	'bitten'	pidra
poder	'können'	*podra
poner	'legen'	*porna (§ 74d)
plazer	'gefallen'	plazra
perder	'verlieren'	perdra
prender	'nehmen'	prendra
querer	'wollen'	*querra
reçebir	'empfangen'	reçibra
repentir	'bereuen'	repintra
roer	'nagen'	rodra
saber	'wissen'	*sabra

sentir	'fühlen'	*sintra*
seguir	'folgen'	*sigra*
salir	'ausgehen'	**saldra*
subir	'aufsteigen'	*subra*
tener	'halten'	**terna*
toller	'wegnehmen'	*toldra*
valer	'gelten'	**valdra*
veer	'sehen'	*vedra*
venir	'kommen'	**verna*
yazer	'liegen'	*yazra, yara.*

E) Verzeichnis bemerkenswerter Zeitwörter.

139. Das folgende alphabetische Verzeichnis enthält Zeitwörter, die in der Bildung ihrer Formen irgend etwas Bemerkenswertes bieten. Nicht berücksichtigt sind dabei diejenigen, die in den §§ 128—131 besprochen worden sind, falls sie nicht sonst etwas Merkwürdiges aufweisen; dagegen sind die mit starkem Perfekt und die mit Konsonantenwechsel (§§ 132 ff.) vollständig angeführt. Von Abkürzungen bedeuten: Pr. Präsens; Pf. Perfekt; Ind. Indikativ; Konj. Konjunktiv; Fut. Futurum; Impt. Imperativ; Part. Partizipium Perfekti. Das Imperfekt wird immer vom Infinitivstamm, das Plusquamperfekt, das Imperfektum Konj., das Futurum Konj. vom Perfektstamm gebildet. Die nicht angeführten Formen werden regelmäßig schwach gebildet.

abrir 'öffnen'. Part. *abierto*, sonst schwach.

andar 'gehen' flektiert entweder ganz regelmäßig nach der *a*-Klasse oder — häufiger — gleicht es sich im Pf. dem begrifflich nahestehenden *estar* an, also entweder *andove (anduve)* usw. oder 3. *andido*, 6. *andidieron* oder 3. *andudo*, 6. *andudieron andodieron*.

aver 'haben'. Pr. Ind. *e (ey) as a avemos* oder *emos avedes an* (selten *aven*) entspricht den vulgärlat. Typen. — Pr. Konj. *aya*. — Pf. s. § 125. — Impt. *ave aved*. — Fut. *avré*. — Part. *avido*.

caber 'fassen'. Belegt sind nur Pr. Konj. *quepa*. — Pf. 3. *copo* (§ 125), Fut. *cabra*.

caer 'fallen'. Pr. Ind. 1. *cayo caigo*, 2. *caes*, 3. *cae caye* usw. — Pr. Konj. *caya caiga*. — Fut. *cadré* und *caeré*.

çennir 'umgürten'. Pr. Ind. *çinno* usw. (§ 131). — Pr. Konj. *çinna* oder *çinga*. — Pf. 2. *çinxieste*, 3. *çinxo*, gewöhnlich schwach 3. *çinnó*.

creer 'glauben'. Pr. Ind. 1. *creyo creo*, 2. *crees creyes* usw. — Pr. Konj. *creya crea*. — Pf. 3. *crovo* (§ 125). — Fut. *credré* und *creeré*.

cobrir 'bedecken', nach § 131, Part. *cubierto*.

conoçer 'kennen'. Pr. Ind. 1. *conosco*, später *conozco*, 2. *conoçes*, 3. *conoçe* usw. — Pr. Konj. *conosca conozca*. — Pf. § 125 und auch schwach.

creçer 'wachsen'. Pr. Ind. 1. *cresco crezco*, 2. *creçes*, 3. *creçe* usw. — Pr. Konj. *cresca crezca*. — Pf. 3. *crovo* (§ 125). — Fut. *creçra* und *creçera*.

dar 'geben'. Pr. Ind. 1. *do*, seit dem 14. Jahrh. auch *doy* (nach *soy*), 2. *das*, 3. *da*, 4. *damos*, 5. *dades*, 6. *dan*. — Pr. Konj. *de* usw. — Pf. 1. *di* (aus der 2. nach dem Vorbilde der *i*-Klasse), 2. *diste dieste*, 3. *dio* (aus *dié nach der schwachen Konjugation umgeformt), 4. *dimos diemos*, 5. *distes diestes*, 6. *dieron*.

dezir 'sagen'. Pr. Ind. *digo dizes diz(e) dezimos dezides dizen*. — Pr. Konj. *diga*. — Pf. *dixe* (§ 124). — Impt. *di dezid*. — Fut. *diré*. — Part. *dicho*.

destroir destruir 'zerstören'. Pr. Ind. 1. *destruyo destruigo*, 2. *destruyes* usw. — P. Konj. *destruya destruiga*. — Pf. 3. *destruxo*, meist schwach.

duzir 'führen' in Kompositis: *ad. cond.* Pr. Ind. 1. *dugo duzco*, 2. *duzes*, 3. *duz(e)* usw. — Pr. Konj. *duga* und *duzca*. — Pf. *dux(e)* (§ 124). — Part. *ducho* und gewöhnlicher *duzido*.

estar 'stehen, sein'. Pr. Ind. 1. *estó*, seit dem 14. Jahrh. auch *estoy*. 2. *estás* usw. — Pr. Konj. *esté*. — Pf. 1. *estude* (stetui) usw. § 125 oder 3. *estiedo* (an *diedo dedit angeglichen), oder 1. *estide* (*stēti?) oder an *aver* angelehnt 1. *estove* usw.

escrevir 'schreiben'. Präs. nach § 131. — Pf. schwach oder 3. *escrisso*. — Fut. *escrivré* oder *escreviré*. — Part. *escrito*.

exir 'ausgehen'. Präs. Ind. 1. *exco*, 2. *exes*, 3. *exe yex*, 6. *exen yexen*. — Präs. Konj. 3. *esca*, 4. *yscamos* (an die Inchoativverba angelehnt). — Pf. schwach 1. *exi*, 3. *ixio*, auch *exo ixo* mit zweifelhafter Betonung. — Fut. *istré* und *exiré*.

fazer, auch *far*, *fer* 'machen'. Präs. Ind. 1. *fago*, 2. *fazes*, 3. *faz*, auch *fay*, 4. *femos* (aus fácimus mit Stammbetonung?), daneben *fazemos*, 5. *feches* (fácitis) und *fazedes*, 6. *fazen*. — Präs. Konj. *faga*. — Pf. *fiz* § 123. — Fut. *faré* und *feré*. — Impt. *faz*, auch *fes*, *fay*, Plur. *fazed*, auch *fech* (fácite), *fed*. — Part. *fecho*.

foir 'fliehen' wie *destroir*.

ir 'gehen'. Präs. Ind. 1. *vo*, später *voy*, 2. *vas*, 3. *va*, 4. *vamos* und *imos*, 5. *vades* und *ides*, 6. *van*. — Pr. Konj. *vaya*. — Impf. *iva* (das einzige *i*-Verb, das das *v* erhalten hat). — Pf. wird durch das Pf. von *ser* ersetzt. — Impt. *ve*, Plur. *id*. — Fut. *iré*. — Ger. *iendo*. — Part. *ido*.

morir 'sterben'. Pr. nach § 129. — Fut. *morré*. — Part. *muerto*.

naçer 'geboren werden'. Pr. Ind. 1. *nasco nazco*, 2. *naçes*, 3. *naçe* usw. — Pr. Konj. *nasca nazca*. — Pf. schwach oder 3. *násco* (nach *vevir*). — Part. *nado natu* oder *naçido*.

oir 'hören'. Pr. Ind. 1. *oyo* und *oigo*, 2. *oyes* usw. — Pr. Konj. *oya* und *oiga*. — Fut. *odré* und *oiré*.

pareçer 'scheinen'. Pr. § 133. — Pf. schwach oder 3. *paresco*, 6. *parexieron*.

plazer 'gefallen'. Pr. Ind. 3. *plaz* usw. — Pr. Konj. *plega*. — Pf. *plogo* § 125. — Fut. *plazra* und *plazera*.

poder 'können'. Pr. nach § 129. — Pf. § 125. — Fut. *podré*.

poner 'legen'. Pr. Ind. *pongo pones pon* usw. —

Pr. Konj. *ponga*. — Pf. § 125. — Fut. *porné*. — Part. *puesto*.

prender 'nehmen'. Pf. *prise* § 122. Fut. *prendré*. — Part. *preso*.

querer 'wollen'. Pr. nach § 128. Pf. nach § 124. — Fut. *querré*. — Part. *querido* und *quisto*.

raer 'schaben'. Pr. Ind. *rayo raes* usw. — Pr. Konj. *raya*. — Pf. 3. *raxo*.

reir 'lachen'. Pr. Ind. *rio ries rie reimos* usw. nach § 131. — Pf. 3. *riso*. Ebenso *sonreir* 'lächeln'.

remaner 'bleiben'. — Pr. Ind. *remango remanes* usw. — Pr. Konj. *remanga*. — Pf. 3. *remaso*. — Gewöhnlich inchoativ *remaneçer* und dann schwach.

responder 'antworten' ist entweder schwach, also Pf. 3. *respondio*, Part. *respondido*, oder es hat sich in diesen beiden Formen dem lautähnlichen *poner* angeschlossen: Pf. *respuse*, Part. *respuesto*.

romper 'brechen'. Part. *roto*.

saber 'wissen'. Pr. Ind. 1. *se sey* (nach *aver*), 2. *sabes*, 3. *sabe* usw. — Pr. Konj. *sepa*. — Pf. *sope* § 125. — Fut. *sabré*.

salir 'herausgehen'. Pr. Ind. 1. *salgo*, 2. *sales*, 3. *sal* usw. — Pr. Konj. *sala* und *salga*. — Fut. *saldré*.

seer 'sitzen'. Pr. *seyo siedes siede* usw. §§ 128 u. 136. Pf. *sove* usw. § 125.

ser 'sein' (aus *essere*). Pr. Ind. 1. *so*, später *soe* und *soy*, deren Entstehung dunkel ist. 2. *eres* (vielleicht aus dem Fut. *eris*, um die 2. und die 3. Pers. zu unterscheiden). 3. *es*, 4. *somos*, 5. *sodes* und frühzeitig *soes* (*sutis nach 4. gebildet), 6. *son*. — Pr. Konj. *sia* *siat findet sich nur sehr vereinzelt, meist wird der Konj. von *seer*: *seya* verwendet, wie denn dieses Zeitwort überhaupt häufig die Funktion von *ser* übernimmt. — Pf. 1. *fuy* und *foy*, 2. *fuiste fueste fuste*, 3. *fue fo*, 4. *fuemos fuimos fomos*, 5. *fuestes fustes*, 6. *fueron foron*. In den vom Pf. abgeleiteten Formen erscheint gewöhnlich *ue* als Vokal, aber auch *o* und *u*: *fuera fura fora*. — Impf. *era* usw. — Fut.

seré. — Ger. *seyendo* (zu sedere), *siendo* (Kontraktion des ersteren oder Neubildung zu *ser*). — Part. *seido* und *sido*. — Impt. *sey*, Plur. *seed* (beide eigentlich von *seer*).

solver 'lösen'. Pr. nach § 129. — Part. *suelto*, sonst schwach.

tanner 'läuten'. Pf. 3. *tanxo*, 6. *tanxieron*, gewöhnlich schwach.

tener 'halten'. Pr. Ind. *tengo tienes tien(e) tenemos tenedes tienen*. — Pr. Konj. *tenga*. — Pf. *tove* (an *aver* angeglichen) § 125. — Impt. *ten tened*. — Fut. *terné*.

toller 'wegnehmen'. Pr. Ind. *tuelgo tuelles tuelle* usw. — Pr. Konj. *tuelga* und *tuella*. — Fut. *toldré*. — Part. *tuelto*.

traer 'tragen'. Pr. §§ 134 und 136. — Pf. *traxe* § 124, auch *troxe*; ferner 1. *trasqui*, 3. *trasco*, 4. *trasquiemos*, 6. *trasquieron* (nach *vevir*); — endlich auch schwach 3. *trayó*. — Part. *trecho* und *traido*.

valer 'gelten'. Pr. Ind. 1. *valo* und *valgo* § 135. — Fut. *valdré*.

veer 'sehen'. Pr. § 136. — Pf. § 123. — Fut. *vedré* und *veeré*. — Impt. *ve veed*. — Part. *visto* und auch *veido*.

venir 'kommen'. Pr. *vengo vienes* usw. § 128. — Pf. § 122 sonst wie *tener*.

vevir 'leben'. Pr. nach § 131. — Pf. 3. *visco*, 6. *visquieron* (wohl gelehrte Umstellung von vixit zu *viskit). — Fut. *vivré*.

volver 'umdrehen'. Pr. nach § 129. — Part. *vuelto*.

yazer 'liegen'. Pr. §§ 133, 134. — Pf. *yogue* § 125. — Fut. *yazrá* und *yazera*.

Neunter Abschnitt.
Wortbildung.

140. Neue Wörter können auf drei Arten entstehen:

1. Durch Übergang aus einer Wortklasse in eine andere, z. B. durch Substantivierung eines Zeitwortes wie *el plazer* 'das Vergnügen'.

2. Durch Ableitung mit Präfixen oder Suffixen; z. B. *alegre* 'froh' — *alegría* 'Fröhlichkeit'; — *onrar* 'ehren' — *desonrar* 'entehren'.

3. Durch Zusammensetzung, z. B. *condestable* 'comite stabuli'.

Die erste Art findet sich bei allen Wortarten, am häufigsten beim Substantiv; die Ableitung mit Suffixen ist am gewöhnlichsten beim Substantiv, die mit Präfixen beim Zeitwort. Von der Zusammensetzung macht das Asp. ziemlich spärlich Gebrauch, am meisten bei der Adverbialbildung.

A) Nominalbildung.

a) Durch Übergang aus anderen Wortklassen.

141. Substantiviert werden Adjektiva durch Vorsetzen des Artikels *el* oder *la*, um Personen zu bezeichnen: *el bueno, la buena* 'der, die Gute'; durch Vortritt des Artikels *lo* wird das Adjektiv zum neutralen Substantiv: *lo bueno* 'das Gute'.

Einige Adjektiva und Partizipien sind gänzlich zu Substantiven geworden, z. B. *llano* 'Ebene', *ribera* 'Ufer', *invierno* 'Winter', *estío* 'Sommer'; *ferida* 'Wunde', *debda* 'Schuld', *respuesta* 'Antwort', *conquista* 'Eroberung'; *vista* 'Gesicht', *trecho* 'Strecke' usw.

Ebenso kann der Infinitiv ohne weiteres durch Vortreten des Artikels zum Substantiv werden: *el cargar* 'das Aufladen'. Auch hier findet man einige Infinitive, die ganz zu den Substantiven übergegangen sind, z. B. *aver* 'Habe', *poder* 'Macht', *pesar* 'Kummer', *plazer* 'Vergnügen', *yantar* (Fem., vermutlich wegen des sinnverwandten *çena*) 'Frühstück'.

142. Als Adjektiva können alle Partizipien gebraucht werden; auch hier kann man beobachten, daß einzelne ganz in die Klasse der Adjektiva gerückt sind: *bebdo* 'betrunken', *estrecho* 'eng', *fito* 'fest', *farto* 'satt'.

b) Durch Ableitung.
α) Präfixe.

143. Präfixe sind in der Nominalbildung selten, kommen aber doch vor, z. B. *amor* 'Liebe' — *desamor* 'Übelwollen'. Wie in anderen Sprachen ist auch im Asp. Änderung von Präfixen durch Einmischung anderer zu beobachten; besonders häufig ist Einmischung der Vorsilbe *en*: *ensayo* exagiu, *enxiemplo* exemplu, *enxambre* examen; — in *enxundia* axungia ist gleichfalls dasselbe Präfix eingeführt worden. In *açenso* 'Weihrauch' neben *ençenso* liegt ebenfalls ein Präfixtausch vor.

Manchmal handelt es sich nur scheinbar um ein Präfix, indem in Wirklichkeit eine Zusammensetzung zugrunde liegt (§ 147).

β) Suffixe.

144. Nur diejenigen Suffixe sind produktiv, d. h. werden zu Neubildungen verwendet, die betont sind. Tonlose Suffixe sind wohl aus dem Lateinischen übernommen worden, dienen aber nicht zur Bildung neuer Wörter; tonlose Suffixe liegen z. B. vor in *vergüença* verecundia, *limpio* limpidu usw. Das Mask. *soberbio* scheint aus dem adjektivisch gebrauchten Substantiv *soberbia* gebildet zu sein.

145. Eine Ausnahme bilden die tonlosen Suffixe *-o* für das Mask., *-a* für das Fem., die in reichem Maße zu Neubildungen verwendet werden.

Das Suffix *-a* gilt bei Adjektiven zur Bildung des Femininums und wird in dieser Funktion auch bei Substantiven verwendet, die ursprünglich im Mask. und im Fem. gleichlauteten. So findet man zwar in älterer Zeit noch *la infante*, aber daneben auch schon *la infanta*; so immer nur *la sennora*. Zu *pariente, huesped* treten die Feminina *parienta, huespeda*. Lat. nepte 'Nichte' müßte **niet(e)* lauten, heißt aber schon in den ältesten Belegen *nieta*, indem die charakteristische Endung des Fem. angefügt wurde; dazu bildet man ein neues Mask. *nieto*.

Nutrice müßte *nodriz ergeben, aber auch hier will man das Fem. deutlich ausgedrückt haben und sagt nodriçia.

Viel häufiger werden die Suffixe -o und -a zur Bildung der sogenannten Postverbalia verwendet, indem sie einfach an den Verbalstamm angefügt werden. Wie alle romanischen Sprachen macht auch das Asp. von diesem Mittel der Nominalbildung reichlich Gebrauch, ohne daß man immer genau sagen könnte, welche von diesen Bildungen romanisch und welche vorromanisch seien. Solche Postverbalia sind: *duelo* (*doler*), *yerro* (*errar*), *crebanto* 'Schmerz' (*crebantar* 'zerplatzen, zerbrechen'), *esfuerço* (*esforçar*), *compra* (*comprar*), *prueva* (*provar*), *dubda* (*dobdar*), *falla* 'Betrug' (*fallir*), *onra* 'Ehre' (*onrar*), *fia* 'Vertrauen' (*fiar*), *mezcla* 'Streit' (*mezclar*); — adjektivisch: *descalço* 'barfuß' (*descalçar*) usw.

Mitunter findet sich als Suffix der Postverbalia auch -e, das nach § 47 abfallen kann; es handelt sich dann wahrscheinlich um Lehnwörter oder um Nachahmung solcher; z. B. *perdon* (*perdonar*), *conorte* 'Trost' (*conortar*), *alcançe alcanz* 'Erfolg' (*alcançar*) und ähnliche.

146. Folgendes sind die wichtigsten **betonten Suffixe**; es werden zunächst diejenigen aufgezählt, die nur Vokale enthalten, dann die mit Konsonanten in deren alphabetischer Reihenfolge.

-ia, das dem Griech. entstammt, ist sehr beliebt zur Bildung von Abstrakten meist aus Substantiven und Adjektiven: *romeria* 'Pilgerfahrt' (*romero*), *mercaderia* 'Ware' (*mercadero*), *mandaderia* 'Auftrag' (*mandadero*), *alegria* (*alegre*), *cortesia, falsia, mejoria* 'Besserung, Hoheit', *sabiduria* 'Wissen' (*sabidor*), *plazenteria* 'Gefallen'. Von einem Verbalstamm ist gebildet *valia* 'Wert' (*valer*). Mitunter nimmt *-ia* kollektive Bedeutung an: *mongia* 'Mönchtum', dann 'Kloster', *cavalleria* 'Ritterschaft'.

-io geht auf lat. -ivu zurück und bildet Abstrakta: *sennorio* 'Herrschaft', *poderio* 'Macht'.

-able bildet Adjektiva von Verbalstämmen: zu *estable* stabile tritt *semejable* 'ähnlich'.

-aço -iço konkurrieren mit *-az -iz* und bilden Adjektiva und Substantiva: *castiço* 'echt' (*casto*), *pelliça, pelliz* 'Pelz', *pedaço* 'Stück', *cabeça* 'Kopf'.

-ado -ido -udo können Endungen substantivierter Partizipien sein, *ida, exida, fallado* 'Fund' usw., bilden aber auch Abstrakta aus Substantiven: *condado* 'Grafschaft', *jornada* 'Tagreise'. — Ferner bildet besonders *-udo* Adjektiva, die ein Versehensein mit dem durch das Primitivum Ausgedrückten bezeichnen: *sesudo* 'verständig' (*seso*), *membrudo* 'kräftig' (*miembro*), *sannudo* 'wahnsinnig' (*sanna*).

-dor bildet Nomina agentis aus Verbalstämmen: *fiador* 'Zeuge' (*fiar*), *ordenador, esponedor* 'Erklärer' (*esponer*), *judgador* 'Richter', *traydor* 'Verräter', *vendedor*; adjektivisch: *sabidor* 'wissend'.

-dero ist durch Suffixtausch (Einmischung von *-ero -ariu*) an die Stelle von *duero -toriu* getreten: *cobdiçiadero* (neben *-duero*) 'gierig'; *mercadero*.

-dat bildet Abstrakta von Adjektiven: *egualdat, falsedat, verdat, vanedat, maldat*.

-adgo (-aticu) dient zur Bildung von Verbalabstrakten: *falladgo* 'Fund' (*fallar*); noch öfter tritt es an Nominalstämme: *portadgo* 'Hafenzoll', *terradgo* 'Pachtzins'. Die Form *-aje* ist dem Frz.-Prov. entlehnt: *selvaje, linaje, lenguaje*.

-al bildet Adjektiva, tritt aber auch an lat. (gelehrte) Adjektiva an: *comunal, celestrial*. Wo das Stammwort *r* enthält, kann *al* aus *ar* durch Dissimilation entstanden sein, so in den substantivischen *temporal* 'Wetter', *pradal* 'Wiese', *carrizal* 'Röhricht' usw.; in der Form *-ar* bezeichnet es Örtlichkeiten: *fenar* 'Wiese' (*feno* 'Heu'), *pinar* 'Fichtenwald', *casar* 'Wohnung'.

-uelo (-iolu) hat deminuierende Kraft: *fijuelo* 'Söhnchen', *pannuelo* 'Tüchlein', *romeruelo* 'armseliger Pilger'. Oft tritt aber die deminutive Bedeutung zurück: *avuelo* 'Großvater', *lençuelo* 'Leintuch' (*lienço*).

-iello ist das häufigste Deminutivsuffix, dessen Bedeutung aber auch oft verblaßt: *rodiella* 'Knie' (eig. 'Räd-

chen, Kniescheibe'), *aniello* 'Ring', *febiella* 'Schnalle' *fibella*, *martiello* 'Hammer'. Auch bei Adjektiven findet es sich: *poquiello* 'ein klein wenig', *senziello* 'einfach' *singellu*. Mitunter tritt zwischen Primitivum und *-iello* noch *-ez-* (*-ic-*): *redeziella* (*red* 'Netz'), *aveziella* (*ave* 'Vogel').

-umne (-umbre) aus *-udine* bildet Abstrakta: *muchedumbre* 'Menge', *pesadumbre* 'Schwere, Schmerz', *servidumbre* 'Knechtschaft', *mansedumbre* 'Zahmheit' (*manso* 'zahm').

-miento ist häufig bei Verbalabstrakten: *heredamiento* 'Beerbung', *quebrantamiento* 'Bruch', *otorgamiento* 'Gewährung', *departimiento* 'Unterschied', *entendimiento* 'Verständnis'.

-ano bezeichnet die Zugehörigkeit: *çibdadano* 'Städter'; *villano, capellano, castellano* 'kastilisch'; — in *escrivano* 'Schreiber' ist es für *-an* (nach der Flexion scriba *-anis*) eingetreten.

-ança, oft in buchwörtlicher Form *-ancia -encia* tritt meist an Verbalstämme zur Bildung von Abstrakten: *ganançia* 'Gewinn' (*ganar*), *semejança* 'Ähnlichkeit', *fiança* 'Vertrauen', *criança* 'Glaube', *avenençia* 'Einigung' (*avenir*), *bienandança* und *malandança* 'Wohl-' und 'Übelergehen', *malquerençia* 'Übelwollen'. Zuweilen wird es auch an Adjektivstämmen angefügt: *segurança* 'Sicherheit' und selbst an Substantivstämme: *amistança* 'Freundschaft'.

-engo (germanisch *-ing*) bildet Adjektiva, die die Zugehörigkeit bezeichnen: *abadengo* 'einem Abt gehörig', *frailengo*; in doppelter Suffigierung: *realengo* 'königlich'.

-ero entspricht in Form und Bedeutung dem lat. *-ariu*; es bildet zunächst Substantiva: *cavallero, escudero, saetero, obrero* 'Arbeiter', *prisonero, carçelero* 'Kerkermeister', *copero* 'Mundschenk' (*copa* 'Becher'), *romero* 'Pilger' (*Roma*), *lebrero* 'Windhund' (*liebre* 'Hase'); ein wenig anders geartet sind *pregonero* 'Ausrufer', *compannero* 'Genosse'. Auch Adjektiva bildet es und zwar sowohl von Substantiven wie *verdadero*, als von anderen Adjektiven wie *çertero* 'gewiß', *sennero* 'einfach' (*senno* singulu), *derechero* 'rechtlich', *plazentero* 'zustimmend'.

-or hat neben den aus dem Lat. übernommenen, wie *labor, dolor, alvor* 'Morgendämmerung', *temor* 'Furcht' usw., Neubildungen hervorgerufen wie *loor* (*loar* laudare). Beliebter aber ist im Spanischen

-ura; es bildet Adjektivabstrakta: *friura (frio), fermosura, amargura* 'Bitterkeit', *locura* (*loco* 'töricht'), *cordura* (*cuerdo* 'gescheit'), *altura (alto); travessura (traviesso* 'verkehrt'); von Partizipien: *soltura* 'Freiheit' (*suelto*), *fechura* 'Beschaffenheit', *postura* 'Vorsatz'; neben *pavor* steht *pabura* 'Furcht'.

-es (-ense) bildet nicht bloß Adjektiva von Länder- und Ortsnamen wie *aragones, portugales, burgales* 'aus Burgos', sondern auch Appellativa wie *burges* und *burzes* 'Bürger', *cortes* 'höflich', die allerdings wohl beide aus Frankreich stammen.

-oso ist das häufigste Suffix für Adjektiva aus Nominalstämmen; neben schon lateinische Bildungen wie *fermoso, peligroso* treten zahlreiche neue: *cavalleroso, poderoso* 'mächtig' (*poder*), *quexoso* 'ärgerlich' (*quexa*), *trabajoso* 'mühsam' (*trabajo*), *cobdiçioso* 'gierig' (*cobdiçia*), *temeroso* 'furchtsam' (*temor*), *sabroso* 'schmackhaft' (*sabor*).

-azon ist die erbwörtliche Entsprechung des lat. -atione, es findet sich z. B. in *sazon* 'Zeit', *razon*, etwas verändert in *poçon* 'Gift' potione. Meist aber erscheint es in buchwörtlicher Behandlung: *narraçion, trayçion, bendiçion, prision* usw.

-eza (auch *-eça*) entspricht dem lat. -itia und bildet Abstrakta von Adjektiven: *maleza, nobleza, riqueza; fortaleza* 'Festung'. Daneben gibt es auch *-ez* als Nachfolger des lat. -itie: *doblez* 'Falschheit' (*doble*), *estrechez* 'Enge' (*estrecho*), *prennez* 'Schwangerschaft'. — Häufig ist auch die buchwörtliche Form *-içia: justiçia, cobdiçia*.

c) Durch Zusammensetzung.

147. Von der Zusammensetzung macht das Asp. wenig Gebrauch. Von den Fällen, die hierher gehören, sind die meisten bloße Zusammenrückungen, wie *murçiego*

'Fledermaus' *(mur çiego)*, *mediodia* 'Mittag', *ricosomes* 'Adelige', *ultramar* 'das Land jenseits des Meeres'; schon lateinisch muß sein in odio (habere), woher über prov. enueg *enojo* 'Ärger' stammt.

Anderer Art sind Zusammensetzungen, bei denen zwei Wörter durch eine Präposition verknüpft sind: *fidalgo fijo d'algo* 'Edelmann' (Sohn von etwas, d. h. einer, dessen Vater 'etwas' hat). Schon auf das Lateinische geht zurück *condestable*, das noch den lat. Genitiv fortsetzt (comite stabuli). Um echte Komposita handelt es sich vielleicht in Fällen wie *cabeztornado* 'mit abgewandtem Kopfe', *cabezcorvo* 'mit gebeugtem Kopfe', doch sind solche Bildungen nicht häufig.

B) Verbalbildung.

148. Die Verbalbildung erfolgt unmittelbar, indem an Nominalstämme eine Verbalendung tritt, oder mittelbar, indem vor die eigentliche Verbalendung noch Suffixe treten; in beiden Fällen können außerdem Präfixe vorantreten.

149. Die Bildungen mit Verbalsuffixen gehen fast durchweg schon auf vorromanische zurück. So alle mit dem Suffix i̯: *alçar* *altiare, *esforçar* *ex-fortiare, *endereçar* *indirectiare; — ferner mit -*icare*: *judgar* judicare, *otorgar* *auctoricare, *cavalgar* *caballicare, *madurgar* *maturicare. — Nicht selten sind Bildungen vom Stamme des Partizipium Präsentis, also mit -**ntare**: *espantar* *expaventare, *seentar* 'setzen' *sedentare, *levantar* 'aufheben', *quebrantar* 'brechen' *crepantare, *acreçentar* 'vermehren' *ad-crescentare. — Eine beträchtliche Anzahl Neubildungen brachte auch -*ear* -*idiare* hervor, so *passear* 'lustwandeln', *guerrear* 'Krieg führen', *sennorear* 'herrschen'.

Das erfolgreichste Verbalsuffix ist aber -**escere**, das eine große Anzahl neuer Verba geschaffen hat. Das Spanische verwendete nämlich dieses Inchoativsuffix nicht wie andere romanische Sprachen zur Ergänzung der *i*-Konjugation, sondern ließ es in alle Verbalformen eindringen, so daß tatsächlich aus einem Verbum zwei wurden. So steht neben *fallir*, 3. Präs. *fal*, 6. Präs. *fallen*, Impf. *fallia* usw., auch Inf. *falleçer*, 3. Präs. *falleçe*, 6. Präs. *falleçen*, Impf. *falleçia*; — ähnlich ist es bei *gradir* — *gradeçer*, *ofrir* — *ofreçer*, *escarnir* 'verhöhnen' — *escarneçer*, *guarir* 'schützen' — *guareçer*, *contir* 'geschehn' — *conteçer* usw. Während diese Verba schwanken, werden andere nur mit dem Suffix -*eçer* konjugiert, so *adoleçer*, *careçer* 'entbehren', *floreçer* 'blühen', *anocheçer* 'Nacht werden' u. a. Das Suffix dient auch häufig zur Bildung von Verben aus Adjektiven: *enbermejeçer* 'rot werden', *enriqueçer*, *envejeçer* usw.

150. Bei der Verbalbildung mit Präfixen ist dasselbe zu bemerken wie bei der Substantivbildung: Präfixtausch: *esconder* neben *asconder*, *aspirar* neben *inspirar*; — Präfixeinmischung: *ensalçar* 'erhöhen' exaltiare, *enxugar* 'trocknen' exsucare; *escuchar* neben *ascuchar* 'hören'. Sodann ist zu unterscheiden, ob einem schon bestehenden Verbum ein Präfix vorgesetzt wird: *amar : desamar*, oder ob das Präfix eigentlich eine zu dem im Verbalstamme erscheinenden Substantivum tretende Präposition ist: *cabo* 'Ende' *a-cab-ar*: 'zu Ende kommen'.

Ferner findet sich wie in anderen romanischen Sprachen die Erscheinung der Dekomposition, d. h. ein zusammengesetztes Verbum, das im Stamme einen anderen Vokal aufwies als das Simplex, wird in seine Bestandteile zerlegt, so *consagrar*, *conquerir*, *retener* (3. *retiene*) usw.; nicht aber, wenn die Zusammensetzung nicht erkannt wurde: *conçebir*, *commendar*. Endlich ist bei einigen Verben durch lautliche Vorgänge das Präfix für das Span. zum Stamm geworden, so bei *comer* comedire, 3. Präs. *come*, bei *exir*, 3. Präs. *yex*.

151. Beispiele für unmittelbare Verbalbildung:
Von Substantiven: *finar* 'enden' (*fin*), *apoderarse* 'sich bemächtigen' (*poder* 'Macht'), — *menoscabar* 'Mißerfolg haben' (*cabo*), *sennalar* 'auszeichnen' (*sennal* 'Zeichen'),

acompannar 'begleiten', *maravillarse* 'sich wundern', *acabar* 'vollenden' (von *cabo* 'Ende'), *apartar* 'beiseite nehmen' (*parte* 'Seite'), *razonar* 'reden' (*razon* 'Rede'), *casar* 'heiraten' (*casa*).

Von Adjektiven: *igualar* 'vergleichen', *limpiar* 'reinigen', *mejorar* 'verbessern', *entregar* 'übergeben' (zu integru), *aquedar* 'beruhigen' (*quedo*).

Von Adverbien: *adelantar* 'vorwärts gehn' (*adelante*).

C) Adverbialbildung.

152. Von den Neubildungen von Adverbien ist die wichtigste die durch Zusammensetzung mit dem Substantiv *miente* (lat. mente), auch *mientre*, zu dem das Adjektiv im Femininum tritt: *fuerte miente*, *fiera miente*. Statt *miente* wird auch *guisa* (germ. wīsa 'Weise') ganz in derselben Art verwendet: *fiera guisa* 'wild'. Selten findet sich *miente* mit Substantiven zusammengefügt, die natürlich zunächst adjektivische Geltung erlangt haben mußten, z. B. *maestra-miente* 'Meisterschaft'.

153. Eine andere syntaktische Art, adverbiale Verhältnisse auszudrücken, besteht in der Verbindung eines Adjektivs mit einer Präposition: *a osadas* 'kühn', *a menudo* 'häufig', *de rezio* 'schnell'.

Endlich können auch gewisse erstarrte Adjektivformen adverbial gebraucht werden, wie: *primas* 'zuerst', *çiertas* 'gewiß'; von diesen und von einigen auf lat. Adverbien auf -s beruhenden, wie *fueras* foras 'draußen', scheint das sogenannte adverbiale *-s* zu stammen, das man häufig an Adverbien und weiterhin an Präpositionen und Konjunktionen angefügt findet; z. B.: *nuncas* neben *nunca*, *mientras* neben *mientra*, *mientre*, *antes* neben *ante*, *sines* neben *sin*.

Zehnter Abschnitt.
Verwendung der Wortformen.

A) Substantiv.
1. Der Artikel.
a) Der bestimmte Artikel.

154. Der bestimmte Artikel fehlt bei Namen von Personen, außer wenn diesen ein Adjektiv vorangeht; doch wird er vor *san santo santa* immer unterdrückt, indem dieses mit dem Namen zu einer Einheit verschmilzt: *San Pedro, Santiago* Sanctu Jacobu, *Santo Domingo*. Geht dem Personennamen ein Titel voran, so wird der Artikel gesetzt: *el conde don Fernando*; nur bei *don donna* wird er immer unterdrückt: *don Martino, donna Sancha*. Im Vokativ fehlt der Artikel immer: *rey don Sancho*. Wie Personennamen werden natürlich *Dios* und *Cristo* behandelt; auch bei *paraiso, çielo, infierno* u. ä. fehlt der Artikel oft.

155. Ohne Artikel stehen meist Länder- und Flußnamen, die Namen der Monate und Jahreszeiten, immer die Ortsnamen: *la senna de Castiella* 'das Banner Kastiliens'; *a Castiella era llegado; cabalgan Duero arriba* 'sie reiten den D. hinauf'; *quatro dias andados de julio; passo a Burgos.* — Auch Völkernamen stehen meist ohne Artikel: *moros le reçiben; diré de castellanos* 'ich will von den Kastiliern erzählen'. — Abstrakte Substantiva entbehren meistens des Artikels: *que verdat me digades; si amor le tocasse, enbio merçet pedir; no es guisa de varon* 'das ist nicht Mannesart'; *asi es costumbre de los altos omnes.*

156. Der Artikel fehlt ferner gern nach Präpositionen, besonders in festen Wendungen: *caer en tierra, por mar e por tierra; en mesa pobre; fasta cabo del anno* 'bis zum Schlusse des Jahres'. — Auch sonst wird er in festen Fügungen oft nicht ausgedrückt: *en buen ora çinxiestes espada; besó al rey manos; pon man en tu seno.* —

Bei der Apposition fehlt der bestimmte Artikel, wenn sie dem Beziehungsworte nachgesetzt wird: *don Rodrigo, abbat de Santo Domingo de Silos*.

157. Von den Verbindungen mit Adjektiven ist *otro* hervorzuheben, bei dem der Artikel unterdrückt werden kann: *otro dia* 'am nächsten Tag'. — Bei *todo* steht der Artikel zwischen diesem und dem Substantiv: *toda la plata* 'das ganze Silber'; dagegen *toda Castiella* nach § 155; *todos tres* 'alle drei'.

158. Das Neutrum des Artikels wird vor Adjektiven in allgemeiner Bedeutung verwendet: *estava a lo escuro* 'sie war im dunklen'; *non dava ninguna cosa por todo lo passado* 'für alles Vergangene'; *para que fiziessedes lo mejor*; — ebenso vor dem Possessivpronomen *lo mio* 'das meinige'.

159. Der Artikel steht auch determinierend, um ein eben genanntes oder gedachtes Substantiv zu ersetzen: *en esta ley e en la ante della* 'und in dem vorhergehenden'; *el de la villa* 'der aus der Stadt'. — Auch der neutrale Artikel wird so verwendet: *en lo de la villa* 'in dem, was die Stadt betrifft'.

160. Bei Zahlwörtern steht der bestimmte Artikel, wenn aus einer größeren Zahl eine kleinere ausgewählt wird: *siete solares, los çinco poblados, los dos por poblar* 'sieben Grundstücke, (davon) fünf bewohnt, zwei unbewohnt'; — *(ocho cabeças), las siete son de mançebos et la otra de omne viejo*.

b) Der unbestimmte Artikel.

161. Von dem unbestimmten Artikel macht das Asp. noch recht geringen Gebrauch; so heißt es z. B.: *fizieronle armario de liviana madera* 'sie machten ihr einen Schrein aus leichtem Holze'; *fizole dende carta* 'er stellte ihm darüber eine Urkunde aus'; *violo con fiera barba*; *quando vio omne estranyo*. — Insbesondere fehlt der unbestimmte Artikel bei den Verben, die ein Werden, Scheinen, Erwählen, Erkennen usw. bezeichnen: *fija so* *de rey; sennor so desta villa; — semejas me omne bueno; fizieronle sennor.*

162. Wenn ein Stoffname oder ein Abstraktum durch ein Adjektiv bestimmt wird, unterbleibt in der Regel die Setzung des unbestimmten Artikels: *esto serie gran locura* 'das wäre eine große Torheit'; *avré de vuestra hondra muy gran plazenteria* 'ich werde über eure Ehre große Freude haben'. — Besonders fehlt bei *otro, mucho, tal* und *tamanno* ('so groß') immer der unbestimmte Artikel: *otra vegada* 'ein anderes Mal'; *buscat otro consejo* 'suchet einen anderen Rat'; *mucha onra le fizo; estando en tal quexa* 'da er in einer solchen Bedrängnis war'.

163. Immer fehlt auch der unbestimmte Artikel im negativen und im hypothetischen Satze: *nunca vos verná del danno* 'nie wird euch von ihm ein Schaden treffen'; *non veian montanna; si fallardes buena obra* 'wenn ihr ein gutes Werk finden werdet'.

164. Der Plural des unbestimmten Artikels steht häufig in partitivem Sinne: *començo unos viessos* 'sie begann Lieder'.

2. Numerus.

165. Der Plural von Abstrakten ist im Asp. seltener als in anderen romanischen Sprachen. Nur scheinbar liegt ein Plural vor in Fällen wie: *la barba que los pechos le cobrie*; vgl. § 90.

3. Kasus.

166. Der einzige Kasus dient sowohl als Nominativ wie als Akkusativ; der Sinn muß entscheiden, welche Funktion ihm im einzelnen Falle zukommt. Die Verwendung als Zeit-, Maß- und Ortsbestimmung ist ziemlich selten; meist treten dafür präpositionale Wendungen ein: *el sennor grant mannana demandó* 'am frühen Morgen fragte der Herr'; meist: *de mannana* 'morgen', *de noch* 'bei Nacht'.

167. Wie in den anderen romanischen Sprachen wird das genitivische Verhältnis mittels der Präposition *de*, das dativische mittels *a* ausgedrückt. Der Dativ (d. h. beim Substantiv die Verbindung mit *a*, beim tonlosen Pronomen der flexivische Dativ) versieht aber auch die Funktion des Akkusativs, wenn es sich um Personenbezeichnungen handelt: die Person wird als an der Handlung beteiligt statt von ihr betroffen aufgefaßt. Doch schwankt das Asp. noch sehr bedeutend zwischen dem präpositionslosen Kasus und dem mit *a*; immerhin überwiegt beim Substantiv die Setzung der Präposition, während beim Pronomen Akkusativ und Dativ gleich häufig sind, im Femininum sogar jener überwiegt. Es heißt also z. B. *mandó a las naves a los omnes levar* 'er befahl die Männer in die Schiffe zu führen'; *desque a ell perdieron* 'als sie ihn verloren'; *sacastes a Castiella de gran cautivitat* 'ihr befreitet Kastilien (wie ein Personenname behandelt) aus großer Not'; anderseits: *fiziesteslo llorar; untola con sus manos* 'er salbte sie mit seinen Händen'. Bei Berceo[1] heißt es: *por espantar la duenna* und gleich darauf: *por espantar a ella*. Ja nicht selten findet man im selben Satz beide Konstruktionen nebeneinander: *destruyolos a amos un rayo del diablo* 'ein Strahl des Teufels vernichtete sie beide'; *a su ama Liviana que la avia criada trobola mal enferma* 'ihre Amme L., die sie aufgezogen hatte, fand sie schwerkrank'.

B) Adjektiv und Adverb.

168. Das Adjektiv und die adjektivisch gebrauchten Redeteile stimmen mit dem dazu gehörigen Substantiv in Geschlecht und Zahl überein. Bezieht sich ein Adjektiv auf zwei Substantiva verschiedenen Geschlechts, so richtet es sich in der Regel nach dem näherstehenden: *Tarso e Mitalena tuyas son* 'Tarsus und Mitylene gehören dir'.

Das Adjektiv kann durch Vorsetzen des Artikels substantiviert werden: *el rico* 'der Reiche'; durch Vorsetzung des Artikels *lo* werden neutrale Begriffe bezeich-

---

[1] S. Text Nr. 3a, V. 51 und V. 58.

net: *lo fremoso* 'das Schöne', *lo passado* 'das Vergangene', *lo menos* 'das Wenigste'.

169. Adverbien adjektivischer Bedeutung sind *demas* (de magis): *los demas omnes* 'die übrigen Menschen' und *menos: por menos preçio* 'um einen geringeren Preis'.

'Nur' heißt *non ... mas que* oder vor Zahlwörtern *non ... mas de: non trobavan mas que polvos* 'sie fanden nur Staub'; *estos cavalleros non tenian mas de sendos cavallos* 'diese Ritter hatten jeder nur ein Pferd'.

170. Die Steigerung erfolgt durch Vorsetzen von *mas* oder — um einen geringeren Grad zu bezeichnen — von *menos*. Komparativ und Superlativ werden nicht unterschieden: *el prinçipe Antinagora mejor la querie* 'der Fürst A. liebte sie am meisten'; *fizieron muy gran duelo quanto mayor pudieron* 'den größten, den sie konnten'. Doch erfolgt beim Adverb häufig durch Vorantritt des Artikels *lo* superlativische Aussonderung: *lo mas buena miente* 'am besten'.

'Als' nach dem Komparativ kann durch *que* oder *de* ausgedrückt werden: *omne mas poderoso que nos* 'ein Mächtigerer als wir'; *non avie mejor dell en todos los moros* 'es gab keinen Besseren als ihn'; obligatorisch ist *de* vor Zahlbegriffen: *mas de çinco maravedís*.

Zur Verstärkung des Adjektivs dienen: *muy, mucho* 'sehr', *tan, tanto* 'so sehr'; *muy* und *tan* stehen unmittelbar vor dem Adjektiv, *mucho* kann, *tanto* muß zum Verbum treten: *mucho es pesado* 'es ist sehr schwer', *averes mucho sobejanos* 'sehr prächtige Habe'; *seyendo en tan gran quexa* 'da er in so großer Bedrängnis war'; *tanto avien gran gozo* 'so große Freude hatten sie'. — *Quanto mejor* heißt 'möglichst gut'.

C) Pronomen.
1. Personalpronomen.

171. Die betonte Form des Personalpronomens steht dann, wenn es nicht mit einem Verbum verbunden ist, vor allem nach Präpositionen: *de mi, por ti, para el*. Die unbetonte Form steht in Verbindung mit dem Zeitwort. In Wendungen wie: *ovo muchas ayudas por a mi destroir* 'er hatte viele Mittel, mich zu verderben'; *quanto darie Antioco por a mi confonder* 'wieviel gäbe A. dafür, mich zu verderben' ist nach altromanischem Gebrauche das Pronomen zur Präposition gezogen, während der Infinitiv die Stelle des lat. Gerundiums vertritt.

172. Die Setzung des Subjektspronomens ist in der Regel nicht nötig, wenn kein besonderer Nachdruck darauf liegt. Doch wird das Pronomen der 2. Person gern beim Imperativ hinzugesetzt: *sennor, tu me acorre!* 'Herr, hilf mir!' *vos veyet qual queredes escogir!* 'sehet zu, wen ihr wählen wollet'.

173. Manchmal wird das substantivische Objekt außerdem noch durch ein Personalpronomen ausgedrückt; namentlich wenn es dem Verbum vorangeht: *a su ama trobóla enferma* 'ihre Amme fand sie krank', oder von ihm durch andere Satzglieder getrennt ist: *sentimos la los nietos aun essa dentera*. Neutrales *lo* weist mitunter auf den folgenden Nebensatz hin: *ya lo vedes que el rey le a ayrado* 'ihr seht, daß der König gegen ihn erzürnt ist'.

174. Das neutrale *ello* steht mit Bezug auf einen ganzen Gedanken, mitunter auch auf ein Substantiv, das eine Sache bezeichnet: *cresçio e vino a mayor edat por ello* 'er wuchs heran und wurde daher älter'.

2. Possessivpronomen.

175. Das Possessivpronomen wird substantivisch mit dem Artikel verwendet: *el mio* 'der Meinige', *lo vuestro* 'das Eurige'; ohne Artikel bei *seer, creer* u. ä.: *esta tierra es mia; essa senna la creo mia* 'dieses Banner halte ich für das meinige'. — In Verbindung mit dem Substantiv kann der Artikel gesetzt werden oder fehlen: *mio aver* oder *el mio aver*. — *Un su huespet* 'einer seiner Gäste'.

176. Das Possessiv steht manchmal an Stelle einer Bestimmung mit *de: por so amor* 'ihm zuliebe'; *tu fiuza* 'das Vertrauen zu dir'; *so so pagado* 'ich bin mit ihm zufrieden'.

Mitunter wird das Possessivverhältnis noch durch das Possessivpronomen ausgedrückt, obwohl es schon durch die Präposition *de* angedeutet wird: *era su parienta del conde* 'sie war eine Verwandte des Grafen'; *escuderos que eran de so linage dell* 'Knappen, die aus seiner Familie waren'; *del gozo cuyta es su ermana* 'Sorge ist die Schwester der Freude'.

3. Demonstrativpronomen.

177. Beim Demonstrativpronomen besteht kein Unterschied zwischen betonten und unbetonten Formen. Als Determinativ vor einem Relativsatze oder vor einem Substantiv mit *de* wird nicht ein Demonstrativpronomen, sondern der Artikel gebraucht (s. § 159): *los de Efeso; al que lo devinasse* 'dem, der es erraten würde'.

Der Unterschied zwischen den einzelnen Demonstrativpronomina *este esse aquel* usw. ist nicht scharf ausgeprägt. Das Neutrum wird mit Bezug auf einen ganzen Satz oder einen allgemeinen Begriff gebraucht: *desto seet çertero* 'dessen seid gewiß'; *ovieron grant verguença en esto* 'sie schämten sich sehr deswegen'; *en diziendo esto* 'indem er das sagte'; *aquello fuera muy grant falsedat*.

4. Relativpronomen.

178. Das gewöhnlichste Relativpronomen ist *que*, das sich auf Personen und auf Sachen beziehen und auch nach Präpositionen stehen kann: *un enemigo de que me vino mucho mal*. Ist *que* Objekt, so erscheint nicht selten beim Verbum noch ein Personalpronomen in derselben Funktion: *aquel derecho que nuestra madre lo avie* 'jenes Recht, das unsere Mutter hatte'; ähnlich: *mucho mas dos tanto que ver non lo podiste* 'zweimal soviel, als du sehen konntest'.

Quien bezieht sich nur auf Personen und kann allein oder mit Präpositionen verbunden sein: *tu sabes tu fazienda con quien deves posar* 'du kennst deine Gesellschaft, mit der du schlafen sollst'. — *Qual* kann von Personen und von Sachen gebraucht werden und reiht sich an ein vorausgehendes (ausgedrücktes oder verschwiegenes) *tal* an: *adugiste tal reyna qual saben los de Tarsso* 'du brachtest eine solche Königin, wie sie die Einwohner von Tarsus kennen'.

179. Mitunter steht das Relativpronomen mit dem Artikel verbunden, wenn der Relativsatz explikativen Charakter hat: *Demandó el maestro el que la gobernava* 'Es fragte der Herr, der sie (die Stadt) beherrschte'; — *yo so la tu muger la que era perdida*; — *la depda la qual tu e tu madre avedes cominal* 'die Schuld, die du und deine Mutter gemeinsam habet'. — Fast immer steht das Determinativ *lo*, wenn sich der Relativsatz auf einen ganzen Gedanken bezieht: *desdende lo que mas vale* 'dann, was noch mehr ist'; — *non lo dava a otrie lo que el fer podie* 'er gab anderen nicht, was er selbst tun konnte'; doch kann *lo* auch fehlen: *oyendo que dizian* 'als er hörte, was sie sagten'.

Cuyo vertritt den Genitiv des Relativpronomens; es ist ein Adjektiv, richtet sich also nach dem folgenden Substantiv: *non vio hi el nombre con cuyo casamiento fuese plazentera* 'sie sah den Namen (des Mannes) nicht, über dessen Heirat (mit ihr) sie erfreut gewesen wäre'; — *el obispo en cuya tierra es*.

Selten ist *don* als Relativpronomen; es steht statt *de que*: *non le fazie serviçio don fuese su pagado* 'er erwies ihm keinen Dienst, betreffs dessen er mit ihm zufrieden gewesen wäre'.

Qui quier que und *quien quier que* werden von Personen gebraucht, *que quier que* von Sachen, *qual quier que* von beiden; *por qualquier entrada* 'auf was immer für einem Wege'; *qualquier de nos que alla vaya primero* 'welcher von uns es auch sei, der zuerst hingehe'; zwischen *qual* und *quier* kann auch ein Substantiv treten: *cosas de qual natura quier que sean*.

5. Indefinita.

180. *Alguien* 'jemand' ist substantivisch und nur Singular; *alguno*, im Singular 'irgendeiner', im Plural 'einige, manche', ist entweder substantivisch oder adjektivisch; im zweiten Falle verliert es im Mask. Sing. sein -o: *algun cavallero* '(irgend)ein Ritter', *algunos de los cavalleros*. — *Algo* ist neutral: 'etwas'; *mucho algo* heißt 'alles Mögliche'.

'Jeder' heißt *todo*, das wie ein Adjektiv behandelt wird, oder *cada*, das unverändert bleibt: *cada omne, cada muger*. In substantivischer Geltung wird *cada uno* verwendet, das auch im Plural gebraucht werden kann: *fueronse cada unos pora sus logares* 'sie gingen jeder in seine Wohnstätte'.

Mucho im Sing. adjektivisch 'manch': *mucha vez* 'manches Mal', in dieser Bedeutung hat es mitunter das Verb im Plural bei sich: *respondieronle mucho buen infançon* 'es antwortete ihm mancher Prinz'. Als Neutrum heißt es 'viel'. Im Plural 'viele' kann es das Substantiv mit oder ohne *de* zu sich nehmen: *muchas yentes* oder *muchas de yentes* 'viele Leute'. — Dasselbe gilt von *poco, tanto, quanto*: *unas pocas de demandas* 'einige wenige Fragen', *pocos (de) dias; tanto gozo* oder *tanto de gozo*.

Nada ist eigentlich das substantivierte Partizip *nata* (nämlich *res*); ohne Negation, aber in Sätzen mit negativem oder hypothetischem Sinn heißt es 'etwas': *aquell que de comer nin de bever nada le ementare* 'derjenige, der ihm etwas von Essen oder Trinken erwähnen würde'. In Sätzen mit der Negation *non* heißt es 'nichts': *esto non vale nada* 'das ist nichts wert'. — Auch *res, ren, rien* mit Negation kommt in der Bedeutung 'nichts' vor.

Nadie ist substantivisch: 'niemand'; es steht manchmal mit dem Plural des Verbums verbunden: *que nadie nol diessen posada* 'daß niemand ihn beherbergen solle'.

Nenguno oder *ninguno* ist der negative Ausdruck zu *alguno* und wird wie dieses substantivisch und adjektivisch gebraucht: *nengun danno* 'kein Schade'. In Sätzen mit negativem oder hypothetischem Sinne bedeutet es 'irgendein': *sin quebramiento ninguno* 'ohne irgendeinen Bruch'. — *Nul*, Fem. *nulla* wird adjektivisch ebenfalls im Sinne von 'kein' verwendet: *en nulla otra cosa*.

Omne 'Mensch, Mann' ist oft zum Pronomen abgeschwächt im Sinne des deutschen 'man' und steht dann ohne Artikel: *fuera de las ruas bive omne mejor* 'außerhalb der Straßen lebt man besser'; *viene a omne algun embargo* 'es begegnet einem ein Ungemach'.

Otro ist adjektivisch oder substantivisch und verschmäht in jenem Fall den unbestimmten Artikel: *aun viene ende otro mal* 'es kommt noch ein anderes Unheil davon'; — *sus otros contrarios* 'seine anderen Gegner', *otros sus contrarios* 'andere von seinen Gegnern' oder 'andere, die seine Gegner waren'. — *Otrie* ist nur substantivisch in allgemeiner Bedeutung: *lo que aqui dexamo otrie lo lograra* 'was wir hienieden zurücklassen, wird jemand anderer bekommen'. — Als Neutrum dient *al*: *los unos querien uno, los otros querien al*.

Quantos wird oft in der Bedeutung 'alle (so viele da waren)' gefunden: *quantos que lo oyeron* 'alle, die es hörten'.

Sendos (sennos) drückt das distributive Verhältnis aus 'jeder einzelne': *escrevit sendas cartas* 'schreibt jeder einen Brief'; *sendos traen pendones* 'jeder von ihnen trägt ein Fähnchen'; *estos dos cavalleros non tenian mas que sendos cavallos* 'hatten jeder nur ein Pferd'.

D) Verbum.

1. Person.

181. Die dritte Person des Reflexivs dient auch zum Ausdrucke des Passivs: *non se faz assi el mercado* 'so wird das Geschäft nicht gemacht'. — Die 3. Plur. wird im Sinne des deutschen 'man' gebraucht: *el logar do dizen el Pinar* 'der Ort, den man el P. nennt'; *fartaron los* 'man sättigte sie'.

Als Anrede an eine Person dient bald die 2., bald die 5., mitunter selbst im Laufe derselben Rede wechselnd. Vergl. z. B. S. 163, Z. 54 ff.

2. Die Tempora.

182. Die Verwendung der Tempora im Asp. entspricht im ganzen der in den übrigen romanischen Sprachen. Folgende Punkte sind besonders hervorzuheben.

Das Präsens von *dezir* steht häufig in präteritaler Bedeutung: *diz* 'sagte er'. Auch als Passiv erscheint es: *lo que en esta ley dize* 'was in diesem Gesetze gesagt wird'.

Das Futurum Ind. vertritt mitunter einen Imperativ: *venit e yantaredes* 'kommt und esset!'

Die Tempora der Vergangenheit werden nicht scharf unterschieden. So findet sich besonders oft das Imperfekt in der Bedeutung des Plusquamperfekts: *entró un avol omne que jazia en prision* 'es trat ein Bösewicht ein, der im Kerker gewesen war'; *pusieronle el nombre que avie su abuelo* 'den sein (verstorbener) Großvater gehabt hatte'; *el llanto que fazian en gran gozo tornaron* 'den Schmerz, den sie bezeugt hatten, verwandelten sie in große Freude'.

Auch das Perfektum erscheint, wo man das Plusquamperfekt erwarten würde: *catava por su fija que les dio a criar* 'er sah sich nach seiner Tochter um, die er ihnen zur Erziehung übergeben hatte'; — *omne de tal mesura dizian que non vidieron* 'sie sagten, daß sie einen solchen Menschen nie gesehen hatten'.

Das Plusquamperfekt hat im allgemeinen die Bedeutung des lat. Plusquamperfekts, d. h. es bezeichnet eine Handlung, die früher abgeschlossen war als eine andere ebenfalls vergangene. Es findet sich daher in der Regel in zusammengesetzten Sätzen: *el amor que le fiziera non olvidava* 'die Liebe, die sie ihr erwiesen hatte, vergaß sie nicht'; — *ovo el rey dubda que asmarien los omnes que por tal lo fiziera* 'der König fürchtete, daß die Menschen meinen würden, er habe es deshalb getan'. Daher besonders nach Verben des Sagens: *dizien que Dionisa fiziera mal sobejo* 'daß D. eine große Sünde begangen habe'; — *contole commo toviera amos falssos* 'sie erzählte ihm, daß sie falsche Erzieher gehabt habe'; — *dizie que muerta fuera* 'sie sagte, sie sei tot'.

Manchmal hat das Plusquamperfekt auch schon die Bedeutung eines Imperf. Konj., die ihm im Nsp. ausschließlich zukommt: *por poco le oviera la cabeça cortada* 'fast hätte er ihm den Kopf abgehauen'. So besonders im Hauptsatze der kondizionalen Periode: *si bien no la cumplieres, mucho mas te valiera ...* 'wenn du es nicht strenge einhalten solltest, so wäre es dir besser ...'.

183. Das Futurum Konj. (Futurum exaktum) bezeichnet eine Handlung, die im Verhältnis zur Gegenwart zukünftig, in bezug auf eine andere zukünftige aber vergangen ist; es steht nur in abhängigen Sätzen: *quando a la puerta fueres, fiere con el armilla* 'wenn du an der Türe sein wirst, poche mit dem Klopfer'; — *quando fueres arribado yo te diré que fagas;* — *qui en tal se metiere non prendra mejor grado* 'wer so etwas beginnen wird, dem wird es nicht besser ergehn'; — *el omne deve comedir que qual aqui fiziere tal avra de padir* 'der Mensch soll bedenken, daß er dasselbe, was er hier getan hat, im Jenseits zu erdulden haben wird'; — *empennar gelo he por lo que fuere aguisado* '... für das, was billig sein wird'. — So auch mit Bezug auf einen Imperativ, der ja auch auf Zukünftiges hinweist: *dime lo que vieres* 'sage mir, was du siehst'.

Das Futurum exaktum gleitet dann leicht in konjunktivische Bedeutung hinüber: *el que antes tornare por traydor tengamos* 'den, der früher umkehren sollte, wollen wir für einen Verräter halten'; — *de lo que yo hoviere servirte e* 'ich werde dir auftischen, was ich haben mag'; — *quando me conosçieres, non creyo que non te gozes* 'wenn du mich kennen würdest, ...' usw.; daher erscheint es besonders in Bedingungssätzen mit *si* (s. § 207).

184. Der Kondizionalis dient wie in anderen Sprachen als Imperfektum Futuri: *dizien que toldrien todo*; oder er drückt eine gemilderte oder unsichere Behauptung aus: *non la querria veyer en tal lugar;* — *comprarla querien por quanto serie dado* 'für so viel, als man ihnen geben würde'; — *el preçio que daria quiero vos lo en donado ofreçer* 'den Preis, den er (etwa) geben mag, werde ich euch als

Geschenk anbieten'; — *çerqua podrie de terçia estar* 'es mochte etwa um die dritte Stunde sein'; — *podria aver siete meses que casado* (verheiratet) *era*. — So auch in epischen Formeln wie *veriedes gozo tanto* 'da hättet ihr die Freude sehen sollen'.

In dieser Bedeutung konkurriert der Kondizional oft mit einem Konjunktiv: *el pleyto a parado que guardarien las archas* 'er hat den Vertrag vorbereitet, wonach sie die Kisten aufbewahren sollten'; — selbst nach Ausdrücken des Fürchtens: *de miedo que serie acusado* 'aus Furcht, daß er angeklagt werden würde'.

Auch dient der Kondizional dazu, um etwas als Ansicht eines anderen hinzustellen: *asmaron de levarla e sacarla a vender; podrien ganar por ella mucho de buen aver* 'sie gedachten sie zu entführen und zu verkaufen; sie könnten (ihrer Ansicht nach) viel Geld für sie bekommen'.

3. Die Modi.

185. Auch die Verwendung der Modi entspricht im allgemeinen dem gemeinromanischen Gebrauch, weshalb hier nur auf wichtigeres aufmerksam gemacht wird.

Der **Indikativ** begegnet mitunter, wo man den Konjunktiv erwarten würde: *non creyo que mi fija aqui es soterrada* ('begraben').

Der **Konjunktiv** drückt einen Wunsch aus: *seya a Dios acomendada* 'sie sei Gott empfohlen'.

Manchmal steht er statt eines Imperativs: *digasme verdat*; — *desto bien seguro seyades*; — *non ayades pavor*. Er ersetzt die fehlenden Imperativformen: *vayamos privado!* 'gehn wir schnell!'; — *sepas!* 'wisse!' — Immer steht er an Stelle des Imperativs, wenn dieser verneint ist: *de mi non vos quexades!* 'über mich klaget nicht!'; — *non dexes una cosa ssola de ementar* 'unterlaß nicht ein einziges zu erwähnen'. — Der Konjunktiv von *querer* 'wollen' ergibt eine höflichere Umschreibung des Befehls: *non querades tardar* 'wollet nicht zögern'.

Der Konjunktiv dient ferner zum Ausdrucke einer unsicheren Behauptung: *en pie non me veredes quantos dias bivades* '... wie lange ihr auch leben möget'; — *quantos dias biva, nunca seré guarido.* — Der Konjunktiv ist auch konzessiv: *vealo el criador* 'möge es auch der Schöpfer sehen'.

186. Der Infinitiv kann substantiviert werden und nimmt dann den Artikel zu sich; er behält aber in der Regel seine verbale Rektion.

Mitunter allerdings ist er ganz zum Substantiv geworden: *al cargar de las archas* 'beim Aufladen der Kisten'.

In verbaler Geltung kann er die Funktion verschiedener Satzglieder übernehmen; besonders gern dient er, wie auch in anderen romanischen Sprachen, zum Ausdrucke adverbialer Verhältnisse; z. B.: *por prenderlas non so yo acordada* 'weil (obwohl) ich sie gewonnen habe, bin ich noch nicht zufrieden'; — *era mal fallido en non ganar la duenya* 'er täuschte sich sehr, indem er die Frau nicht gewann'; — *por ganar tal tesoro muchos avien cobdiçia* 'viele waren begierig, einen solchen Schatz zu erlangen'; — *por amor el astroso de salir de laçerio, madurgó de mannana* 'um der Not zu entgehen, stand der Bösewicht früh auf'.

In der Funktion eines Satzgliedes kann der Infinitiv — abweichend von anderen Sprachen — auch ein selbständiges Subjekt haben: *por llamarme el fija tengolo por pesado* 'weil er mich Tochter nennt, fühle ich mich bedrückt'; — *seria mayor derecho yo con ella morir* 'es wäre gerechter, wenn ich mit ihr stürbe'.

Auch die Konstruktion des Akkusativs mit dem Infinitiv bei den Verben der Wahrnehmung findet sich, wenn auch nicht häufig: *veyo a vos tristes mala color tener* 'ich sehe, daß ihr traurig und blaß seid'.

Der Infinitiv mit einer Präposition kann auch attributiv verwendet werden: *dos solares por poblar* 'zwei Grundstücke, die zu bewohnen sind'. — Endlich erscheint der Infinitiv in loser relativer Anknüpfung in Fällen wie: *si non toviesen de que lo pechar* 'wenn sie nichts hätten, womit sie es bezahlen sollten'.

187. Das Gerundium dient zur Bezeichnung einer Handlung oder eines Zustandes, die gleichzeitig mit der des Prädikatsverbs beobachtet werden. Das Subjekt des Gerundiums ist in der Regel dasselbe wie das des Prädikats: *tornó al rey Tarsiana tocando su viola* 'T. wandte sich zum König, indem sie ihre Laute spielte'. Besonders gern tritt das Gerundium zu Zeitwörtern, die einen Zustand der Ruhe oder der Bewegung ausdrücken, wie *seer, estar, ir* usw., z. B.: *fue perdiendo la lengua* 'sie verlor (Dauer) die Sprache'; — *seyen se consejando* 'sie setzten sich und hielten Rat'; — *yo lo vo asmando* 'ich beurteile es'; — *estavalos fablando* 'er sprach mit ihnen'; — *los peçes siempre están callando* 'die Fische schweigen immer'; — *el rio corre murmurando*. — Manchmal ist das Gerundium von der Präposition *en* begleitet: *en diziendo esto fue'l dar un colpe*.

Das Gerundium kann auch als Bestimmung zum Objekt des Prädikatsverbs treten: *aguzó su cochiello por matarla rezando* 'er schärfte sein Messer, um sie zu töten, während sie betete'. Mitunter ist das Subjekt des Gerundiums gar nicht ausgedrückt, so daß das Verbum als unpersönlich aufzufassen oder das Subjekt aus dem Zusammenhang zu ergänzen ist: *no se faz assi el mercado si non primero prendiendo e despues dando* '... sondern indem man zuerst nimmt und dann gibt'. — Endlich kann es auch ein Subjekt haben, das von dem des Prädikatsverbs verschieden ist: *el ora llegando despidiose del mundo* 'als die Stunde kam, schied er aus der Welt'; — *seyendo Tarsiana en esta oracion ovo Dios della duelo* 'als T. so betete, erbarmte sich Gott ihrer'. — Auch in diesem Falle kann es von *en* begleitet sein: *en passando Roy Blasquez, salio Mudarra Gonçalez* 'als R. B. vorüberging, trat M. G. hervor'.

188. Auch das Partizipium Perfekti kann mit selbständigem Subjekt als adverbiale Bestimmung gebraucht werden: *las archas aduchas prendet los marchos* 'wenn die Kisten herbeigeschafft sind, ...'; — *cayeron li a piedes echados los legones* '... nachdem sie die Hacken weggeworfen hatten'; — *su razon acabada, tirose* 'als er seine Rede beendet hatte, zog er sich zurück'.

Dritter Hauptteil.
Lehre von den Wortgruppen.

Elfter Abschnitt.
Kleinere Wortgruppen.

A) Hilfsverba.

189. Hervorzuheben sind diejenigen Verbindungen zweier Zeitwörter, bei denen das eine zum Hilfsverb heruntersinkt. Als Hilfsverb zur Bildung der umschriebenen Tempora dient in der Regel *aver*; das Perfektpartizip stimmt dabei fast immer mit dem Objekt überein (während es im Nsp. unverändert bleibt): *la graçia as ganada;* — *e vos yo ensanyada* 'ich habe euch (Fem.) erzürnt'; — *menazados nos a;* — *avie de su padre muchos bienes reçebidos.*

Mit *aver* konkurriert *tener*, doch ist dabei die ursprüngliche Bedeutung 'halten, besitzen' immer durchzufühlen; das Partizip stimmt dabei immer mit dem Objekt überein: *las duenyas que el tenie compradas;* — *des aqui lograr quiero lo que tengo ganado* 'nun will ich das benützen, was ich erworben habe'.

Während das Nsp. *ser* als Hilfsverb zur Bildung des Perfekts ganz verbannt hat, gebraucht das Asp. noch *seer* bei intransitiven Zeitwörtern wie *passar, apareçer* usw.

190. Nicht selten findet man *aver* mit dem Infinitiv mit *de* oder *a* verbunden als Umschreibung eines einfachen

Verbums, z. B.: *ovose el rey de ensanyar* 'der König erzürnte'; — *ovole una ferida a dar* 'er brachte ihm eine Wunde bei'.

Beliebt ist auch die Konstruktion, bei der *aver* und ein Infinitiv durch interrogatives *que* verbunden sind; die Bedeutung ergibt sich aus der wörtlichen Übertragung, gleitet aber leicht in die des 'nötig sein, müssen' hinüber (vgl. nsp. *tener que*): *non as a Tiro que buscar* 'du hast in Tyrus nichts zu suchen'; — *siempre de tu maliçia avremos que dezir* 'wir werden immer von deiner Schlechtigkeit reden müssen'.

191. Zur Bildung des Passivs dient *seer*; das Partizip stimmt dabei immer mit dem Subjekt überein, wofür keine Beispiele nötig sind. Häufig werden statt *seer* andere Zeitwörter ähnlicher Bedeutung gebraucht, sowohl als Kopula wie zur Bildung des Passivs; solche Verba sind z. B. *estar, andar, fincar* 'bleiben', *yazer* u. ä.: *su ermana andava querellosa* 'ihre Schwester war ärgerlich'; — *barbecharon lo que yazia eria* 'sie ackerten um, was wüst dalag'; — *yo finco prennada de vos* 'ich bin von Euch schwanger'; — *de la vida del sieglo vengo espedida* 'vom weltlichen Leben habe ich Abschied genommen'; — *dellos están colgados muchos gatos* 'daran sind viele Katzen angehängt'.

B) Negation.

192. Wie in anderen Sprachen findet sich auch im Asp. im Nebensatze, der sich an einen Komparativ anschließt, die Negation *non* ein: *por poner mas en su demanda que non debe* 'weil er in seine Klage mehr einbezieht, als er soll'; — *catan mas a la pro comunal que non a la suya* 'sie achten mehr auf das allgemeine Wohl als auf ihr eigenes'.

193. Das Adverb *nunca* verlangt beim Zeitwort die Negation; diese entfällt aber, wenn *nunca* dem Verb vorangeht: *nunca d'esta entencion le pudieron sacar* 'nie konnte man ihn von dieser Ansicht abbringen'; — *nos nunca* *lidiamos* 'wir kämpfen nie'. — Dagegen steht bei *ninguno* und *nada* auch dann *non*, wenn sie dem Zeitworte vorangehen: *nengun danyo nol fizieron*; — *el prender nada non quiso*.

C) Wortstellung.
a) Inversion.

194. Das Asp. hat eine gewisse Vorliebe dafür, den Satz mit dem Verbum zu beginnen; wie in anderen altromanischen Sprachen darf das den Satz eröffnende Zeitwort in der Regel kein Hilfsverb sein, doch finden sich auch Abweichungen davon.

Beginnt der Satz mit einem Adverb oder einer adverbialen Bestimmung, so kann das Subjekt hinter das Prädikatsverb treten: *desi fuesse Almançor* 'dann ging A.'; ebenso kann nach *e* die Inversion eintreten: *e rogo ell a Almançor* 'und er bat A.'; — *e fueron los cavallos muy bien pechados* 'und die Pferde wurden sehr gut bezahlt'; — ferner nach *ca* 'denn': *ca dizen mis adaliles* 'denn meine Offiziere sagen'.

Inversion tritt natürlich auch in der Frage ein: *sodes vos strelero?* 'seid Ihr ein Sterndeuter?'; — *por que es aquesta sennal?* 'was bedeutet dieses Zeichen?'

b) Stellung des Objektspronomens.

195. Das tonlose Objektspronomen darf niemals den Satz beginnen, hat aber das Bestreben, sich möglichst dem ersten Wort des Satzes anzulehnen. Steht daher ein Verbum an der Spitze, so folgt das tonlose Pronomen unmittelbar darauf: *sonriso's myo Çid* 'der Cid lächelte', *gradan se Rachel e Vidas* 'es freuen sich R. und V.', *respondio'l el conde* 'der Graf antwortete ihm'. — Geht dem Hauptsatze ein Nebensatz voraus, so gilt trotzdem das Verb des Hauptsatzes als das erste Wort, so daß sich ihm das Pronomen anschließt: *si yo vivo, doblar vos é la soldada*; — *si mas en ella torno, tengo me por perdida* 'wenn ich wieder dahin zurückkehre, halte ich mich für verloren'.

— Auch die Einleitung des Satzes durch *e* oder *mas* ändert nichts an dieser Regel: *prendet las archas e metedlas en vuestro salvo*; — *mas dezid nos del Çid*.

Wenn ein anderes Wort als das Zeitwort den Satz beginnt, so lehnt sich das Fürwort an das Wort an, das dem Verbum unmittelbar vorhergeht; meist ist es *non* oder *que*, ein Adverb, eine Konjunktion, ein betontes Pronomen, wie *yo, tu, esso*; natürlich kann es auch ein Substantiv sein: *quando las vio*; — *onde vos digo* 'daher sage ich euch'; — *bien lo vedes*; — *huebos me serie*; — *amos me dat las manos*; — *por siempre vos faré ricos*; — *ante nos la llevemos* usw. — Wenn das nominale Objekt an der Spitze steht und durch ein Pronomen wieder aufgenommen wird, so steht dieses hinter dem Verbum oder nach der eben gegebenen Regel hinter einer adverbialen Bestimmung usw.: *al conde de Castiella muy fuert onrra le damos*.

Wenn dem Verbum mehrere der genannten Adverbia usw. vorangehen, so lehnt sich das Fürwort an das erste an: *si las yo viere* 'wenn ich sie sähe'; — *tanto que me yo matasse*; — *agora estó embargado que lo non puedo fazer* 'nun bin ich in Verlegenheit, weil ich es nicht tun kann'.

196. Wenn in einer zusammengesetzten Zeit das Partizip dem Hilfsverb vorangeht, so lehnt sich das Pronomen an jenes an: *dexado las a*; dagegen: *ala aqui fallada* 'er hat sie hier gefunden'.

Ist ein Infinitiv mit einem Hilfsverb verbunden, so kann sich das Pronomen sowohl an dieses als an jenen anlehnen: *quiero dezirte*; — *quiero te preguntar* findet sich nebeneinander; ebenso: *lo que darme Dionisia quisies*; — *poder selo ye lograr* 'sie würde es erlangen können'. Wird aber die Verbindung zwischen Infinitiv und Hilfszeitwort durch eine Präposition hergestellt, so wird das Pronomen nie zum Infinitiv gezogen: *ovoles a dezir*; — *vinieronle los vientos a ayudar*; — *nunca la vernie el padre a buscar*.

197. Stehen mehrere tonlose Pronomina beim Verbum, so geht die 1. und 2. Person der 3. voraus, *se* steht immer vor allen anderen Fürwörtern: *acogen sele omnes de todas partes*; — *myos averes se me an levado.*

Zu bemerken ist noch, daß die hier für die Stellung der Fürwörter gegebenen Regeln nur den gewöhnlichen Zustand darstellen, keineswegs aber ausnahmslos gelten.

Zwölfter Abschnitt.
Der zusammengesetzte Satz.

A) Satzgefüge.

Der Nebensatz kann dem Hauptsatz entweder ohne Bindemittel angegliedert werden, was im Asp. ziemlich selten ist, oder beide werden durch Konjunktionen oder durch Relativpronomina oder -adverbien verknüpft. Unter den Konjunktionen ist die häufigste *que*, das die mannigfachsten Beziehungen ausdrücken kann.

1. Nebensätze mit *que*.

198. Der Nebensatz mit *que* kann das Subjekt des Hauptsatzes bilden. Der Modus des Subjektsatzes ist der Indikativ, wenn er eine Tatsache enthält, der Konjunktiv, wenn er etwas Vorgestelltes, Gewünschtes ausdrückt: *es çierto que lo puede fazer*; — *semeja que el lidia* 'es scheint, daß er kämpft'; — *a mester que me digades* 'ihr müßt mir sagen'; — *non a mester que lo tardemos*; — *plazer me ya que sopiesedes* 'es wäre mir angenehm, daß ihr wüßtet'; — *si acaesçiesse que fuessen venzudos* 'wenn es geschähe, daß sie besiegt würden'.

Statt *que* tritt nicht selten *como* ein: *conoçida cosa sea como fazemos composicion*. — Auch *por que* kann dafür stehen, indem sich die kausale Bedeutung, die natürlich zugrunde liegt, sehr abschwächt: *pesaba le mucho por que assi los mataran* 'es schmerzte ihn sehr, daß sie sie so getötet hatten'; — *mucho me plaze por que vos aca viniestes* 'es ist mir sehr angenehm, daß ihr hergekommen seid'.

199. Als Attribut erscheint der *que*-Satz in Fällen wie: *fizo semejanza que'l pesaba mucho;* — *avie por costumbre que siempre dizie;* — *huebos avemos que nos dedes los marchos;* — *aun venga tiempo que vos yo faga serviçio.*

200. In Objektsätzen mit *que* steht der Indikativ oder der Konjunktiv, je nachdem etwas Wirkliches oder etwas Gedachtes ausgedrückt wird, z. B.: *bien sé que me avredes merçet;* — *bien lo vedes que yo non trayo aver;* — *mando que sea enforcado;* — *rogó que'l mandasse matar;* — *cuemo tenedes por bien que yo faga;* — *enviome dezir que nos aviniesemos* 'daß wir uns einigen sollten'; — *prometiole que del nunca se parta* 'daß er sich nie von ihm trennen werde'; — *meted i las fes que non les catedes* 'gebt Euer Wort, daß Ihr sie nicht ansehen werdet'. Ebenso im indirekten Fragesatz: *non sabien que fiziessen;* — *non fallo por que muera.* — Abweichungen sind selten, doch findet sich z. B. manchmal nach den Verben des Sagens der Konjunktiv; oder es heißt: *de una parte me temo mucho que me querria engannar,* wo die Unsicherheit durch den Kondizional ausgedrückt ist.

Mitunter wird auf den folgenden Objektsatz durch *lo* hingewiesen: *bien lo sabemos que el algo ganó;* — *bien lo vedes que yo non trayo aver.*

Statt *que* kann auch hier *cuemo* als Einleitung gebraucht werden: *dezir l'edes cuemo es mio fijo* 'Ihr werdet ihm sagen, daß er mein Sohn sei'; — *connosçio en las armas como eran christianos;* — *aguisat como coman* 'sorget dafür, daß sie essen'. — Ist der indirekte Fragesatz mit *cuemo* eingeleitet, so kann er an das Verb mittels *de* angeknüpft werden: *quiero saber de cuemo ternedes bien vos de fazer* 'wie ihr es für gut haltet zu handeln'; — *sabie ell ya de cuemo murieron sos hermanos.* So auch als Einleitung der indirekten Rede überhaupt: *dixo'l de cuemo su madre le dixiera que era so fijo.*

Bemerkenswert ist, daß manchmal *que* auch dann steht, wenn die indirekte Rede schon mit einem Frageworte beginnt: *pregunto'l que por do era parado* 'er fragte ihn, woher er gekommen sei'; — *demandó que qual era el infante* 'er fragte, was das für ein Kind sei'.

Mitunter ist das Verb des Hauptsatzes unterdrückt und durch eine interjektionale Redensart ersetzt: *por Dios que nos perdones* 'um Gottes willen (bitten wir dich) verzeihe uns!'; — *por Dios que non lo tardes*.

Ist das den Objektsatz einleitende *que* durch einen eingeschobenen Satz von dem übrigen Teil des Objektsatzes getrennt, so wird es in der Regel noch einmal wiederholt: *es cierto que qualquier de nos que quiera estroyr aquel de que nos rrecelamos que lo puede fazer;* — *posieron los antiguos que maguer pechasen doblado aquello que hobiessen robado que non les perdonasen*.

201. Eine Folge bezeichnet der *que*-Satz nach Ausdrücken der Intensität; der Modus richtet sich wieder danach, ob die Folge wirklich eingetreten oder bloß vorgestellt ist: *tan grand ovo ende el pesar que cayo por muerto en tierra;* — *tant avien de gran gozo que creer non lo quisieron;* — *non eran tan ricos que pudiessen mantener dos posadas*.

Das Intensitätswort kann auch verschwiegen sein: *en logar las metamos que non sean ventadas* 'an einen solchen Wort....'.

202. Ungemein häufig hat der *que*-Satz kausale Bedeutung: *nos vos ayudaremos que asi es aguisado* 'denn so gehört es sich'; — *todos lo otorgamos que es con grand razon* 'wir bewilligen es alle, denn es ist sehr vernünftig'. — Mitunter ist die kausale Bedeutung so abgeschwächt, daß *que* unübersetzt bleiben kann: *ten enfuerço que non morrás por esto* 'nimm dich zusammen, du wirst deshalb nicht sterben'; — *valme que me quieren enforcar* 'hilf mir, man will mich hängen'.

203. Endlich kann der *que*-Satz den Zweck ausdrücken; der Modus ist natürlich immer der Konjunktiv: *de noche lo lieven que non lo vean christianos* 'bei Nacht sollen sie es wegtragen, damit es die Christen nicht sehen'; — *yo iré convusco que adugamos los marchos;* — *por siempre* *vos faré ricos que non seades menguados* '... damit ihr nicht geschädigt seiet'.

2. Adverbiale Konjunktionalsätze.

204. Adverbialsätze der Zeit werden eingeleitet mit *quando* 'als', *do* 'als' (eigentlich 'wo'), *assi como, de que, desque* 'sobald als', *luego que, pues que, despues que* 'nachdem', *mientra que, en quanto* 'während', *ante que, antes que, enantes que* 'bevor', *fasta que* 'bis'. Nach *ante que* steht immer der Konjunktiv, nach *mientra* (mit oder ohne *que*) meist, nach *fasta que* dann, wenn das Eintreffen des durch den Nebensatz Ausgedrückten beabsichtigt ist: *enantes que oviessen una legua andado, salida fue la noch* 'bevor sie eine Meile gegangen waren, war die Nacht hereingebrochen'; — *mientra que vivades, non seredes menguados;* — *mando las lavar fasta que fuessen bien limpias;* — *non se debe ninguno parar a robar fasta que sean apoderados de todas las fortalezas;* — *fasta vino el dia, cavaron.*

205. Kausale Nebensätze werden außer durch *que* (§ 202) am häufigsten durch *por que* eingeleitet: *amava·l mucho por que·l veye de buen seso* 'er liebte ihn sehr, weil er sah, daß er verständig sei'. Andere kausale Konjunktionen sind *pues que, quando, como*. Bei *pues* kann *que* auch fehlen: *pues viestes que non quiso olvidar el mal talante* 'da Ihr sahet, daß er den Groll nicht vergessen wollte'. — Für *quando* vgl.: *quando en Burgos me vedaron compra, non puedo traer el aver.*

206. Finalsätze beginnen gewöhnlich mit *que* (§ 203), aber auch mit *por que, para que*, selbstverständlich mit dem Konjunktiv: *para que mejor entendades lo que vos cumple de fazer* 'damit ihr besser verstehet, was ihr tun sollt'; — *vino a el un diablo por que non le perdiesse.*

207. Bedingungssätze werden meist durch *si* eingeführt. Nach *si* steht das Präs. oder Imperfekt Ind., wenn die Bedingung als wirklich vorhanden bezeichnet werden soll: *si yo bivo, doblar vos e la soldada;* — *si Almançor non era, non avie mejor dell.* Sonst kann nach *si* das Futurum Konj. stehen (dies ist das häufigste), dann steht im Hauptsatze das Futurum Ind.: *si fuere varon, dar l'edes dos amas* 'wenn es ein Knabe sein sollte, so sollt Ihr ihm zwei Erzieherinnen geben'; — *si las yo viere, dezir vos e quien son.* — Es kann aber im Hauptsatze auch das Plusquamperfekt stehen: *si bien no la cumplieres, mucho mas te valiera.* Ferner kann nach *si* das Plusquamperfekt stehen, das dann gewöhnlich auch im Hauptsatze erscheint: *quisieran, si podieran, alçarse a montannas;* — *si viniera el gato, alla me alcançara* 'wenn die Katze gekommen wäre, hätte sie mich dort erwischt'. Endlich steht nach *si* das Imperfekt Konj.: *yazria si la dexassen, çerca de los altares;* — *si oir me quisiessedes, bien vos lo contaria;* — *si non toviessen de que lo pechar, deben seer presos.*

Auch *quando* kann Kondizionalsätze einleiten: *quando assi fuere* 'wenn es so wäre'. *sol que* heißt 'wofern, wenn nur': *sol que tu quisieres la cara alegrar, Dios te daria consejo* 'wenn du nur ein fröhliches Gesicht machen wolltest, würde dir Gott Rat schaffen'.

208. Konzessivsätze beginnen am öftesten mit *maguer (que)* 'obwohl', das sowohl den Indikativ als den Konjunktiv nach sich haben kann, je nachdem das Eingeräumte als tatsächlich vorhanden oder als bloß vorgestellt bezeichnet werden soll: *por que'l veye de buen seso maguer que era aun ninno* 'obwohl er noch ein Kind war'; — *non las podien poner en somo mager eran esforçados;* — *maguer pechassen doblado aquello* 'wenn sie auch das Doppelte von dem bezahlen sollten . . .'.

Auch *aunque* leitet Konzessivsätze ein: *nunca lo maté, aunque me avia quitado mi reynado* 'obwohl er mir mein Reich genommen hat'.

Eine andere Einleitung bildet *commo quier que* 'obwohl': *commo quier que vos fazedes razon de vos quexar* 'wenn ihr auch recht habt, euch zu beklagen'; — *commo quier que me es gran perdida.*

Konzessive Bedeutung haben endlich auch gewisse Relativsätze wie: *por cosa que fizieron nunca pudieron . . .*

'was sie auch taten, sie konnten nie ...'; — *con duelo que ovo dell mandó que nol fiziessen ningun pesar* 'wie großes Mitleid er auch mit ihm hatte'; — *por mucho que se tarde, mal galardon alcançara* 'wie lange er auch säumen mag'; — *por o quier que passavan* 'wo sie auch gingen'.

209. Von Modalsätzen seien die mit *segund* erwähnt, das mit oder ohne *que* stehen kann: *segund la estoria cuenta* 'wie die Geschichte erzählt'; — *segunt los tiempos acaesçen* 'je nachdem die Zeiten sind'; — *yo te soterné segund que otras vegadas sotove mis amigos* 'so wie ich sonst meine Freunde unterstützte'.

3. Relativsätze.

210. *Qui* wird oft in der Bedeutung des lat. *is qui* gebraucht: *non duerme sin sospecho qui aver trae monedado* 'wer gemünztes Geld mit sich führt'.

Ebenso erscheint das Relativpronomen manchmal in kondizionaler Bedeutung (= *si quis*): *qui quier qui al vos diga* 'wenn euch auch jemand etwas anderes sagt'.

211. Die Konstruktion des verschränkten Relativsatzes findet sich nicht selten bei den Verben der Rede und der Wahrnehmung: *la mora que dixiemos que'l sirvie* 'die Maurin, von der wir sagten, daß sie ihm diente'; — *las cosas que entendieran que aduran pro*; — *ruegovos que me digades lo que entendierdes que se puede fazer*.

212. Der Relativsatz steht im Konjunktiv, wenn er einen Wunsch enthält: *aquel que Dios maldiga*; — oder wenn er etwas bloß Vorgestelltes, Gewünschtes usw. ausdrückt: *mio Çid querrá lo que sea aguisado*; — *darvos queremos buen dado de que fagados calças*; — *dar l'edes dos amas que le crien*; — *ruegovos que me consejades lo que faga*; — *toda cosa que pertenesca a justicia* 'alles, was zur Justiz gehören mag'. — Daher besonders auch, wenn er sich an einen verneinten Begriff anschließt: *non a cavallero que yo non connosca*; — *non veyen montanna do meter se pudiessen*; — *al non se que vea*.

Immer steht auch der Konjunktiv im verallgemeinernden Relativsatz: *quien quier que lo quiera oir* 'wer es auch hören will'; — *qualquier de nos que quiera estroyr* 'welchen von uns er auch vernichten will'.

Über konzessive Relativsätze s. § 208.

B) Die Satzverbindung.

213. Die kopulative Anreihung zweier Sätze gibt zu Bemerkungen keinen Anlaß; sie erfolgt am gewöhnlichsten durch *e*, das besonders in Prosa sehr beliebt ist. Haben beide Sätze negativen Sinn, so dient *nin* als Konjunktion: *yo nunca vos besaré la mano nin vos recebiré por sennor*.

214. Als adversative Bindewörter dienen *pero*, *mas* 'aber', *ante* 'vielmehr', *si non* 'sondern, sonst'. Auch *mas* kann 'sondern' bedeuten: *tu tienes grandes casas mas ay mucha companna* 'aber'; — *non creyo que mi fija aqui es soterrada mas me la han vendida* 'sondern'. — Mitunter stehen *pero* und *mas* beisammen: *mas pero non dexé por ende de conortarme* 'aber doch unterließ ich es nicht, mich zu trösten'; — *mas pero Roy Blasquez non osó yr a Barvadiello*. — *Fariades mal seso en le ayudar, ante tengo que'l devedes estrannar* 'vielmehr meine ich, daß ihr ihn bekämpfen sollt'; — *non las puede llevar si non seryen ventadas* 'sonst'.

215. Das kausale Verhältnis wird am häufigsten durch *que* ausgedrückt (§ 202), ferner durch *ca*: *non puedo traer el aver ca mucho es pesado*; — *non viene a la puent ca por el aqua a passado*. — Für *que* vergleiche man noch: *escrivieron sendas cartas que eran escrivanos* 'denn sie waren des Schreibens kundig'.

216. Folgerungssätze werden meist durch *onde*, *porend(e)*, *por esto* angereiht: *retovo dellos* (von den Schätzen) *algo, por en vino a aquesto* 'daher ist es so weit gekommen'; — *nasçiestes en buen ora, porend vos resçebymos por sennora*; — *onde vos digo* 'daher sage ich euch'.

Vierter Hauptteil.
Texte.

Vorbemerkung.

Orthographie. Bei den folgenden Texten wurde im allgemeinen die Orthographie der Herausgeber beibehalten. Jedoch wurden überall die Eigennamen mit Majuskeln geschrieben, ferner wurden i und j, u und v geschieden; die Worttrennung wurde durchgeführt; wo es nötig schien, wurde die Interpunktion geregelt, ferner Apostroph und Akzente verwendet; das inklinierte Pronomen ist durch einen Punkt über der Zeile von dem vorausgehenden Worte abgegrenzt, wenn es den Vokal verloren hat (§ 103).

Zur Metrik. Der asp. Vers beruht auf dem Prinzipe der Silbenzählung. Der weitaus häufigste Vers ist der zwölfsilbige, der durch eine Zäsur in zwei Teile zerfällt, jeder dieser Teile besteht aus mindestens sechs Silben, von denen die letzte (im ganzen Vers also die sechste und die zwölfte) betont sein muß; nach dieser betonten Silbe (also vor der Zäsur und am Ende des ganzen Verses) kann auch noch eine tonlose stehen. Beim Zusammentreffen eines vokalisch auslautenden mit einem vokalisch anlautenden Worte tritt entweder Verschleifung (oder Ausfall des ersten Vokals) ein: dann entspricht der Vers dem französischen Alexandriner (so in Nr. 6 eingestreut); oder

— was weitaus häufiger ist — der Hiatus bleibt bestehen. Im zuletzt genannten Falle findet sich der Zwölfsilbner immer zu vieren durch Reim (seltener Assonanz) zu einer Strophe verbunden, die man *cuaderna via* nennt; sie ist die beliebteste metrische Form der asp. epischen Dichtung.

Zu bemerken ist noch, daß der größte Teil der asp. Denkmäler leider in sehr vernachlässigtem Zustande auf uns gekommen ist.

1.
Aus dem Poema del Cid.
(V. 78—200, Ausgabe von Menéndez Pidal.)

Fablo myo Çid, el que en buen ora çinxo espada:
«Martin Antolinez, sodes ardida lança:
Si yo bivo, doblar vos he la soldada.
Espeso e el oro e toda la plata,
5 *Bien lo vedes que yo no trayo aver, e huebos me serie*
Pora toda mi compana;
Fer lo he amidos, de grado non avrie nada.
Con vuestro consego bastir quiero dos archas;
Yncamos las d'arena, ca bien seran pesadas,
10 *Cubiertas de guadalmeçi e bien enclaveadas.*
Los guadameçis vermejos e los clavos bien dorados.
Por Rachel e Vidas vayades me privado:
Quando en Burgos me vedaron conpra e el Rey me
  a ayrado,
Non puedo traer el aver, ca mucho es pesado;
15 *Enpeñar gelo he por lo que fuere guisado;*
De noche lo lieven, que non lo vean christianos.
Vealo el Criador con todos los sos santos,
Yo mas non puedo e amydos lo fago.»
Martin Antolinez non lo de tarua,
20 *[Por Rachel e Vidas a priessa demandava.]*
Passo por Burgos, al castiello entrava,
Por Rachel e Vidas a priessa demandava.

Rachel e Vidas en uno estavan amos,
En cuenta de sus aueres, de los que avien ganados.
25 *Lego Martin Antolinez a guisa de menbrado:*
«O sodes, Rachel e Vidas, los myos amigos caros?
En poridad flablar querria con amos.»
Non lo detardan, todos tres se apartaron.
«Rachel e Vidas, amos me dat las manos,
30 *Que non me descubrades a moros nin a christianos;*
Por siempre vos faré ricos, que non seades menguados.
El Campeador por las parias fue entrado,
Grandes averes priso e mucho sobejanos,
Retovo d'ellos quanto que fue algo;
35 *Por en vino a aquesto por que fue acusado.*
Tiene dos arcas lennas de oro esmerado.
Ya lo vedes que el Rey le a ayrado.
Dexado a heredades e casas e palaçios.
Aquelas non las puede levar, sinon, ser yen ventadas;
40 *El Campeador dexar las ha en vuestra mano,*
E prestalde de aver lo que sea guisado.
Prended las archas e meted las en vuestro salvo;
Con grand jura meted y las fes amos,
Que non las catedes en todo aqueste año.»
45 *Rachel e Vidas seyen se consejando:*
«Nos huebos avemos en todo de ganar algo.
Bien lo sabemos que el algo gaño,
Quando a tierra de moros entro, que grant aver saco,
Non duerme sin sospecha qui aver trae monedado.
50 *Estas archas prendamos las amas,*
En logar las metamos que non sean ventadas.
Mas dezid nos del Çid, de que sera pagado,
O que ganançia nos dara por todo aqueste año?»
Respuso Martin Antolinez a guisa de menbrado:
55 *«Myo Çid querra lo que ssea aguisado;*
Pedir vos a poco por dexar so aver en salvo.
Acogen sele omes de todas partes menguados,
A menester seys çientos marcos.»
Dixo Rachel e Vidas: «dar gelos de grado.»

60 «*Ya vedes que entra la noch, el Çid es presurado,*
Huebos avemos que nos dedes los marchos.»
Dixo Rachel e Vidas: «*non se faze assi el mercado,*
Si non primero prendiendo e despues dando.»
Dixo Martin Antolinez: «*yo d'esso me pago.*
65 *Amos tred al Campeador contado,*
E nos vos ayudaremos, que assi es aguisado,
Por aduzir las archas e meter las en vuestro salvo,
Que non lo sepan moros nin christianos.»
Dixo Rachel e Vidas: «*nos d'esto nos pagamos.*
70 *Las archas aduchas, prendet seyes çientos marcos.*»
Martin Antolinez cavalgo privado
Con Rachel e Vidas, de voluntad e de grado.
Non viene a la puent, ca por el agua a passado,
Que gelo non ventassen de Burgos omne nado.
75 *Afevos los a la tienda del Campeador contado;*
Assi commo entraron, al Çid besaron le las manos.
Sonrriso's myo Çid, estavalos fablando:
«*Ya don Rachel e Vidas, avedes me olbidado!*
Ya me exco de tierra, ca del Rey so ayrado.
80 *A lo que'm semeia, de lo mio avredes algo;*
Mientra que vivades non seredes menguados.»
Don Rachel e Vidas a myo Çid besaron le las manos.
Martin Antolinez el pleyto a parado,
Que sobre aquelas archas dar le yen .V.I. çientos
  marcos,
85 *E bien gelas guardarien fasta cabo del año;*
Ca assil dieran la fe e gelo avien jurado,
Que si antes las catassen que fuessen perjurados,
Non les diesse myo Çid de la ganançia un dinero malo.
Dixo Martin Antolinez: «*cargen las archas privado.*
90 *Levaldas, Rachel e Vidas, poned las en vuestro salvo;*
Yo yre con vusco, que adugamos los marcos,
Ca a mover a myo Çid ante que cante el gallo.»
Al cargar de las archas veriedes gozo tanto:
Non las podien poner en somo mager eran esforçados.
95 *Gradan se Rachel e Vidas con averes monedados,*

Ca mientra que visquiessen refechos eran amos.
Rachel a myo Çid la mano ba besar:
«Ya Canpeador, en buen ora çinxiestes espada!
De Castiella vos ydes pora las yentes estranas.
100 *Assi es vuestra ventura, grandes son vuestras gananças,*
Una piel vermeja morisca e ondrada,
Çid, beso vuestra mano, en don que la yo aya.»
«Plazme», dixo el Çid, «d'aqui sea mandada,
Si vos la aduxier d'alla; si non, contalda sobre las archas.»
105 *En medio del palaçio tendieron un almofalla,*
Sobrella una savana de rançal e muy blanca.
A tod el primer colpe .III.CCC. marcos de plata echaron,
Notolos don Martino, sin peso los tomava;
Los otros .C.C.C. en oro gelos pagavan.
110 *Çinco escuderos tiene don Martino, a todos los cargava.*
Quando esto ovo fecho, odredes lo que fablava:
«Ya don Rachel e Vidas, en vuestras manos son las arcas;
Yo, que esto vos gané, bien mereçia calças.»
Entre Rachel e Vidas a parte yxieron amos:
115 *«Demos le buen don, ca el nos lo ha buscado.*
Martin Antolinez, un Burgales contado,
Vos lo mereçedes, darvos queremos buen dado,
De que fagades calças e rica piel e buen manto.
Damos vos en don a vos .XXX. marchos;
120 *Mereçer noslo hedes, ca esto es aguisado.*
Atorgar nos hedes esto que avemos parado.»
Gradeçiolo don Martino e recibio los marchos;
Grado exir de la posada e espidio's de amos.

Anmerkungen. Das Metrum ist wegen der Verderbnis des überlieferten Textes nicht festzustellen. Die Verse sind durch Assonanzen zu Strophen *(coplas)* von wechselnder Länge verbunden. — Der Cid ist vom Könige verbannt worden; der Grund ist im Poema nicht angegeben, wir wissen ihn aber aus anderen Quellen; s. hier Text Nr. 9. Der Ausgewiesene sucht sich nun Geld zu verschaffen und gibt seinem Vertrauten Martin Antolinez den

Auftrag, den das hier abgedruckte Bruchstück erzählt. — 4 *e* = habeo. — 7 *lo* bezieht sich auf den Plan, den der Cid im Sinne hat und der aus den folgenden Versen hervorgeht. — 13 s. § 205. — 19 es ist zu lesen: *non lo detardava* 'er schob es nicht auf'. — 20 Der Vers ist offenbar durch ein Versehen des Schreibers schon vorausgeschrieben; an der richtigen Stelle steht er erst 22. — 25. *lego* = *llegó*; die Handschrift setzt häufig *l* statt *ll*. — 32 *Campeador*, der Titel, mit dem der Cid gewöhnlich genannt wird; von *campear* 'im Felde kämpfen'; es bedeutet denjenigen, der vor Beginn der Schlacht aus den Reihen tritt und die Feinde zum Einzelkampfe herausfordert, 'Einzelkämpfer'. — 34 *quanto que fue algo* = alles, was etwas war, d. h. viel. — 36 *lennas* = *llenas*. — 39 *aquellas* bezieht sich auf *arcas* 36. — 41 wegen *prestalde* und ähnlicher Formen, deren im Texte mehrere vorkommen, s. § 74c. — 47 *gaño* lies *ganó*. — 52 *de que será pagado?* 'womit wird bezahlt werden?' oder *de que* = nachdem: 'nachdem er befriedigt sein wird'; in diesem Falle wäre das *o* am Beginne des nächsten Verses zu streichen. — 59 *dixo* ist Singular, weil Rachel und Vidas, die fast immer zusammen genannt werden, gleichsam eine Einheit, eine Firma, bilden. Setzt man nach *Vidas* Doppelpunkt (wie es Menéndez Pidal tut), so muß man die Rede ergänzen: *dar gelos hemos de gr.* Man kann aber auch die Konstruktion des Akkusativs mit dem Infinitiv annehmen, dann entfällt natürlich jede Interpunktion. — 65 statt des sonst nicht belegten *tred* ist vielleicht *traed* zu lesen. — 70 *seyes* = *seys*. — 74 *ventassen* steht im Plural, weil das Subjekt *omne nado* den Begriff der Mehrheit enthält. — 104 Nach *si vos la aduxier d' allá* ist vielleicht zu ergänzen: 'so ist es gut'. — 114 *entre* gehört zu *amos: entramos* s. § 98. — 120 *mereçer nos lo hedes* § 119.

2.
Aus dem Poema de Fernan Gonçalez.

(Nach der Ausgabe von Marden, Baltimore 1904, coplas 653—680.)

Dexemos aqui a ellos entrrados en carrera,
Por llegar a Castyella que muy açerca era;
Diré de castellanos, gente fuerte e ligera,
Avenir no's podian por ninguna manera.
5   *Los unos queryen uno, los otrros queryen al,*
Commo omnes syn cabdiello avenien se muy mal,
Fablo Nunno Laynez de seso natural,
Buen cavallero d'armas e de sennor leal.

Començo su rrazon muy fuerte e oscura:
10 *«Fagamos nos sennor de una pyedrra dura,*
Semejable al conde, d'essa mesma fechura,
Sobre aquella pyedra fagamos todos jura.»

«Assy commo al conde las manos le besemos,
Pongamos la en carro, ante nos la llevemos,
15 *Por amor del buen conde por sennor la ternemos,*
Pleito e omenaje todos a ella faremos.»

«La senna de Castyella en la mano'l pongamos,
Sy ella non fuyere que nos nunca fuyamos,
Syn el cond a Castyella jamas nunca vengamos,
20 *El que antes tornare por traydor tengamos.»*

Sy el conde es fuerte, fuerte sennor llevamos,
El conde de Castyella nos buscar le vayamos,
Alla fynquemos todos o aca le traygamos,
Tardando esta cosa mucho menoscabamos.»

25 *«Al conde de Castyella muy fuert onrra le damos,*
El puja cada dia e nos menoscabamos,
Semeja que el lidia e nos nunca lidiamos,
Don Cristo nos perdone que tanto nos pecamos.»

«Que veamos que preçio damos a un caballero,
30 *Somos mas de trezientos e el solo sennero,*
E syn el non fazemos valia d'un dynero,
Pyerde omne buen preçio en poco de mijero.»

Quando Nunno Layno acabo su rrazon,
A chycos e a grandes plogo de coraçon.
35 *Rrespondieron le luego mucho buen infançon:*
«Todos lo otorgamos que es con grrand rrazon.»

Fyzieron su ymágen, com antes dicho era,
A fygura del conde, d'essa misma manera;
Pusyeron la en carro de muy fuerte madera,
40 *Sobydo en el carro entrraron en carrera.*

Todos chycos e grrandes a la pyedrra juraron,
Commo a su sennor assy la aguardaron,
Pora yr a Navarra el camino tomaron,
En el primero dia a Arlançon llegaron.

Texte.

Desende otrro dia essa buena conpanna,
Su sennor mucho onrrado, su senna much estrranna,
Passaron Montes d'Oca, vna fyera montanna,
Solia ser de los buenos e los grrandes d'Espanna.

Caballeros castellanos, conpanna muy lazrada,
Fueron a Byl Forrado fazer otrra alvergada;
Qual a Dios demandaron ovyeron tal posada,
Movyeron otrro dia quanto al alvorada.

Enantes que ovyessen una legua andado,
Salida fue la noch e el dia aclarado;
El conde con su duenna benia mucho lazrado,
Quando vyo la senna, muy mal fue desmayado.

La duenna la vyo antes e ovo grrand pavor,
Dixo luego la duenna: «¿Que faremos, sennor?
Veo una grrand senna, non se de que color,
O es de mi hermano o del moro Almonçor.»

Fueron en fuerte quexa, non sabyan que fyziessen,
Ca non veyen montanna do meter se pudiessen,
Non sabyan con la quexa que consejo prendiessen,
Qua non veyan logar, do guaryda ovyessen.

Eran en fuerte quexa que nunca fue tamanna,
Quisieran sy podieran alçar se a montanna,
Que se asconderian siquiera en cabanna;
Fue catando la senna, mesurando la conpanna.

Conosçio en las armas commo eran cristianos,
Non eran de Navarra nin eran de paganos,
Conosçio commo eran de pueblos castellanos,
Que yvan su sennor sacar d'agenas manos.

«Duenna, dixo el conde, non dedes por end nada,
Sera la vuestrra mano d'ellos todos vesada,
La senna e la gente que vos vedes armada,
Aquella es mi senna e ellos mi mesnada.»

«Oy vos faré sennora de pueblos castellanos,
Seran todos convusco alegrues e loçanos,
Todos chycos e grrandes vesar vos han las manos,
Dar vos he en Castyella fortalezas e llanos.»

La duenna que estava tryste e desmayada,
Fue con aquestas nuevas alegrue e pagada;
Quando vyo que era a Castyella llegada,
Dio le grraçias a Dios que la avya byen guiada.

85 *Enantes qu'el su pueblo al conde fues llegado,*
Fue adelant un omne e sopo est mandado:
Commo venia el conde byen alegrue e pagado,
Que traya la infanta e venia muy cansado.

Las gentes castellanas quando esto oyeron,
90 *Que venia su sennor e por çierto lo tovyeron,*
Nunca tan manno gozo castellanos ovyeron,
Todos con alegruia a Dios lo gradesçieron.

Tant avyan de grrand gozo que creer non lo qui-
  sieron,
Dieron se a correr quant de rezio pudieron;
95 *Enantes que llegassen, al conde conosçieron,*
Allegaron a el, en braços le cojieron.

Fueron vesar las manos todos a su sennora,
Diziendo: «Somos rricos castellanos agora.
Infanta donna Sancha, nasçiestes en buen ora,
100 *Porend vos resçebymos todos por sennora.»*

«Fiziestes nos merçed, nunca otra tal viemos,
Quanto byen nos fyziestes contar non lo sabryemos,

Sy non fuera por vos, cobrar non lo podieramos.»
105 *«Saquastes a Castyella de grrand cautyvydat,*
Fyziestes grand merçed a toda cristiandat,
Mucho pesar a moros, esto es la verdat,
Tod esto vos grradesca el Rey de Magestat.»

Todos e ella con ellos con grrand gozo lloravan,
110 *Tenien que eran muertos e que rresuçitavan,*
Al Rey de los çielos vendezian e laudavan,
El llanto que fazian en grrand gozo tornavan.

Anmerkungen. Der Graf Fernan Gonçalez von Kastilien ist vom König von Navarra gefangen genommen worden, wird aber von der Infantin Donna Sancha befreit; er flüchtet mit ihr nach Kastilien. — 1 *ellos*: der Graf und die Infantin. — 21 Da das Steinbild dem Grafen genau gleicht, so wird es, meint Nunno Laynez, ebenfalls stark sein, da der Graf es ist. — 31 Weil sie ohne den Grafen unentschlossen und tatenlos sind. — 35 Zum Plural vergl. § 180. — 40 *sobydo* ist Maskulinum, weil der Dichter an den Grafen denkt, den das Bild vorstellt. — 48 *solia ser* nur eine Umschreibung des einfachen Verbs *ser = era*. — 67 *siquiera* 'wenn auch nur'. — 73 'gebt nichts darauf' = 'bekümmert Euch darum nicht'. — 94 *dieronse a. c.* = 'sie begannen zu laufen'. — 104 *lo* bezieht sich auf den Grafen.

3.
Aus der Vida de Santo Domingo de Silos von Gonzalo de Berceo.
(Herausgegeben von J. D. Fitz-Gerald.)

a.
Coplas 315—333.

Señores si'm quisierdes un poquiello soffrir,
non querria con esto de vos me espedir,
de un otro miraglo vos querria dezir,
por amor del buen Padre devedes lo oyr.

5 *Una manceba era que avia nonbre Oria,*
ninna era de dias, commo diz la historia,
fazer a Dios serviçio essa era su gloria,
en nulla otra cosa non tenia su memoria.

Era esta mançeba de Dios enamorada,
10 *por otras vanedades non dava ella nada:*
niña era de dias, de seso acabada,
mas querria seer çiega que veer se casada.

Querria oyr las oras, mas que otros cantares,
lo que dizian los clérigos, mas que otros joglares,
15 *yazria, si la dexassen, çerca de los altares,*
o andaria descalça por los sanctos logares.

De la soror de Lazaro era much envidiosa,
que sedia a los piedes de Christo espeçiosa,
oyendo que dizia la su boca preçiosa,
20 *ond Martha su hermana andava querellosa.*

*Quando la niña vido la sazon aguisada,
desenparo la casa en que fuera criada,
fue al confessor sancto romeruela lazrada,
cayoli a los piedes luego que fue llegada.*

25 «*Señor, dixo, e Padre, yo a ti so venida,
quiero con tu consejo prender forma de vida,
de la vida del sieglo vengo bien espedida,
sy mas en ella torno, tengo me por perdida.*

Señor, sy Dios lo quiere, tal es mi voluntat,
30 *prender órden e velo, bevir en castidat,
en un rencon cerrada yazer en pobredat,
bevir de lo que diere por Dios la Christiandat.*»

Dixo el Padre sancto: «*Amiga, Dios lo quiera
que puedas mantener la, essa vida tan fiera.*
35 *Sy bien no la cumplieres mucho mas te valiera
bevir en a tal ley como tu madre toviera.*»

«*Padre, dixo la niña, en merçed telo pido,
esto que te demando, luego sea cumplido,
por Dios que non lo tardes, Padre de buen sentido,*
40 *non quieras esti pleyto que caya en olbido.*»

*Entendio el confessor que era aspirada,
fizo la con su mano soror toca negrada,
fue end a pocos dias fecha enparedada,
ovo grant alegria quando fue ençerrada.*

45 *Ixo de buena vida e de grant abstinençia,
humil e verdadera, de buena paçiençia,
orador e alegre, de limpia continençia,
en fer a Dios serviçio metia toda fimençia.*

El mortal enemigo lleno de travessura,
50 *que suso en los çielos busco mala ventura,
por espantar la dueña que oviesse pabura,
fazia li malos gestos, mucha mala figura.*

*Prendie forma de sierpe el traydor provado,
poniaseli delante, el pescueço alçado,*
55 *oras se fazia chico, oras grant desguisado,
a las vezes bien grueso, a las vezes delgado.*

Guerreavala mucho aquel que Dios maldiga,
por espantar a ella fazia mucha nemiga:
la beneita niña, del Criador amiga,
60 *bivia en grant lazerio qui quier qui al vos diga.*
 En essa misma forma, cosa es verdadera,
acometio a Eva de Adam conpañera,
quando mordieron ambos la devedada pera:
sentimos la los nietos aun essa dentera.
65 *La reclusa con cuita non sopo al que fer,*
envió al buen Padre fergelo entender,
entendiolo el todo lo que podria seer,
metiosse en carrera, vino la a veder.
 Quando llego a ella, fizo la confessar,
70 *del agua beneita echo por el casar,*
canto el mismo missa, mandola comulgar,
fuxo el veçin malo a todo su pesar.
 Torno a su iglesia el sancto confessor,
finco en paz la dueña, sierva del Criador,
75 *fue mal escarmentado el draco traydor,*
despues nunca paresco en essi derredor.

Anmerkungen. 20 Zu *andava* vergl. § 191. — *romeruela lazrada* 'als armselige Pilgerin'. — 24 *li* s. S. 71 Anm. — 35 *fiero* hier 'stolz, erhaben'. — 39 *que* vergl. § 200. — 40 'wolle nicht, daß diese Abmachung vergessen werde' = 'vergiß d. A. nicht'. — Zu *esti* und *essi* 76 vergl. § 42 Ende. — 63 *pera* sonst 'Birne', hier offenbar nur des Reimes wegen angewandt. — 64 'wir Enkel'; das Spanische gebraucht in diesem Falle den bestimmten Artikel beim Substantiv.

b.
Coplas 376—383.

Fizo otra vegada una grant cortesia,
sy oyr me quisiessedes bien vos lo contaria,
assi como yo creo poco vos deternia,
non conbriades por ello vuestra yantar mas fria.
5 *Avia un huerto bueno el baron acabado,*
era de buenos puerros el huerto bien poblado,
ladrones de la tierra, moviolos el pecado,
vinieron a furtarlos, el pueblo aquedado.

    En toda una noche, fasta vino el dia,
10 *cavaron en el huerto de la sancta Mongia,*
    mas rancar non podieron puerro nin chirivia,
    fuera que barbecharon lo que yazia eria.

    El señor grant mañana demando los claveros:
    «Frayres, dixo, sepades que avemos obreros,
15 *cavado an el huerto d'esto seet çerteros,*
    aguisat como coman e lieben sus dineros.»

    Fue a ellos al huerto el sancto confessor:
    «Amigos, diz, avedes fecha buena labor,
    tenga vos lo en grado Dios el nuestro Señor;
20 *venit e yantaredes al nuestro refitor.»*

    Ovieron grant verguença en esto los peones,
    cayeron li a piedes, echados los legones:
    «Merçed, señor, dixieron, por Dios que nos perdones,
    yazemos en grant culpa por muchas de razones.»

25 *Dixo el Padre sancto: «Amigos, non dubdedes,*
    aun esta vegada buen perdon ganaredes,
    d'esti vuestro lazerio vuestro loguer abredes,
    mas tales trasnochadas mucho non las usedes.»

    Fartaron los e fueronse alla onde vinieron,
30 *nunca lo olbidaron el miedo que ovieron,*
    tenianlo por fazaña quantos que lo oyeron,
    omne de tal mesura dizian que non vidieron.

Anmerkungen. 8 *el pueblo aquedado* 'als das Dorf ruhig geworden war, als alles schlief'. — 13 *grant mannana* 'am frühen Morgen'. — 16 *como* § 200. — 23 *por Dios que* § 200.

4.
Aus dem Poema de Yúçuf.

(Nach der Hs. A, herausgegeben von R. Menéndez Pidal Revista de Archivos, Bibliotecas y Museos VII, 1902, Strophe 35 ff.)

Ein Beispiel eines *aljamía*-Textes (s. § 7). Zur Transkription der arabischen Buchstaben: Der Schreiber unterscheidet *a* von *e*, indem er bei diesem dem Vokalzeichen fatha noch ein elif beifügt; die Unterscheidung zwischen *o* und *u* wird vom Schreiber nicht gemacht, sondern rührt vom Herausgeber her; ç gibt arab.

sin wieder, *x* šin, *j* ǧim, *ch* ǧim mit tešdid, *g* ġain, *k* kaf, *ḳ* ḳaf, *b* ba, *p* ba mit tešdid, *t* te und *ṭ* ṭa, *z* zay; die Entsprechungen der anderen Zeichen sind bei einiger Kenntnis des arabischen Alphabets ohnehin verständlich. Durch kleinere über die Zeile gestellte Buchstaben werden solche Vokale bezeichnet, die zwar in der Schrift dargestellt sind, im Metrum aber nicht mitgezählt werden.

1. Aljamía-Text.

Allī ejaron a Yūçuf en akella ag^wa f^iri^va,
por dōn paxarōn jente kon muy g^aran merkaduri^va,
abi^van muy g^aran xet kon la kalor del di^va.

Echaron la ferreda, en la kabeça le daban,
5 *non lo podi^van xakar, ke mucho lex pexa,*
por rrazon ke Yūçuf della xe t^arababa;
puxi^veron max esfu^werço, xalli^vo el bella barba.

Ku^wando bi^veron ellox tan ñoble k^iri^vatura,
marabejaronxe todox de la çu fermoxūra;
10 *lebaronlō al xeñor, p^alazi^vole de la xu fegura,*
p^orometi^velex muy g^aran bi^ven i muyṭa mexūra.

Ke a poḳo de rrato lox ermanox bini^veron
a demandar a Yūçuf, xu ḳatibo lo fezi^veron
ellox lo atorgaron pu^wex ellox;
15 *Judax lo konçejo por dōn bini^veron.*

Dixo el merḳader: amīgox, xi boxotrox keredex,
binte dinerox box dare por el, xi me lo bendedex.
P^alazenox, dixi^veron ellox, ḳon ke lo enp^erexi^vonex,
faxṭa la ti^verra xanta ke box no lo xoltedex.
20 *Fizi^veron lex ḳartax ḳomo lo bendi^veron,*
ṭodox kon lurex manox en-exk^iribto lo poni^veron,
daxi el merḳader xu ḳarta le rrendi^veron;
lebaronlo en ḳadenax, ḳomo poxi^veron.

2. Umschrift nach der gewöhnlichen altspanischen Orthographie.

Alli echaron a Yusuf en aquella agua fria,
por don passaron gente con muy gran mercaderia,
avien muy gran sed con la calor del dia.

Echaron la ferreda, en la cabeça le davan,
5 *non lo podien sacar, que mucho les pesa(va),*
por rrazon que Yusuf d'ella se travava;
pusieron mas esfuerço, salio el bella barba.

Quando vieron ellos tan noble criadura,
maravillaronse todos de la su fermosura;
10 *levaronlo al sennor, plazio'l de la su figura,*
prometio'les muy gran bien e mucha mesura.

Que a poco de rrato los ermanos vinieron,
a demandar a Yusuf, su cativo'l fizieron,
el les lo atorgo pues ellos [lo quisieron];
15 *Judas lo conçejo por don vinieron.*

Dixo el mercader: amigos, si vosotros queredes,
veinte dineros vos daré por el, si me lo vendedes.
Plazenos, dixieron ellos, con que'l empresiones,
fasta la tierra santa que vos non lo soltedes.

20 *Fizieron les cartas como lo vendieron,*
todos con lures (= sus) manos en escrito lo pusieron,
desi al mercader su carta le rrendieron;
levaronle en cadenas como posieron.

Anmerkungen. Das Gedicht erzählt die Schicksale des ägyptischen Josef, das hier gegebene Bruchstück den Verkauf Josefs durch seine Brüder. Der Verfasser folgt darin der Erzählung des Korans, daß Josef von den Kaufleuten aus dem Brunnen gezogen wird, während ihn nach dem biblischen Berichte die Brüder herausziehen. — 1 *ejaron* statt *echaron* erklärt sich dadurch, daß der Schreiber das tešdid über dem ǧim vergessen hat. — 4 'sie trafen ihn auf den Kopf'. — 5 *que* s. § 202; statt *pesa* ist *pesava* zu lesen, wie Reim und Metrum zeigen. — 7 'er kam als schönes Gesicht heraus' = etwa 'in seiner ganzen Schönheit'. — 12 *que* ist temporal: 'als'. — 13 'sie (die Brüder) gaben ihn für ihren Sklaven aus'. — 14 Die asp. Umschrift ist nach Hs. B. ergänzt; 'er (Josef) stimmte zu, weil sie (die Brüder) es wollten', d. h. die Brüder hatten ihn durch Drohungen dazu gezwungen, nicht zu widersprechen, wenn sie ihn für ihren Sklaven ausgeben würden. — 15 *por don* bezieht sich auf Judas = 'auf dessen Veranlassung'. Judas, der einzige der Brüder, der Josef gutgesinnt war, hatte die anderen herbeigerufen, als die Kaufleute Josef aus dem Brunnen zogen. — 18 *con que* 'unter der Bedingung, daß'. — 23 *posieron* = 'wie sie es ausgemacht hatten'.

5.
Aus dem Libro de buen Amor von Juan Ruiz, Erzpriester von Hita.
(14. Jahrhundert.)
Nach der Ausgabe von J. Ducamin, Hs. S; die Orthographie der Hs.)

1. Ensienplo del mur de Monferrado e del mur de Guadalfajara.
(Coplas 1370—1384.)

Mur de Guadalajara un lunes madrugara,
fuese a Monferrado, a mercado andava;
un mur de Francabarva rresçibio'l en su cava,
conbido'l a yantar e diole una fava.

5   *Estava en mesa pobre buen gesto e buena cara,*
con la poca vianda buena voluntad para,
a los pobres manjares el plaser los rrepara;
pago's del buen talente mur de Guadalajara.

    La su yantar comida, el manjar acabado,
10   *conbido el de la villa al mur de Monferrado*
que el martes quisiese yr ver el su mercado
e como el fue suyo, fuese el su conbidado.

    Ffue con el a ssu casa e dio'l mucho de queso,
mucho tosino, lardo que non era salpreso,
15   *enxundias e pan cocho syn rraçion e syn peso,*
con esto el aldeano tovo's por byen apreso.

    Manteles de buen lyenço, una branca talega
byen llena de farina, el mur ally se allega;
mucha onrra le fiso e serviçio que'l plega,
20   *alegria, buen rostro, con todo esto se llega.*

    Está en mesa rica mucha buena vyanda,
un manjar mejor que otro a menudo y anda,
e de mas buen talente huesped esto demanda;
solás con yantar buena todos omes ablanda.

25   *Do comian e folgavan, en medio de su yantar,*
la puerta del palaçio começo a ssonar,

abriala su señora, dentro querria entrar,
los mures con el miedo fuxieron al andar.

    Mur de Guadalajara entro en su forado,
30   el huesped aca e alla fuya deserrado,
non tenia lugar çierto do fuese anparado,
estovo a lo escuro, a la pared arrimado.

    Çerrada ya la puerta e pasado el temor,
estava el aldeano con miedo e con tremor;
35   falagava'l el otro desiendo'l: «Amigo señor,
alegrate e come de lo que as mas sabor.

    Este manjar es dulçe, sabe como la miel.»
Dixo el aldeano al otro: «Venino jas en el;
el que teme la muerte, el panal le sabe fiel;
40   a ty solo es dulçe, tu solo come d'el.

    Al omne con el miedo no'l sabe dulçe cosa,
non tiene voluntad clara la vista temerosa,
con miedo de la muerte la miel non es sabrosa,
todas cosas amargan en vida peligrosa.

45   Mas quiero rroer fava seguro e en pas
que comer mill manjares corrido e syn solás;
las viandas preçiadas con miedo son agrás,
todo es amargura do mortal miedo yas.

    Por que tanto me tardo? aqui todo me mato
50   del miedo que he avido; quando bien me lo cato,
como estava solo, sy viniera el gato,
ally me alcançara e me diera mal rrato.

    Tu tyenes grandes casas, mas ay mucha compaña;
comes muchas viandas, aquesto te engaña;
55   buena es mi poblesa en ssegura cabaña;
que mal pisa el omne, el gato mal rascaña.

    Con pas e segurança es buena la poblesa,
al rrico temeroso es poble la rriquesa,
syenpre tyene rreçelo e con miedo tristesa;
60   la pobredat alegre es segura noblesa».

    Anmerkungen. Die Handschrift schreibt *s* statt *z*. —
12 'wie sie (die Stadtmaus) ihr Gast gewesen sei, so solle sie (die
Feldmaus) der ihrige sein'. — 15 *syn raçion e syn peso* 'ohne Maß

und Gewicht' = 'im Überfluß'. — 22 'Speisen, eine besser als die andere, werden häufig aufgetragen'. — 28 *al andar* 'beim Gehen', d.h. als man die Schritte hörte. — 45 *mas quiero* 'lieber will ich'.

2. Enxienplo del ladron que fiso carta al diablo de su anima.
(Coplas 1454 ff.)

En tierra syn justiçia eran muchos ladrones,
fueron al rrey las nuevas, querellas e pregones,
enbio alla su alcalde, merinos e sayones;
al ladron enforcavan por quatro pepiones.

5 *Dixo el un ladron d'ellos: «Ya yo so desposado*
con la forca, que por furto ando desorejado;
si mas yo so con furto del merino tomado,
el me fara con la forca ser del todo casado.»

Ante que el desposado penitençia presiese,
10 *vino a el un diablo por que non lo perdiese;*
dixo'l que de su alma la carta le feciese,
e furtase syn miedo quanto furtar podiese.

Otorgole su alma, fisole dende carta,
prometiole el diablo que d'el nunca se parta:
15 *desta guisa el malo sus amigos enarta;*
fue el ladron al camino, furtó de oro gran farta.

El ladron fue tomado, en la cadena puesto,
llamó a su amigo que'l conssejó aquesto;
vino el mal amigo, dis: «Fe me aqui presto;
20 *non temas, ten esfuerço, que non morras por esto.*

Quando a ty sacaren a judgar oy o cras,
aparta al alcalde e con el fablaras;
pon mano en tu seno e dalo que fallaras;
amigo, con aquesto en salvo escaparas.»

25 *Sacaron otro dia los presos a judgar;*
el llamó al alcalde, aparto'l e fue fablar;
metio mano en el seno e fue dende sacar
una copa de oro, muy noble, de prestar.

Diogela en presente, callando, al alcalde.
30 *Dis luego el jugador: «Amigos, el ribalde*

non fallo por que muera, prendistes le debalde;
yo'l do por quito suelto; vos, merino, soltalde.»

    Salio el ladron suelto, syn pena de presion,
uso su mal ofiçio grand tienpo e grand fason,
35 *muchas veses fue preso, escapava por don.*
Enojose el diablo. Fue preso su ladron.

    Llamo su mal amigo asy como solia,
vino el malo e dixo: «¿A que me llamas cada dia?
Fas ansi como sueles, non temas, en mi fia;
40 *daras cras el presente, saldras con arte mia.»*

    Aparto al alcalde (el ladron) segund lo avia usado,
puso mano a su seno e falló negro fallado:
sacó una grand soga, diola al adelantado.
El alcalde dis: «Mando que sea enforcado.»

45   *Cerca el pie de la forca començo de llamar:*
«Amigo, ¡valme, valme! ¡que me quieren enforcar!»
Vino el malo e dixo: «¡Ya te viese colgar!
que yo te ayudaré como lo suelo far.

    Suban te, non temas, cuelgate a osadas,
50 *e pon tus pies entranbos sobre las mis espaldas,*
que yo te soterné segund que otras vegadas
sotove mis amigos en tales cavalgadas.»

    Entonçes los sayones al ladron enforcaron,
coydando que era muerto, todos dende derramaron,
55 *a los malos amigos en mal lugar dexaron;*
los amigos entranbos en uno rrasonaron.

    El diablo quexo se, dis: «¡Ay! ¡que mucho pesas!
¡tan caros que me cuestan tus furtos e tus presas!»
Dixo el enforcado: «Tus obras mal apresas
60 *me troxieron a esto por que tu me sopesas.»*

    Fablo luego el diablo, dis: «Amigo, otea,
e dime lo que vieres, toda cosa que sea.»
El ladron paro mientes, dis: «Veo cosa fea,
tus pies descalabrados, e al non se que vea.

65   *Beo un monte grande de muchos viejos çapatos,*
suelas rrotas e paños rotos e viejos hatos,

e veo las tus manos llenas de garavatos,
d'ellos están colgados muchas gatas e gatos.

Respondio el diablo: «Todo esto que dixiste
70 *e mucho mas dos tanto que ver non lo podiste,*
he roto yo andando enpos ty segund viste;
non pude mas sofrirte, ten lo que mereçiste.

Aquellos garavatos son las mias arterias,
los gatos e las gatas son muchas almas mias
75 *que yo tengo travadas; mis pies tienen sangrias*
enpos ellas andando las noches e los dias.»

Su rason acabado, tirose, dyo un salto,
dexo a su amigo en la forca tan alto;
quien al diablo cree, trava'l su garavato,
80 *el le da mala çima e grand mal en chico rato.*

El que con el diablo fase la su criança,
quien con amigo malo pone su amistança,
por mucho que se tarde mal galardon alcança:
es en amigo falso toda la mal andança.

Anmerkungen. 4 wenn einer nur vier p. stahl, wurde er schon gehängt. — 6 *ando* § 191. — 11 'er sagte zu ihm, er solle ihm seine Seele verschreiben'. — 20 *que* § 202. — 27 *fue* Perf. zu *ir*. — 41 *el ladron* stört das Metrum und ist zu streichen. — 46 *que* § 202. — 83 s. § 208 Ende.

6.
Das Bruchstück des Auto de los Reyes Magos.
(Nach der Ausgabe von R. Menéndez Pidal, Rev. de Archivos, 1900, S. 453 ff.)

Escena I.

Caspar, solo. *Dios criador, qual maravila,*
No se qual es achesta strela!
Agora primas la e veida,
poco timpo a que es nacida.
5 *Nacido es el criador*
que es de la gentes senior?
Non es verdad, non se que digo,

todo esto non vale un figo;
otra nocte me lo catare,
10 si es verdad, bine lo sabre.
Bine es verdad lo que io digo?
en todo, en todo lo prohio.
Non pudet seer otra sennal?
Achesto es i non es al;
15 nacido es Dios, por ver, de fembra
in achest mes de december.
Ala ire o que fure, aoralo e,
por Dios de todos lo terne.

Baltasar, solo. Esta strela non se dond vinet,
20 quin la trae o quin la tine.
Porque es achesta sennal?
En mos dias non vi atal.
Certas nacido es en tirra
aquel qui en pace i en guerra
25 senior a a seer da oriente
de todos hata in occidente.
Por tres noches me lo vere
i mas de vero lo sabre.
En todo, en todo es nacido?
30 Non se si algo e veido.
Ire, lo aorare,
i pregare i rogare.

Melchior, solo. Val, Criador, atal facinda
fu nunquas alguandre falada
35 o en escriptura trubada?
Tal estrela non es in celo,
desto so io bono strelero;
bine lo veo sines escarno
que uno omne es nacido de carne,
40 que es senior de todo el mundo,
asi cumo el cilo es redondo;
de todas gentes senior sera
i todo seglo jugara.
Es? non es?

45   *cudo que verdad es.*
Veer lo e otra vegada,
si es verdad o si es nada.
Nacido es el Criador
de todas las gentes maior;
50   *bine lo veo que es verdad,*
ire ala, par caridad.

Escena II.

Caspar á Baltasar. *Dios vos salve senior, sodes vos strelero?*
              dezidme la verdad, de vos sabelo quiro.
              Vedes tal maravila?
55   *nacida es una strela.*
Baltasar.   *Nacido es el Criador,*
              que de las gentes es senior,
              Ire, lo aorare.
Caspar.   *Io otrosi rogar lo e.*
Melchior á los otros dos.
60   *Seniores, a qual tirra, o queredes andar?*
              queredes ir conmigo al Criador rogar?
              Avedes lo veido? io lo vo aorar.
Caspar.   *Nos imos otrosi, si'l podremos falar.*
              Andemos tras el strela, veremos el logar.
65   Melchior.   *Cumo podremos provar si es homne mortal*
              o si es rei de terra o si celestrial?
Baltasar.   *Queredes bine saber cumo lo sabremos?*
              oro, mira i acenso a el ofreceremos:
              si fure rei de terra, el oro quera;
70   *si fure omne mortal, la mira tomara;*
              si rei celestrial, estos dos dexara
              tomara el encenso que'l pertenecera.
Caspar y Melchior. *Andemos i asi lo fagamos.*

Escena III.

Caspar y los otros dos Reyes á Herodes.
              Salve te el Criador, Dios te curie de mal!
75   *un poco te dizeremos, non te queremos al,*
              Dios te de longa vita i te curie de mal;

	imos en romeria aquel rei adorar
	que es nacido en tirra, no'l podemos fallar.
Herodes.	Que decides, o ides? a quin ides buscar?
80	de qual terra venides, o queredes andar?
	Decid me vostros nombres, no'm lo querades celar.
Caspar.	A mi dizen Caspar,
	est otro Melchior, ad achest Baltasar.
	Rei, un rei es nacido que es senior de tirra,
85	que mandara el seclo en grant pace sines gera.
Herodes.	Es asi por verdad?
Caspar.	Si, rei, por caridad.
Herodes.	I cumo lo sabedes?
	ia provado lo avedes?
90 Caspar.	Rei, vertad te dizremos,
	que provado lo avemos.
Melchior.	Esto es grand maravila.
	un strela es nacida.
Baltasar.	Sennal face que es nacido
95	i in carne humana venido.
Herodes.	Quanto i a que la vistes
	i que la percibistis?
Caspar.	Tredze dias a,
	i mais non avera,
100	que la avemos veida
	i bine percibida.
Herodes.	Pus andad i buscad
	i a el adorad
	i por aqui tornad.
105	Io ala ire
	i adoralo e.

Escena IV.

Herodes, solo.	Quin vio numquas tal mal,
	sobre rei otro atal!
	Aun non so io morto

110 ni so la terra pusto
rei otro sobre mi?
numquas atal non vi!
El seglo va a caga,
ia non se que me faga;
115 por vertad no lo creo
ata que io lo veo.
Venga mio maiordomo
qui mios averes toma. (Sale el mayordomo.)
Idme por mios abades
120 i por mios podestades
i por mios scribanos
i por meos gramatgos
i por mios streleros
i por mios retoricos;
125 dezir m'an la vertad, si iace in escripto
o si lo saben elos o si lo an sabido.

Escena V.
Salen los Sabios de la Corte.

Rei, que te plaze? he nos venidos.
Herodes. I traedes vostros escriptos?
Los Sabios. Rei, si traemos,
130 los mejores que nos avemos.
Herodes. Pus catad,
dezid me la vertad,
si es aquel omne nacido
que estos tres rees m'an dicho.
135 Di, rabi, la vertad, si tu lo as sabido.
El Rabí. Por veras vo lo digo
que no lo fallo escripto.
Otro Rabí al primero. Hamihala, cumo eres enartado!
por que eres rabi clamado?
140 Non entendes las profecias,
lo que nos dixe Ieremias.
Par mi lei, nos somos erados!
por que non somos accordados?
por que non dezimos vertad?

145 Rabí primero. *Jo non la se, par caridad.*
Rabí segundo.   *Por que no la avemos usada*
                      ni en nostras vocas es falada.

Anmerkungen. Die Orthographie weist viele Eigentümlichkeiten auf; so wird *i* für *ie*, *u* für *ue* geschrieben, *l* steht für *ll*, *ch* für *qu* vor *e*; dann finden sich Latinismen wie *nocte* für *noche* usw. — 14 *i* = *e*. — 17 *o que fure (fuere)* 'wo er auch sein mag'. — *aoralo* = *aorallo* für *aorarlo* § 52, 4; ebenso 53 *sabelo*. — 113 *caga* = *çaga* 'Nachhut': 'die Welt geht zurück'. — 115 *no lo* häufige Assimilation für *non lo*. — 127 *he nos* = *fe nos* 'da sind wir'. — 136 *vo lo* assimiliert für *voslo*.

7.
Urkunden aus Silos.

1. Aus den Jahren 1230 und 1231.
(Férotin, Recueil des chartes de l'Abbaye de Silos, Nr. 112.)

In Dei nomine et eius gratia. Connocida cosa sea a todos los que esta carta vieren como yo don Martin, abbat de Sancto Domingo de Silos, con otorgamiento del prior e del convento, fazemos composicion con don Pedro Martinez de Çafes, e con don Gonçalvo Perez e Diago Perez e Sancho Perez sos fijos, e con todos los otros que razonavan el castiello de Penniella por so, e diemosles cient e cinquenta morabetes, e son pagados, e el castiello sobredicho que finque quito poral monesterio de Sancto Domingo, e la otra heredat que ellos han en Penniella que finque quita pora ellos e a todo su linage por siempre. E toda la querela fue finida e adobada de la una part e de la otra, tan bien de los que derribaron el castiello como de la muerte del homne, e ninguna caloña non ha a seer demandada ni de la una part ni de la otra por cosas que los unos a los otros fiziessen.

Et este pleyto sobredicho fiziemos en Toledo, ante la reyna domna Berenguiella e ante el ifant don Alfonso so fijo.

Facta carta, IIII dias andados de julio, era MCCLX octava.

Estos son testigos que fueron presentes: Garci Perez de Atiença, alcalde del rey. Gonçalvo Perez de Padiella. Peydro Nuñez de Guzman. Diago Gil de Aellon. Johan Perez de Vanevidas. Lorenço Suarez. Johan Helias. Don Sancho, el escrivano del rey. Martin Abbat, capellano de la reyna doña Berenguiella. Fortun de Vera. Cavalleros de Avila: Nuño Velasquez, Galind Velasquez.

E yo don Ferrando, por la gracia de Dios rey de Castiella e de Toledo, de Leon e de Gallicia, por ruego de la una e de la otra part, otorgo e confirmo esta composicion que dicha es de part de suso, e roboro esta carta con mio seyllo, e mando firmemientre que sea la composicion bien tenida e bien curiada de la una e de la otra part, sin quebrantamiento ninguno. Aquel qui quisiere venir contra este mio otorgamiento avra mi ira, e pechar m'a mil morabetes, e quanto daño fuere fecho dar lo a todo doblado a la part que daño oviere recebido.

Facta carta apud Civitatem Roderici, XVI die februarii, era M^aCC^aLX^a nona.

Anmerkungen. Die Urkunde bezieht sich auf die Beilegung der Streitigkeiten um den Besitz von Penilla, die zur Schleifung dieses Schlosses und zur Tötung von Menschen geführt hatten. — 2 *como* § 200. — 8 *que finque quito* hängt ab von *fazemos composicion*. — 12 *de los que...* 'in bezug auf diejenigen, welche...'. — 33 *venir contra* 'zuwiderhandeln'.

2. Aus dem Jahre 1258.
(Férotin, Recueil des chartes de l'Abbaye de Silos, Nr. 195.)

Conosçuda cosa sea a todos los omes que esta carta vieren como yo Johan Gonçalvez de Amaya, fijo de don Gonçalvo Gutierrez de Amaya e de doña Hurracha Gutierrez de Haceves, vendo a vos don Rodrigo, por la gracia de Dios abbat de Sancto Domingo de Silos, e al convíento desse mismo logar, todo quanto fue de mi madre en Ciruelos, que heredamos yo e mis hermanos, lo qual cayo por particion a mi e a Diego Gonçalvez mio hermano. E compré yo la su suerte de Diego Gonçalvez mio hermano sobredicho. Conviene a saber quanto yo vos vendo: siete solares, los cinco poblados, los dos por poblar, e tierras e viñas, pastos, montes, fuentes, entradas e salidas, con jazer, pascer e cortar, con todo aquel derecho que nuestra madre lo avie e lo dexo a nos. Et yo Johan Gonçalvez sobredicho, que vendo esta heredat, so fiador connosçudo. Otrossi vos do por fiador comigo a Nuño García de Contreras. Et yo Nuño Garcia con Johan Gonçalvez los sobredichos somos fiadores connosçudos amos a dos de mancomun, e cada uno por el todo, de redrar e quitar a todo omne del mundo que esta heredat sobredicha vos demandare, e de fazervosla sana en todo tiempo.

Et este heredamiento sobredicho vos vendo yo Johan Gonçalvez sobredicho a vos don Rodrigo abbat sobredicho e al monesterio por cient e treynta e çinco maravedis, que me diestes e so bien pagado del aver; assi que non fincó ninguna cosa por pagar d'ellos. Et ninguno de mio linage que esto quisiere demandar, nin contrallar, nin menguar en ninguna cosa o parte d'ello, que aya la yra del Rey omnipotent e sea perduda la su alma con la de Judas el traydor, e peche al rey de Castiella mill maravedis en coto.

Et por que esto sea firme e creydo e estable, e non venga en dubda, yo Johan Gonçalvez el sobredicho e yo Nuño Garcia de Contreras, fiador sobredicho, e nos don Rodrigo abbat sobredicho, todos tres de mancomun, rogamos e mandamos a don Bartolomé, clerigo en la eglesia de San Peydro e escrivano publico en la villa de Sancto Domingo de Silos, que fiziesse esta carta e pusiesse en ella su signo en testimonio.

Et yo don Bartolome, escrivano publico, por ruego de las partes, fiz esta carta e pus en ella mio signo, con estas testimonias que en ella son escriptas:

(Folgen die Namen der Zeugen.)

Fecha la carta, XIII° kalendas madii, era M^a CC^a LXXXXVI^a.

Anmerkungen. 2 *como* § 200. — 8 *la su suerte de D. G.* § 176. — 10 *los cinco* § 160. — 13 *lo* § 178. — 25 *ninguno* ohne Negation, daher 'irgend jemand'.

8.
Aus der Cronica General Alfons X.
(Pidal, La Leyenda de los Infantes de Lara, S. 236 ff.)

Auf Anstiften der Doña Llambra, Gemahlin des Ruy Velázquez, wird Gonçalvo Gustioz von dem Maurenkönig Almançor gefangen genommen und dessen Söhne samt ihrem Erzieher Muño Salido getötet.

Pues que Ujara e Galve llegaron a Córdova, fueron se luego pora Almançor, et empresentaron le las cabeças de los siete inffantes et la de Munno Salido, so amo. Almançor, quando las vio y'l departieron quien fueran, et las cato et las
5 *connosçio por el departimiento que'l ende fizieran, fizo semejanza que'l pesaba mucho por que assi los mataran a todos; e mando las luego lavar bien con vino, fasta que fuessen bien limpias de la sangre de que estavan untadas, et pues que lo ovieron fecho, fizo tender una savana blanca en medio del palaçio,*
10 *et mando que pusiessen en ella las cabeças, todas en az et orden, assi cuemo los inffantes nasçieran, et la de Munno Salido en cabo d'ellas. Desi fuese Almançor pora la carçel do yazie preso Gonçalvo Gustioz, padre de los siete inffantes, et assi cuemo entro Almançor, y'l vio, dixo'l: «Gonçalvo*
15 *Gustioz, cuemo te va?» Respondio'l Gonçalvo Gustioz: «sennor, assi cuemo la vuestra merçet tiene por bien, et mucho me plaze agora por que vos aca viniestes, ca bien se que desde oy mas me avredes merçed, et me mandaredes d'aqui sacar, pues que me viniestes veer; ca assi es costumbre de los*
20 *altos omnes por su nobleza, que pues que el sennor va veer so preso, luego'l manda soltar.» Dixo'l estonçes Almançor: «Gonçalvo Gustioz, fazerlo e esto que me dizes, ca por esso te vin veer. Mas digote antes esto que yo envié mis huestes a tierra de Castiella, et ovieron su batalla con los christianos*
25 *en el campo de Almenar; et agora aduxieron me d'esta batalla ocho cabeças de muy altos omnes, las siete son de mançebos, et la otra de omne viejo; et quierote sacar d'aqui que las veas si las podras connosçer, ca dizen mios adaliles que de alfoz de Lara son naturales.» Et dixo Gonçalvo Gustioz:*

«*si las yo viere, dezir vos e quien son, et de que logar, ca* non *a cavallero de prestar en toda Castiella que yo non connosca quien es, et de quales.*» *Almançor mando estonçes que'l sacassen, et fue con ell al palaçio do estavan las cabeças en la savana; et pues que las vio Gonçalvo Gustioz et las connosçio, tan grand ovo ende el pesar que luego all ora cayo por muerto en tierra, et desque entro en acuerdo, començo de llorar tan fiera mientre sobrellas que maravilla era. Desi dixo a Almançor:* «*estas cabeças connosco yo muy bien, ca son las de mios fijos, los inffantes de Salas, las siete; et esta otra es la de Munno Salido, so amo que les crio*». *Pues que esto ovo dicho, començo de fazer so duelo et so llanto tan grand sobrellos, que non a omne que lo viesse que se pudiesse sofrir de non llorar; et desi tomava las cabeças una a una et retraye e contava de los inffantes todos los buenos fechos que fizieran. Et conla grand cueyta que avie, tomo una espada, que vio estar y en el palaçio, et mato con ella siete alguaziles, alli ante Almançor. Los moros todos travaron estonçes d'ell, et no'l dieron vagar de mas danno y fazer; et rogo ell alli a Almançor que'l mandasse matar; Almançor, con duelo que ovo d'ell, mando que ninguno non fuesse osado de'l fazer ningun pesar. Gonçalvo Gustioz estando en aquell crebanto, faziendo so duelo muy grand, et llorando mucho de sos ojos, veno a ell la mora, que dixiemos que'l sirvie, et dixo'l:* «*esforçad, sennor don Gonçalvo, et dexad de llorar et de aver pesar en vos, ca yo otrossi ove doze fijos muy buenos cavalleros, et assi fue por ventura que todos doze me los mataron en un dia en batalla, mas pero non dexé por ende de conortarme et de esforçarme; et pues yo que so mugier, me esforçé, et non di por ende tanto que me yo matasse, nin me dexé morir, ¿quanto mas lo deves fazer tu, que eres varon? ca por llorar tu mucho por tos fijos non los podras nunqua cobrar por ende; et que pro te tiene de te matar assi?*» *Et dixo'l estonces alli Almançor:* «*Gonçalvo Gustioz, yo é grand duelo de ti por este mal et este crebanto que te veno, et por ende tengo por bien de te soltar de la prison en que estas, et dar te e lo que ovieres mester pora tu yda et las cabeças de tos*

fijos, et vete pora tu tierra, a donna Sancha, tu muger.» Dixo
essa ora Gonçalvo Gustioz: «Almançor, Dios vos gradesca el
bien que me feziestes, et otrossi vos gradesca el bien que me
70 dezides, et aun venga tiempo que vos yo faga por ello serviçio
que vos plega.» Aquella mora que'l servira veno, et saco'l
estonçes a part, et dixo'l: «don Gonçalvo, yo finco prennada
de vos, et a mester que me digades cuemo tenedes por bien
que yo faga ende.» El el dixo: «si fuere varon, dar l'edes
75 dos amas que'l crien muy bien, et pues que fuere de edat, que
sepa entender bien et mal, dezir l'edes cuemo es mio fijo, et
enviar me l'edes a Castiella, a Salas»; et luego que'l esto ovo
dicho tomo una sortija de oro que tenie en su mano, et partiola
por medio, et dio'l a ella la meetat et dixo'l: «esta media
80 sortija tenet vos de mi en sennal, et desque el ninno fuere
criado, et me le enviaredes, dargela edes, et mandar l'edes
que la guarde et que non la pierda, et lieve me la, et quando
yo viere esta sortija, connosçer le e luego por ella.» Don
Gonçalvo pues que esto ovo castigado et librado con la mora,
85 et tomado de Almançor todas las cosas que'l fueren mester
pora su yda, espidiose d'ell et de todos los otros moros on-
rrados, et fuesse pora Castiella, a Salas, a so logar. Et luego
a pocos dias que el fue ydo pario aquella mora que dixiemos
un fijo et dixo ella a Almançor en su poridad todo so fecho
90 et cuemo era aquel ninno fijo de Gonçalvo Gustioz. D'esto
plogo mucho a Almançor et tomo el ninno et mando'l criar
a dos amas, assi cuemo el padre dixiera a la mora et puso'l
nombre *Mudarra Gonçalvez.*

De cuemo Mudarra Gonçalvez mato a Roy Blasquez.

Andados siete annos del regnado del rey don Vermudo,
95 *et fue esto en la era de mill e seys annos, et andava otrossi
ell anno de la encarnaçion en nueveçientos et sessaenta et ocho,
et el de Otho, emperador de Roma, en treynta et siete, en
este anno aquell Mudarra Gonçalvez, fijo de aquella mora,
pues que ovo complidos diez annos de quando nasçiera, fizo'l*
100 *Almançor cavallero, ca, assi como cuenta la estoria, amava'l
mucho, ca era muy so parient, et por que'l veye de buen seso,*

et mucho esforçado, et de buenas mannas en todo, maguer que
era aun ninno. Et aquel dia que Almançor le fizo cavallero,
armo otrossi con el bien dozientos escuderos, que eran de so
linage d'ell de parte de su madre, que'l sirviessen y'l aguar- 105
dassen y'l catassen por sennor. Este Mudarra Gonçalvez pues
que cresçio et veno a mayor edat pora ello, salio tan buen
cavallero et tan esforçado que si Almançor non era, non avie
mejor d'ell en todos los moros; et por que sabie ell ya, ca
gelo contaran Almançor et su madre en poridad, de cuemo 110
murieron sos hermanos, et cuemo fuera so padre preso et
desondrado, dixo a sos cavalleros un dia et a toda su companna: «amigos, vos sabedes ya cuemo mio padre Gonçalvo
Gustioz sufrio muy grand lazeria a tuerto, sin derecho, non
faziendo nin meresçiendo por que, et cuemo fueron muertos 115
otrossi a trayçion mios hermanos, los siete inffantes; onde
vos digo, agora ya quando so pora ello, que tengo por bien
de yr a tierra de christianos a vengar los si pudiere, et
quiero saber de cuemo ternedes por bien vos de fazer y, et
dezit me lo.» Dixieron le ellos estonces d'esta guisa: «todo lo 120
que tu tienes por bien plaze a nos muy de coraçon, ca tenu-
dos somos de aguardar te et de servirte et de fazer to mandado.» Et Mudarra Gonçalvez quando esto les oyo dezir et
esta respuesta ovo d'ellos, fuesse pora su madre et contogelo,
et dixo'l como querie yr vuscar so padre et saber de su fa- 125
zienda d'ell, si era muerto o vivo, et que'l diesse la sennal
que'l el dexara, poró le el pudiesse connosçer; et ella dio'l
estonçes la media de la sortija que Gonçalvo Gustioz le diera
y'l dexara; et Mudarra Gonçalvez, pues que ovo recabdada
la sortija et tomada, espidiose de su madre et fuesse pora 130
Almançor et dixo'l cuemo querie yr veer so padre, si el por
bien lo toviesse; et respondio'l Almançor que lo tenie por bien
et que'l plazie por tan buen fecho como aquel que yva fazer.
Et cumplio'l estonçes Almançor de cavalleros et de cavallos et
armas et de aver et de quanto ovo mester por que fuesse 135
bien acompannado et ondrado, et segund la estoria cuenta
otrossi, dio'l de christianos, que tenie cativos, cavalleros et
otros christianos muchos. Et ell, pues que se vio tan bien

guisado, espidiose d'el et de todos los otros moros poderosos,
140 et fuesse su via, et levo consigo muy grand cavalleria et grand
companna et pues que llegaron a Salas fueronse pora'l palaçio
de Gonçalvo Gustioz; et don Gonçalvo quando los vio, pre-
guntoles quien eran. Dixo'l estonçes Mudarra Gonçalvez: «don
Gonçalvo, yo nasçi en Cordova», et apartose con ell a su
145 fabla, et dixo'l de cuemo le dixiera su madre que era so fijo,
et que'l diera una media sortija que'l ell avia dada en sennal,
et que la traye alli; et sacola et mostrogela. Gonçalvo Gustioz, quando vio la sennal de la sortija, cuemo era aquella,
la qual el diera a su madre, et que verdad era, abraço'l
150 luego con el grand plazer que ende ovo; et posó ya alli Mudarra Gonçalvez con so padre. Et pues que ovieron sos
plazeres, et folgado en uno ya quantos dias, dixo Mudarra
Gonçalvez a so padre: «don Gonçalvo, yo so aqui venido por
vengar la vuestra desondra et la muerte de los siete inffantes,
155 vuestros fijos et mios hermanos, et non a mester que lo tardemos». Et luego que esto ovo dicho, cavalgaron amos con
toda su companna, et fueronse pora'l cuende Garçi Ferrandez,
et levaron consigo d'essa yda trezientos cavalleros. Et pues
que entraron en el palaçio do estava el cuende, desaffio luego
160 Mudarra Gonçalvez a Roy Blasquez que fallo y, et a todos
los de su parte, et esto fizo Mudarra Gonçalvez libre mientre
alli antel cuende. Et dixo'l essa ora Roy Blasquez que non
dava nada por todas sus menazas, et demas que non dixiesse
mentira ante so sennor. Quando Mudarra Gonçalvez oyo
165 assi dezir a Roy Blasquez, metio mano al espada et fue por
ferirle con ella, mas travo d'ell el cuende Garçi Ferrandez et
non gelo dexo fazer, et fizo les alli luego que se diessen tregua
por tres dias, ca non pudo mas sacar de Mudarra Gonçalvez;
et pues que esto fue fecho, espidieron se del cuende todos et
170 fueronse cada unos pora sos logares, mas pero Roy Blasquez
non oso de dia yr a Barvadiello, et espero la noche quando
se fuesse. Mudarra Gonçalvez ovo sabiduria d'esto, et fuesse
echar en çelada çerca la carrera poro ell avie de venir; et
en passando Roy Blasquez salio Mudarra Gonçalvez de la
175 çelada et dio vozes et dixo yendo contra ell: «morrás, alevoso,

falsso et traydor», et en diziendo esto fue'l dar un tan grand colpe del espada que'l partio fasta en el medio cuerpo, et dio con el muerto a tierra; et cuenta la estoria sobr'esto que mato y otrossi estonçes treynta cavalleros d'aquellos que yvan con ell. Empos esto, a tiempo despues de la muerte de Garçi Ferrandez, priso a donna Llambra, mugier d'aquel Roy Blasquez, et fizola quemar, ca en tiempo del cuende Garçi Ferrandez non lo quiso fazer por que era muy su pariente del cuende. 180

Anmerkungen. 1 *Ujara* und *Galve* die beiden Feldherren Almançors, die den Auftrag übernommen hatten. — 26 *las siete* § 160. — 59 *non di por ende tanto* vergl. Anm. zu Text II, Z. 73. — 60 *por llorar tu* § 186. — 71 *servira = serviera* (Plusqu.). — 72 *finco* § 191. — 104 *de so linage d'ell* § 176; derselbe Pleonasmus 125 und 183. — 114 *non faziendo nin meresçiendo por que* 'obwohl er nichts getan hatte und es nicht verdiente'. — 117 *quando so pora ello* 'da ich mich dazu anschicke'. — 174 *en passando* R. B. § 187.

9.
Aus der Chronica del famoso cavallero Cid Ruydiez Campeador.
(Herausgegeben von Huber, Marburg 1844.)

Capitulo LXXVI. De como el Cid Ruydiez non quiso besar la mano al Rey don Alfonso fasta que fiziesse salva que non avia sido en la muerte del Rey don Sancho.

Cuenta la historia que quando el Rey don Alfonso vido que el Cid non le quiso besar la mano, nin recebirlo por 5 *sennor como todos los otros omes altos e los perlados e los concejos, dixo a sus amigos: «Pues todos me recebides por sennor e me otorgastes sennorio, querria que supiessedes del Cid Ruydiez porque non me quiso besar la mano e rescebirme por sennor: ca yo siempre le fare algo, assi como lo prometi* 10 *a mi padre el Rey don Fernando quando me lo encomendo a mi e a mis hermanos.» E el Cid se levanto e dixo: «Sennor, quantos vos aqui vedes han sospecha que por vuestro consejo*

mori el Rey don Sancho, vuestro hermano: e porende vos
15 digo que si vos non fizieredes salva d'ello, assi como es de
derecho, yo nunca vos besare la mano nin vos recebire por
sennor.» Estonce dixo el Rey: «Cid, mucho me plaze de lo
que avedes dicho: e aqui juro a Dios e a Santa Maria que
nunca lo mate, nin fue en consejarlo, nin me plogo ende, aun-
20 que me avia quitado mi reynado. E porende vos ruego a
todos como amigos e vassallos leales que me aconsejedes como
me salve de tal fecho.» Estonce dixeron los altos omes que
hy eran que jurasse con doze cavalleros de sus vassallos, de los
que venieran con el de Toledo, en la yglesia de Santa Gadea
25 de Burgos, e que d'essa guisa seria salvo. E al Rey plogo
d'esto que los omes buenos juzgaron.

  Capitulo LXXVII. De como el Cid Ruydiez tomo juramento al Rey don Alfonso e a los doze cavalleros sobre la
muerte de Rey don Sancho.

30   Cuenta la historia que despues d'esto cavalgo el Rey con
todas sus compannas e fueronse para la cibdad de Burgos
onde havia de fazer la jura. E el dia que el Rey la ovo de
fazer estando en Santa Gadea, tomo el Cid en las manos el libro
de los santos Evangelios e pusolo sobre el altar; e el Rey don
35 Alfonso puso las manos sobre el libro e començo el Cid a
preguntarlo en esta guisa: «Rey don Alfonso, vos venides
jurar por la muerte del Rey don Sancho, vuestro hermano,
que nin lo matastes, nin fuestes en consejo; dezid: si juro,
vos e essos fijos d'algo.» E el Rey e ellos dixeron: «si
40 juramos». E dixo el Cid: «Si vos ende sopistes parte o
mandado, tal muerte murades como morio el Rey don Sancho,
vuestro hermano: villano vos mate que non sea fijo d'algo;
de otra tierra venga que non sea castellano. Amen.» Respondio el Rey e los fijos d'algo que con el juraron: «Amen».

45   Capitulo LXXVIII. De como el Cid Ruydiez tomo
juramento la segunda vez al Rey don Alfonso e a los otros
cavalleros que non havian seido en la muerte del Rey don
Sancho.

  Cuenta la historia que el Cid pregunto la segunda vez al
50 Rey don Alfonso e a los otros doze buenos omes, diziendo:

«*Vos venides jurar por la muerte de mi sennor el Rey don Sancho que nin lo matastes nin fuestes en consejarlo*». Respondio el Rey e los doze cavaleros que con el juraron: «*Si juramos*». E dixo el Cid: «*Si vos ende sopistes parte o mandado, tal muerte murades como murio mi sennor el Rey don Sancho: villano vos mate, ca fijo d'algo non; de otra tierra venga que non de Leon*». Respondio el Rey: «*Amen*» e mudogele la color.

Capitulo LXXIX. De como conjuro el Cid al Rey don Alfonso e a los otros fijos d'algo e de como se enojo el Rey contra el Cid porque tanto le afincava.

La tercera vez conjuro el Cid Campeador al Rey como de ante e a los fijos d'algo que con el eran e respondieron todos: «*Amen*». Pero fue hy muy sannudo el Rey don Alfonso e dixo contra el Cid: «*Varon Ruydiez, porque me afincades tanto, ca oy me juramentastes e cras me besaredes la mi mano?*» Respondio el Cid: «*Como me fizieredes el algo, ca en otra tierra sueldo dan al fijo d'algo e ansi faran a mi quien me quisiere por vasallo*». E d'esto peso al Rey don Alfonso que el Cid avia dicho e desamole de alli adelante.

Anmerkungen. 3 *avia sido* 'war beteiligt gewesen'. — 10 *fazer algo* 'wohl tun, jem. etw. Gutes tun'. — 38 *si = assi*. — 54 Sinn: 'wenn Ihr von dem Tode des Königs etwas *(parte)* gewußt habt oder von einem Auftrage, der sich darauf bezog'. — 42, 43 *que* ganz abgeschwächt kausal, einfach anreihend = *e*.

10.
Aus den Siete Partidas.
Nach der Ausgabe der Spanischen Akademie 1807.

I.
Part. I, Título II, Ley VIII.

Que cosa es fuero. Fuero es cosa en que se encierran estas dos maneras que habemos dicho, uso et costumbre, que cada una d'ellas ha de entrar en el fuero para ser firme: el uso porque los homes se fagan a él et lo amen; et la cos-

5 *tumbre que les sea asi como en manera de heredamiento para razonarlo et guardarlo. Ca si el fuero es fecho como conviene de buen uso et de buena costumbre, ha tan grant fuerza que se torna a tiempo asi como ley, porque se mantienen los homes et viven los unos con los otros en paz et en justicia;*
10 *pero ha entre el et estos otro departimiento; ca el uso et la costumbre facense sobre cosas señaladas, maguer sean sobre muchas tierras o pocas, o sobre algunos lugares sabidos; mas el fuero ha de ser en todo et sobre toda cosa que pertenesca señaladamente a derecho et a justicia. Et por esto es mas*
15 *paladino que la costumbre ni el uso, et mas concejero; ca en todo lugar se puede decir et facer entender. Et por ende ha este nombre fuero, porque se non debe decir nin mostrar ascondidamente mas por las plazas et por los otros lugares a quien quier que lo quiera oir. Et los sabios antiguos posieron*
20 *nombre fuero en latin por el mercado do se ayuntan los homes a comprar et a vender sus cosas; et d'este lugar tomo este nombre fuero quanto en España: et asi como el mercado se face publicamente, asi ha de seer el fuero paladinamente et manefiesto.*

Ley IX.

25 *Como debe ser fecho el fuero. Fecho debe ser el fuero bien et complidamente, guardando en todas cosas razon et derecho, et egualdat et justicia; et debese facer con consejo de homes buenos et sesudos, et con voluntad del señor, et con placenteria de aquellos sobre que lo ponen. Et esto*
30 *se entiende de los homes de buen entendimiento que catan mas a la pro comunal de todos, e de la tierra en que han de morar que non a la suya: et que non sean cobdiciosos, nin soberbios, nin de mala voluntad, nin hayan desamor unos con otros mientra lo fecieren. Et quando asi fuere fecho puedenlo*
35 *otorgar, et mandar por todos los otros lugares do se feciere que se tenga; et d'esta guisa sera como ley.*

Anmerkungen. Die *Siete Partidas* sind eine Gesetzessammlung, die auf Befehl König Alfons X. veranstaltet wurde; sie wird so genannt, weil sie in sieben Abteilungen zerfällt. Die Orthographie der Ausgabe ist etwas modernisiert (c und z nach neuspanischem Gebrauche, *s* für *ss*). — 1 *fuero* Stadtrecht; *uso* Gesetzesrecht, *costumbre* Gewohnheitsrecht. — 3 *ha de entrar* § 190. — 22 *quanto en Espanna* 'soweit es sich auf Spanien bezieht'.

2.
Partida II, Título XXVI, Ley III.

Como los homes non se deben parar a robar quando entraren villa, o castiello o otra fortaleza, et qué pena deben haber los que lo feciesen.

Entrando algunos por fuerza villa, o castiello o otra fortaleza, non se deben parar a robar, ca en esto yacen muy grandes peligros a los que lo facen, porque los homes se han a esparcer entrando por las casas de los que hi moran, de que siempre son mas sabidores los de aquel logar que los otros que vienen de fuera. Et demas andando asi non se pueden veer nin acorrer unos a otros, asi como farien en campo o en otro logar descobierto: et por esto son muchas veces vencidos, et muertos et presos: et aun viene ende otro mal que facen perder al señor por su culpa aquel logar de que podrie ser heredado, et ellos pierden otrosi el bien que podrien haber: et por todas estas razones non se debe ninguno parar a robar fasta que sean bien apoderados de todas las fortalezas: otrosi mandaron que aquellos que entran en los navios sobre mar, que non se parasen a robar ninguna cosa fasta que todo el navio hobiesen ganado. Onde qualesquier que ficiesen contra lo que en esta ley dice et en la ante d'ella, et se parasen vilmente por su cobdicia a robar en algunos d'estos fechos que deximos, si fueren de los mas honrados homes deben perder todo el bienfecho que del rey toviesen et non haber parte en aquella ganancia, et si fueren de los otros deben pechar doblado lo que tomaren et non haber parte de la ganancia, mas si non toviesen de que lo pechar deben seer presos fasta que el rey o el otro señor de la cabalgada les dé la pena que entendiere que merescen. Pero si acaesciese que por culpa de su robar fuesen ellos venzudos, o el rey o el otro señor que hi hobiese, fuese muerto o preso, deben haber tal pena como si ellos mesmos lo ficiesen. Esta mesma pena decimos que deben haber

los que en lidiando con los enemigos en alguna de las maneras
sobredichas ante que los hobiesen venzudos, tomasen alguna
cosa et se fuesen luego con ella; ca los antiguos atanto tovieron
35 este fecho por malo que posieron que, maguer pechasen doblado
aquello que hobiesen furtado o robado, que non los perdonasen
por ende de todo, mas que los metiesen una vez por la hueste
o por la cabalgada en que lo ficieran caballeros a aviesas en
una yegua o asno et la cola en la mano; et esta pena les
40 posieron por deshonrallos porque non sopieron sofrir miedo por
razon de cobdicia, nin quisieron seer buenos. Pero si el rey
o los otros señores hobiesen fecho postura en que posiesen
mayores penas que estas, aquellas deben valer; ca segunt los
tiempos o los fechos acaescen asi pueden los señores toller, et
45 crescer et menguar en las cosas que entendieren que aduran
pro et toldran daño.

Anmerkungen. 12 *muertos* 'getötet'. — 13 'das er als Erbe besitzen könnte'. — 17 *mandaron* 'man befahl'. — 20 *dice* § 182. — 25 'wenn sie nichts haben sollten, womit sie bezahlen könnten'. — 36 'daß sie ihnen deshalb durchaus nicht vergaben'. — 38 *cavalleros* ist prädikativ: 'man setzte sie als Reiter (rittlings) auf...'. — 45 'in den Dingen, von denen sie meinen, daß sie den Vorteil vermehren oder den Nachteil aufheben'.

11.
Aus dem Conde Lucanor des Don Juan Manuel.
Nach der Ausgabe von Knust.

I.

Enxemplo IX: De lo que contescio a los dos cavalleros con el leon.

Un dia fablava el conde Lucanor con Patronio, su consegero, en esta guisa:

5 «Patronio, grand tienpo ha que yo he un enemigo de que me vino mucho mal, et eso mismo a el de mi en guisa que por las obras et por las voluntades estamos muy mal en uno. Et agora acaescio asi que otro omne muy mas poderoso que nos

entramos va començando algunas cosas de que cada uno de nos rrecela que'l puede venir muy grand danno. Et agora aquel mio enemigo enviome dezir que nos aviniesemos en uno, para nos defender d'aquel otro que quiere ser contra nos, ca si amos fueremos ayuntados es cierto que nos podremos defender, et si el uno de nos se desvaria del otro, es cierto que qualquier de nos que quiera estroyr aquel de que nos rrecelamos, que lo puede fazer ligera mente. Et de que el uno de nos fuere estroydo, qualquier de nos que fincare seria muy ligero de estroyr. Et yo agora estó en muy grand duda de este fecho, ca de una parte me temo mucho que aquel mi enemigo me querria engannar et si el una vez en su poder me toviese, non seria yo bien seguro de la vida, et si grand amor pusieremos en uno non se puede escusar de fiar yo en el et el en mi. Et esto me faze estar en grand' rrecelo. E de otra parte entiendo que, si non fueremos amigos asi commo melo envia rrogar, que nos puede venir muy grand danno por la manera que ya vos dixe. Et por la grant fiança que yo he en vos et en el vuestro buen entendimiento rruegovos que me consejedes lo que faga en este fecho.»

«Sennor conde Lucanor», dixo Patronio, «este fecho es muy grande et muy peligroso et para que mejor entendades lo que vos cunple de fazer, plazerme ya que sopiesedes lo que contescio en Tunez a dos cavalleros que bivian con el infante don Enrique.»

E el conde le pregunto commo fuera aquello.

«Sennor don conde», dixo Patronio, «dos cavalleros que bivian con el infante don Enrique en Tunes, eran entramos muy amigos et posavan sienpre en una posada. Et estos dos cavalleros non tenian mas de sendos cavallos, et asi commo los cavalleros se querian muy grant bien, asi los cavallos se querian muy grand mal. Et los cavalleros non eran tan rricos que pudiesen mantener dos posadas, et por la malquerencia de los cavallos non podian posar en una posada, et por esto avian de bevir vida muy enojosa. Et de que esto les duró un tienpo et vieron que non lo podian mas sofrir, contaron su fazienda a don Enrique et pedieronle por merced que echase aquellos

cavallos a un leon que el rrey de Tunez tenia. E don Enrique les gradescio lo que dezian muy mucho e fablo con el rrey de Tunez. Et fueron los cavallos muy bien pechados a los cavalleros. Et metieronlos en un corral do estava el leon. E quando
50 los cavallos se vieron en el corral, ante que el leon saliese de la casa do yazia encerrado, començaronse a matar lo mas buena mente del mundo. Et estando ellos en su pelea, abrieron la puerta de la casa en que estava el leon, et de que salio al corral, et los cavallos lo vieron, començaron a tremer muy
55 fiera mente et poco a poco fueronse llegando el uno al otro. Et desque fueron entramos juntados en uno, estovieron asi una pieça et endereçaron entramos al leon et pararonle tal a muesos et a coces que por fuerça se ovo de encerrar en la casa donde saliera. Et fincaron los cavallos sanos, que les non fizo ningun
60 mal el leon. Et despues fueron aquellos cavallos tan bien avenidos en uno que comian muy de grado en un pesebre et estavan en uno en casa muy pequenna. Et esta avenencia ovieron entre si por el grant rrecelo que ovieron del leon.»

«Et vos, sennor conde Lucanor, si entendedes que aquel
65 vuestro enemigo ha tan grand rrecelo de aquel otro de que se rrecela, et ha tan grant mester a vos por que forçada mente aya de olvidar quanto mal pasó entre vos et el, et entiende que sin vos non se puede bien defender, tengo que asi commo los cavallos se fueron poco a poco ayuntando en uno fasta
70 que perdieron el rrecelo e fueron bien seguros el uno del otro, que asi devedes vos poco a poco tomar fiança et afazimiento con aquel vuestro enemigo. Et si fallardes en el sienpre buena obra e leal en tal manera que seades bien cierto que en ningun tienpo por bien que'l vaya, que nunca vos verna d'él
75 danno, estonce faredes bien et será vuestra pro de vos ayudar por que otro omne estranno non vos conquiera nin vos estruya; ca mucho deven los omnes fazer et sofrir a sus parientes et a sus vezinos por que non sean mal traydos de los otros estrannos. Pero si vierdes que aquel vuestro enemigo es tal o
80 de tal manera que, desque lo oviesedes ayudado en guisa que saliese por vos de aquel peligro, que, despues que lo suyo fuese en salvo, que seria contra vos et non podriades d'él ser seguro,

si el tal fuer, fariades mal seso en le ayudar, ante tengo que'l devedes estrannar quanto pudierdes, ca pues viestes que seyendo el en tan grand quexa, non quiso olvidar el mal talante que vos avia, et entendiestes que vos lo tenia guardado para quando viniese su tienpo que vos lo podria fazer, bien entendedes vos que non vos dexa logar para fazer ninguna cosa por que salga por vos de aquel grand peligro en que está.» 85

E al conde plogo mucho desto que Patronio le dixo et tovo que'l dava muy buen consejo. 90

Et porque entendio don Johan que este exienplo era bueno, mandolo escrivir en este libro et fizo estos viessos que dizen asi:

*Guardatvos de seer conquerido del estranno
 seyendo del vuestro bien guardado de danno.* 95

Anmerkungen. 47 'er dankte ihnen sehr für das, was sie ihm sagten'. — 59 *que* § 202. — 73 'daß Euch zu keiner Zeit, wie gut es ihm auch gehen mag, Schaden von ihm erwachse'. — 38 *ante* 'vielmehr'.

2.

Exemplo XVIII. De lo que contescio a don Pero Melendez de Valdes quando sele quebro la pierna.

Fablava el conde Lucanor con Petronio, su consegero, un dia, et dixole asi: «Patronio, vos sabedes que yo he contienda con un mi vezino que es omne muy poderoso et muy onrrado. Et avemos entramos postura de yr a una villa et qualquier de nos que alla vaya primero cobraria la villa, et perderla ha el otro. Et vos sabedes commo tengo ya toda mi gente ayuntada. Et bien fio por la merced de Dios que si yo fuese, que fincaria ende con grand onrra et con grand pro. Et agora estó enbargado, que lo non puedo fazer por esta ocasion que me contescio, que non estó bien sano. Et commoquier que me es grand perdida en lo de la villa, bien vos digo que me tengo por mas ocasionado por la mengua que tomo et por la onrra que a el ende viene, que aun por la perdida. Et por la fiança que yo en vos he, rruegovos que me digades lo que entendierdes que en esto se puede fazer.» 5 10 15

«Sennor conde Lucanor», dixo Patronio, *«commoquier que vos fazedes rrazon de vos quexar, para que en tales cosas*

20 *commo estas fiziesedes lo mejor siempre, plazerme ýa que sopiesedes lo que contescio a don Pero Melendez de Valdes.» E el conde le rrogo que'l dixiese commo fuera aquello.*

«Sennor conde Lucanor», dixo Patronio, «don Pero Melendez de Valdes era un cavallero mucho onrrado del rreyno
25 *de Leon et avia por costunbre que cada dia que'l acaescie algun enbargo, sienpre dizia: Bendicho sea Dios, ca pues el lo faze, esto es lo mejor. Et este don Pero Melendez era consegero et muy privado del rrey de Leon. Et otros sus contrarios por grand envidia que'l ovieron, asacaronle muy grand*
30 *falsedat et buscaronle tanto mal con el rrey que acordó de lo mandar matar. Et seyendo don Pero Melendez en su casa llego'l mandado del rrey que enviava por el. Et los que le avian a matar estavanle esperando a media legua de aquella su casa. Et queriendo cavalgar don Pero Melendez para se*
35 *yr para el rrey, cayo de una escalera, et quebro'l la pierna. Et quando sus gentes que avian a yr con el vieran esta ocasion que le acaesciera, pesoles ende mucho et començaronle a maltraer diziendo'l: «Ea, don Pero Melendez, vos que dezides siempre que lo que Dios faze esto es lo mejor, tenedvos agora*
40 *este bien que Dios vos ha fecho». Et el dixoles que ciertos fuesen que, commoquier que ellos tomavan grand pesar d'esta ocasion que'l contesciera, que ellos verian que, pues Dios lo fiziera, que aquello era lo mejor. Et por cosa que fizieron nunca d'esta entencion le pudieron sacar. Et los que'l estavan*
45 *esperando por le matar por mandado del rrey desque vieron que non venia, et sopieron lo que'l avia acaescido, tornaronse paral rrey et contaronle la rrazon por que non pudieran conplir su mandado. Et don Pero Melendez estovo grand tiempo que non pudo cavalgar. Et en quanto el asi estava mal trecho,*
50 *sopo el rrey que aquello que avian asacado a don Pero Melendez, que fuera muy grant falsedat, et prendio a aquellos que gelo avian dicho. Et fue ver a don Pero Melendez et conto'l la falsedat que d'el le dixieron, et commo le mandara el matar et pidio'l perdon por el yerro que contra el oviera*
55 *de fazer et fizole mucho bien et mucha onrra por le fazer emienda. Et mando luego fazer muy grand justicia ant'el*

d'aquellos que aquella falsedat le asacaron. Et asi libró Dios
a don Pero Melendez, porque era sin culpa et fue verdadera
la palabra que el sienpre solia dezir que todo lo que Dios faze,
que aquello es lo mejor. — Et vos, sennor conde Lucanor, 60
por esto enbargo que vos agora vino non vos quexedes et tenet
por cierto en vuestro coraçon que todo lo que Dios faze, que
aquello es lo mejor, et si lo asi pensaredes, el vos sacara todo
a bien, pero devedes entender que las cosas que acaescen son
en dos maneras: la una es que viene a omne algun enbargo 65
en que se puede poner algun consejo, la otra es que viene algun
enbargo en que se non puede poner ningun consejo. Et en los
enbargos en que se puede poner algun consejo, deve fazer omne
quanto pudiere por lo poner y et non lo deve dexar por atender
que por voluntad de Dios o por aventura se endereçara, ca 70
esto seria tentar a Dios; mas pues el omne ha entendimiento
et rrazon, todas las cosas que fazer pudiere por poner consejo
en las cosas que'l acaescieren, develo fazer, mas en las cosas
en que se non puede poner y ningun consejo, aquellas deve
omne tener que, pues se fazen por voluntad de Dios, que aquello 75
es lo mejor. Et pues esto que a vos acaescio es de las cosas
que vienen por voluntad de Dios, et en que se non puede poner
consejo, poned en vuestro talante que pues Dios lo faze, que
es lo mejor; et Dios lo guisara que se faga asi commo lo vos
tenedes en coraçon.» E el conde tovo que Patronio le dezia la 80
verdat et le dava buen consejo, et fizolo asi et fallose ende bien.

Et porque don Johan tovo este por buen enxienplo, fizolo
escrivir en este libro et fizo estos viessos que dizen asi:
Non te quexes por lo que Dios fiziere,
Ca por tu bien seria quando el quisiere. 85

Anmerkungen. 1 *si yo fuese* 'wenn ich es wäre (der die Stadt eroberte)'. — 13 *lo de la villa* § 159. — 26 *pues* kausal, ebenso 71, 76. — 43 *por cosa que fizieron* § 208. — 74 'von denen soll der Mensch annehmen'. — 78 *poned en v. talante* 'setzt Euch in den Sinn, d. h. denket, nehmet an'.

Wörterverzeichnis.

Das Wörterverzeichnis enthält alle Wörter der in diesem Buche gegebenen Texte mit Ausnahme derjenigen, die wegen ihrer großen Ähnlichkeit mit den lateinischen oder wegen ihres häufigen Vorkommens im grammatischen Teile als bekannt vorausgesetzt werden können; ferner aus der Grammatik diejenigen Wörter, die aus irgendeinem Grunde besonders bemerkenswert sind und mit Hilfe des Inhaltsverzeichnisses nicht leicht gefunden werden können. — In der Anordnung wurde *v* unter *b* eingereiht; es ist also z. B. *av-* unter *ab-* zu suchen; ebenso ist zwischen *c* und *ç* kein Unterschied gemacht worden; *h* wurde nicht berücksichtigt, die damit beginnenden Wörter sind also unter dem folgenden Vokal zu suchen; nur *ch* ist nach *ce* eingereiht; vokalisches *y* steht unter *i*, dagegen ist konsonantisches nach *x* zu finden. — Nicht aufgenommen sind in der Regel die im § 139 verzeichneten Zeitwörter.

Die Zahlen weisen auf die Seiten.

avenençia Einigkeit 103
avenirse sich einigen
aventura Zufall
aver (Subst.) Habe 99
aver als Hilfsverb 124; *a. de, a. que* 125; *gran tiempo a* es ist schon lange her
abés 34
aviesso abgewandt, verkehrt; *a aviessas* das Gesicht nach hinten; verkehrt
ablandar schmeicheln, wohl tun
abraçar umarmen
abrir öffnen
avuelo 102
acá dort
acabar vollenden 106
acaesçer geschehen

açendrar 53
açerca nahe bei
aclarar erhellen
acoger sammeln
acometer angreifen, überfallen
acompannar begleiten
aconsejar raten
açor 47, 54
acordar zustimmen
acorrer unterstützen
acreçentar 105
acuerdo Bewußtsein
adalil Führer, Feldherr
adelantado Vorsitzender
adelante voraus, weiterhin
adobar ordnen
adozir 90 und § 139
adurar dauern lassen

aduzir s. *adozir*
afazimiento Vertrauen, Gewöhnung
afé siehe; *afevoslos* da sind sie
afincar auf etwas beharren, jem. zusetzen
afogar 42
ageno fremd
agora jetzt 73
agrás = *agraz* unreife Traube
aguardar ansehen, folgen
agüero 24
aguisado angemessen, schicklich
aguisar auf etw. achten
ay = *a y* es gibt (vgl. frz. *il y a*)
ayrar erzürnen; *el rey me a ayrado* der K. ist gegen mich aufgebracht
al 75
alvergada Herberge, Rast
alvor 104
alvorada Morgendämmerung
alcalde Richter
alcançar erreichen, erwischen
alcanz 101
alçar erhöhen, erheben 105
aldeano Bauer
alevoso treulos; Bösewicht
alegre froh
alfoz Bezirk 37
algo 75
alguandre (nur mit Neg.) niemals
alguazil Aufseher, Häscher
algun 75
allá dort
allegarse sich nähern
allí dort
alma Seele 55
almofalla Kissen
amargar bitter sein
amargura Bitterkeit
ambos beide
amidos ungern 24
amistança Freundschaft 103
amo, -a Erzieher, Erzieherin
amover wegziehen
amor Liebe; *por a. del conde* dem G. zuliebe, wegen des G.
amos beide
amparar schützen

andado Stiefsohn 55
andança: *bien a.* Wohlergehen; *mal a.* Übelbefinden
andar als Hilfsverb 125
anocheçer 106
ansi = *assi*
ante vielmehr 134
antes vorher
ante(s) que 131
aorar anbeten
apartar beiseite nehmen; *apartarse* beiseite treten
apoderarse sich bemächtigen 106
aprender lehren
apreso (Part. von *aprender*) aufgenommen; *bien a.* glücklich
aquedar beruhigen 107
aquí hier
archa = *arca* Kiste
ardido kühn
arena Sand
armar bewaffnen, zum Ritter schlagen
arrepentirse 89
arrimar anlehnen, andrücken
arte Kunst, List
artería Kunst, List
asacar anklagen
asconder verbergen
ascuchar 24
asi = *assi*
asno Esel
aspirado inspiriert
assi so; *a. como* 131
ata, hata = *fasta*
atal solch
atanto so sehr
hato = *fato*
atorgar = *otorgar*
aun noch; *aunque* obwohl 132
av- s. *ab-*
ayudar helfen
ayuntar vereinigen
az Schlachtreihe, Reihe
aztor 47, 54

vagar Freiheit, Muße; *non dar v.* nicht die Möglichkeit geben, hindern
balde: *de b.* umsonst 35

valer gelten, wert sein, nützen, helfen (§ 139)
valia Wert 101
vanedad Eitelkeit
barbechar umackern
varon Mann, Held
bastir bauen
batalla Schlacht
bebdo 99
vevir leben § 139
veçino = vezino Nachbar
vedar verbieten
vegada Mal
velo Schleier
vendedor 102
vendezir segnen
bendicho gesegnet
beneito gesegnet, selig
vengar rächen
venino Gift
ventar ausspähen, bemerken
ventura Schicksal, Zufall
vervezon 54
verdad Wahrheit
verdadero wahr 108
vergel 9, 54
vergüença Scham, Schande
vermejo rot
vero wahr; *de v.* wahr (Adv.)
besar küssen
vez Mal; *a las vezes ... a las vezes* bald ... bald; *muchas vezes* oft
via Weg
vianda Speise
vida Leben
viejo alt 15
viesso Vers
vil gemein
villano Bauer
vinna Weingarten
vista Gesicht 99
boca Mund
voz Stimme; *dar vozes* rufen
braço Arm
branco = blanco weiß
burgalés Mann aus Burgos 104
burgés, burzés 104
buscar suchen

ca denn
cava Höhle
cavalgada Ritt
cavalgar reiten 105
cavallero Ritter
cabanna Hütte
cavar graben
cabdiello Oberhaupt
cabeça Kopf 102
cabezcorvo 105
cabeztornado 105
cabo Ende
cada 76
cadena Kette
cal es ist nötig 81
calças Hosen
callar schweigen
calonna Geldstrafe
camino Weg
cansado müde
çapato Schuh
cara Gesicht
carcannal 55
cárçel (Fem.) Kerker
cargar aufladen
carne Fleisch
carrera Weg
carrizal Röhricht 102
carro Wagen
carta Brief, Urkunde
casa Haus; *a cas de* 27
casar (Subst.) Wohnung 102
casar (Verb) verheiraten 107
castiço 102
castigar belehren, besprechen
catar ansehen
cativo gefangen
cautividat Gefangenschaft, Elend
çelada Versteck, Hinterhalt
çendra 53
çerca nahe bei
çerrar schließen
çertero gewiß 103
chico klein
chirivía Zuckerwurzel 45
cibdat Stadt
çiego blind
çierto gewiß; *çiertas* sicherlich
çima Gipfel, Ende
clavero Schlüsselwart, Torhüter
clavo Nagel

cobdiçia Habsucht
cobdiçiadero 102
cobrar erlangen
cobrir 88, 90
cocho gekocht, gebacken
coger aufnehmen
coydar denken
cola Schweif
colgar hangen
colpe Schlag; *al primer c.* auf das erste Mal
combidar einladen
comedir 88
començar anfangen
comer essen 106
como Konj. bei Subjektsätzen 128; bei Objektsätzen 129; kausal 131; *c. quier que* 132
compannero Genosse
complir vollenden, vollführen 89; nötig sein; *c. de* versorgen mit
composicion Vertrag
compra Kauf 101
comulgar kommunizieren
convenir nötig sein
conviento Kloster
convusco mit euch
concejero öffentlich
concejo Stadtrat
condado Grafschaft 102
condestable Feldherr 65, 105
conjurar den Eid abnehmen
connusco mit uns
conortar trösten
conorte 101
conquerir erobern, besiegen
conquista 99
consejo Rat
consigo mit sich
contado berühmt
contescer geschehen
contienda Streit
contir 26, 90, 106
contrallar bestreiten
copa Becher
coraçon Herz
cordura 104
corral Pferch, Gehege
correr laufen
corrido verfolgt

cortar schneiden, umhauen
cortesia ritterliches Benehmen, ritterliche Tat
costar kosten
costumbre Sitte, Gewohnheit
coto Taxe, Geldstrafe
coz Ausschlagen (der Pferde)
cras morgen
crebanto Schmerz, Kummer 101
creer glauben § 139
criança Glaube, Vertrauen
criar erziehen
cubrir = *cobrir*
cueita, cuita Bedrängnis, Kummer
cuemo = *como* 23
cuende Graf
cuenta das Zählen
cuidar = *coydar*
cuntir = *contir*
curiar besorgen, behüten
cuyo 115

dado Geschenk
danno Schaden
debalde umsonst 35
debda 99
devedar verbieten
delgado zart, dünn
demandar fragen
demás außerdem, überdies 112
dende von da, von dort
dentera Biß
dentro hinein
departimiento Unterschied; Mitteilung
departir mitteilen
de que 131
derecho recht, gerecht
derramar weggehen
derredor hinten, danach
derribar niederreißen
desafiar herausfordern
desamar nicht lieben, hassen
desamor Haß 100
desvariar abweichen, sich trennen
descalabrar verletzen, zerreißen
descalço barfuß 101
descobrir entdecken
desde von ... an

desemparar verlassen
desende hierauf, dann
deserrado verwirrt
desguisado entstellt, häßlich
desi dann, hierauf
desmayado erschrocken, entmutigt
desondrar entehren
desorejar mißhandeln
desposar verloben
despues de nach
desque sobald als 131
detardar zögern
dexar lassen 38
dezir 88, 89, 95
dia Tag
dinero Denar, Pfennig; *dineros* Geld
do wo; (Konj.) als 131
doblar verdoppeln
doblez 104
don Geschenk 27
don (Adv.) = *donde* woher, wodurch
don Herr 27, 108
donna Frau 108
dorar vergolden
dubda Zweifel 101
dubdar zweifeln, fürchten
duelo Schmerz 101
duenna Frau

ea (Interj.) ei!
echar werfen 61
edat Alter; *seer de e.* herangewachsen sein
egualdat Gleichheit
ello 113
embargado verlegen
embargo Verlegenheit, Hindernis
emienda Verbesserung, Sühne
emparedar einmauern, einschließen
empennar verpfänden
emperador Kaiser
empos hinter, nach
empresentar übergeben
empresionar einkerkern
enamorado verliebt
enantes que 131
enartar überlisten, umgarnen

enviar schicken
envidioso neidisch
enchir = *fenchir*
encerrar einschließen
encina 54
enclavear zunageln
ende davon
endereçar sich aufrichten
enemigo Feind
enero 61
enforcar an den Galgen hängen
engannar täuschen
engendrar 53
enojarse sich ärgern
enojo 105
enojoso ärgerlich
ensalçar 106
ensayo 100
ensiemplo = *enxiemplo*
entençion Absicht, Ansicht
entonçes dann 29
entram(b)os 69
entrar eintreten
entregar 55, 107
enxambre 100
enxiemplo Fabel 100
enxugar 106
enxundia Fett 100
era Ära, Jahr der span. Zeitrechnung
erçer 49
heredad Erbe, Erbgut
heredar erben
eria Wüste, Öde
hermano, -a Bruder, Schwester 61
escalera Stiege
escapar entkommen
escarmentar witzigen, abschrecken
escarnir 33, 106
escarno Hohn, Spott
escasso 34
esconder 106
escrivano Schreiber
escuchar 106
escudero Knappe
escuro dunkel
escusarse sich enthalten
esforçarse sich anstrengen 105
esfuerço Anstrengung 101

esmerado rein, lauter
espada Schwert
espaldas (Plur.) Schultern, Rücken
espannol 55, 68
espantar erschrecken 105
esparçer zerstreuen
espedirse sich trennen, sich verabschieden
esperar hoffen, warten
espeso 86
esponedor 102
espuela 8, 31
estable standhaft, fest
estar als Hilfsverb 125
estio 99
esto: por esto 134
estonçes dann, hierauf
estoria Geschichte
estrannar fernhalten, verschmähen
estranno fremd
estrecho 99
estrechez 104
estrella Stern
estroir zerstören
et = e
exida 102

fava Bohne
fabla Gespräch
fablar sprechen
Fadrique 55
falagar schmeicheln
falla Betrug 101
fallado Fund 102
falladgo 102
fallar finden
farina Mehl
farta Menge
fartar stopfen, sättigen
farto 99
fason = façon Art; *grant f.* tüchtig
fasta bis; *f. que* 131
fato Kleid 36, 37
faz Gesicht
fazanna Tat
fazienda Angelegenheit
fe Treue, gegebenes Wort
fe siehe da; *feme aqui* da bin ich (vergl. frz. *me voilà*)

fecho getan; Tat
fechura Beschaffenheit
fembra, femna Frau
fenar 102
fenchir füllen 89
feo häßlich
ferida Wunde 99
ferir schlagen
ferrada Wassereimer
ff- = f-
fia Vertrauen 101; *en mi f.* im Vertrauen auf mich
fiador Zeuge, Bürge 102
fiar vertrauen
fidalgo 105
fiel Galle
fiero wild, heftig
fijo Sohn
fijuelo 102
fimençia Gewalt, Kraft
fincar bleiben
fito 46, 99
flablar 56
folgar sich gütlich tun
forado Loch
forca Galgen
forçar zwingen
fortaleza Festung 104
fraire (Mönchs-)Bruder 9, 54
freir 88, 89
fresno 51
frio kalt
friura 104
fuera außer; *fueras* 107
fuerça Kraft; *por f.* gezwungenermaßen
fuero Stadtrecht
Fuero juzgo 65
furtar stehlen
furto Diebstahl

galardon Lohn 55
gallo Hahn
ganançia Gewinn 103
ganar gewinnen, erwerben
garavato Haken
gato Katze
gozo Freude
gradeçer danken
gradirse sich freuen

grado Dank; *tener en g.* Dank wissen, dankbar sein; *de g.* gern, freiwillig
gramatgo Grammatiker, Gelehrter
gruesso dick
guadalmeçí Leder mit Vergoldung
guardar aufbewahren
guarida Schutz
guerrear bekriegen 105
guiar führen
guisa Art, Weise; *a guisa de, a guis de* als, wie 27
guisado = aguisado
guisar = aguisar

y, hy dort; oft für *e* und
ida Gang, Reise
yelmo 8
yelo 61
yema 61
yerno 61
yerro Irrtum 101
yglesia Kirche
infançon junger Prinz
infante, -a Prinz, Prinzessin 100
inojo 61
invierno Winter 99
joglar Spielmann, Sänger
jornada 102
judgar richten 105
judgador 102
juntar vereinigen, verbinden
jura Eid
juramentar den Eid abnehmen

ladron Dieb
lardo Speck
lazéria, lazério Kummer, Schmach
leal lehenstreu, aufrichtig
levantar 105
levar wegführen
legon Karst, Haue
legua Meile
lençuelo 102
lexos 68
ley Gesetz, Stand
librar besprechen, beraten; befreien
libre frei
lidiar kämpfen

lienço Leinwand
ligero leicht, geschickt
limpio rein
linage Geschlecht, Familie 9
llamar rufen
llano eben; Ebene
llanto Weinen, Klage
llegar ankommen
lleno voll
llorar weinen
loçano stolz
locura 104
logar Ort
loguer Lohn, Miete 9
loor 104
luego dann, darauf; *l. que* 131
lugar = logar
lunes Montag 65
luzir 91

madera Holz
madrugar früh aufstehen 105
maguer obwohl 132
malquerençia Übelwollen
mançebo Jüngling
mancomun; de m. gemeinschaftlich
mandar befehlen, schicken
manera Art
manjar Speise
manna Benehmen, Betragen
mannana Morgen
mansedumbre 103
mantel Mantel
mantener unterhalten, unterstützen
manto Mantel
mar Meer
maravedí M. (Münze)
maraviella Wunder 21
marcho = marco Mark (Münze)
martes Dienstag 65
mas (Adv.) mehr 68; *desde oy m.* von heute an, in Zukunft
mas (Konj.) 134
matar töten
mayor 68
medio der mittlere, halb; Mitte
meetat Hälfte
mejor 68
mejoria 101

Wörterverzeichnis.

membrado verständig
membrudo 102
menaza Drohung
menester nötig; *aver m.* nötig haben
mengua Mangel, Schaden
menguar vermindern, schädigen
menor 68
menos 68, 112
menoscabar Mißerfolg, Schaden haben 106
mentir 89
mentira Lüge
menudo klein; *a m.* häufig
mercader(o) Kaufmann 102
mercaderia Ware 101
mercado Markt, Handel
merçet Gnade
mereçer verdienen
merino Landrichter, Amtmann
mesa Tisch
mesnada Gefolge, Gesinde
mester = *menester*
mesura Maß, Mäßigung, Weisheit
mesurar messen
mezcla 101
miedo Furcht
miel Honig
miente Geist, Sinn; *parar m.* achtgeben
mientra(s) que 131
miercoles 54, 65
mijero Meilenmaß; Frist
miraglo Wunder
mismo 16
mover bewegen; aufbrechen
monedado gemünzt
monge 9, 25
mongia Kloster 101
monte Berg, Haufen
montanna Gebirge
morabete = *maravedi*
morar wohnen
mostrar zeigen
mucho 76, 110
mudar ändern, wechseln
muesso Biß
mugier Frau
muy 112
mur Maus
murçiego Fledermaus 104

navio Schiff
nada nichts 76, 116, 126
nadie 76, 116
natural gebürtig
negrado geschwärzt, schwarz
negro schwarz, unheimlich
nemiga Feindin; Feindschaft
nieto, -a Enkel, Enkelin 100
ninguno 56, 76, 116, 126
ninno Kind, Knabe
noche Nacht
nodriçia 101
nombre, nomne Name; *poner n.* nennen
nueva Nachricht

obispo 25
obra Werk
obrero Arbeiter
ocasion Unfall
ocasionar schädigen
ofiçio Amt, Beschäftigung
ofreçer anbieten
oganno 73
oy heute
ojo Auge
olbidar vergessen 55
olbido Vergessenheit
omenaje Huldigung
omne 117
onde (Adv.) woher; (Konj.) daher 134
ondra, onra Ehre 101
onrar ehren 53
ora Stunde; *oras ... oras* bald ... bald
orador Beter; fromm
órden Ordnung; Orden
ordenador 102
oro Gold
osado kühn; *a osadas* kühn (Adv.)
osar wagen
oscuro dunkel
otear von oben ansehen, erforschen
otorgar zustimmen, genehmigen 105
otrie 117
otro 110, 117
otrossi ebenso

pavor Furcht
pabura Furcht 104
pagado zufrieden
pagano Heide
pagar zahlen; *p. se* zufrieden sein
palabra Wort 55
paladino öffentlich, deutlich
pan Brot
panal Honigwabe
panno Tuch, Kleider
para = *por a; p. que* 131
parar bereiten
pared Wand
parias (Plur.) Tribut
pariente, -a Verwandter, Verwandte 100
parir gebären
parte Teil, Seite, Partei; *a p.* beiseite
partirse sich trennen
pasçer weiden
passar durchgehen
passear 105
pasto Weide
paz Friede
pecado Sünde
pecar sündigen
pechar zahlen
pechos 66
pedir 89
pelea Kampf
peligro Gefahr
peligroso gefährlich
pelliça 102
pena Strafe
pennos 66
peon Bauer
peor 68
pepion eine Goldmünze
pequenno klein
pera Birne
percebir bemerken 89
perdon 101
perdonar verzeihen
perlado Prälat
pero 134
pertenecer gehören
pesado schwer
pesar (Subst.) Kummer

pesar (Verb) wägen, wiegen; drücken, bekümmern
pescueço Hals
pesebre Krippe
peso Gewicht; *sin p.* ohne es zu wägen
pie Fuß
pieça Stück; eine Zeitlang
piedra Stein
piel Haut, Fell
pierna Bein
pinar 102
pisar treten, betreten
placentería = *plazentería* Genehmigung 101
plata Silber
plaza Platz
plazentero 103
pleito Vertrag, Lehenseid
poblar bevölkern, bewohnen
poblesa = *pobreza* Armut
pobre arm
poco wenig; *p. a p.* nach und nach
poçon 104
poder Macht; können
poderío Macht 101
poderoso mächtig 104
podestad Macht
ponçella 55
poquiello 103
por que (kausal) 131, (final) 131
pora für
porende wodurch; dadurch 134
poridad Geheimnis; *en p.* im geheimen
poró wodurch
portadgo 102
posada Herberge
posar bleiben, verweilen
postura Vorsatz, Abkommen 104
pradal 102
preçio Preis, Wert
pregar bitten
pregon öffentlicher Ausruf
preguntar fragen 26, 55
prennada schwanger
prennez 104
presa Gefangennahme
presente Geschenk
presion Gefängnis

prestar (Subst.) Wert
prestar (Verb) leihen
preste 9, 65
presto schnell
presurado gedrängt; *ser p.* es eilig haben
privado (Subst.) Vertrauter
privado (Adv.) schnell
priessa Eile; *a p.* eilig
primas zum ersten Male
prison Gefängnis
pro (Fem.) Nutzen, Vorteil
provado erprobt, überwiesen
prohiar vertrauen
prueva 101
pueblo Volk, Ortschaft
puente (Fem.) Brücke
puerro Porree
pues que (temporal) 131, (kausal) 131
pujar hinaufsteigen

quando (temporal) 131, (kausal) 131, (kond.) 132
quanto: *en qu.* während 131; *qu. mejor* 112; *qu. a* bis
quantos alle 117
quebrantar brechen 105
quebrar brechen
quemar verbrennen
querellar streiten, verklagen
querelloso ärgerlich
querer wollen § 139
queso Käse
quexa Klage, Not
quexarse sich beklagen
quexoso 104
qui 133
quiçá 47
quito frei
quitar nehmen, verhindern

rançal feine Leinwand
rancar ausreißen
rascannar zerkratzen
rato Frist; *dar mal r.* übel mitspielen
razon Vernunft, Rede, Grund
razonar reden 107
recabdar bekommen, aufbewahren

reçelo Furcht
recodir = *recudir* 90
redondo rund
redrar zurückweisen, -geben
refecho hergestellt; *omne r.* gemachter Mann
refitor Refektorium 9
reyna Königin
reynado, reyno Königreich
rencon Winkel
rennir 88
reparar ausbessern, ausgleichen
respuesta Antwort 99
retener zurückhalten, behalten
retraer erzählen, schildern
rezio stark, steif 15, 48; *de r.* schnell (Adv.).
ribalde Schurke, Gauner
rico reich; *ricos omnes* die Adeligen 105
robar rauben
roble 54
rodiella 102
roer nagen 91
rogar bitten
romería 101
romero Pilger 103
romeruelo 102
rosennor 33
rostro Gesicht
roto zerbrochen
rr- = *r-*
rueca 8
ruisennor 54

sávana Tuch
saber wissen, schmecken § 139
sabidor wissend, bekannt mit, kundig 102
sabiduría 101
sabor Geschmack
sabroso schmackhaft 104
sacar herausziehen; *s. grant aver* große Reichtümer erwerben
salva Vorbehalt; *fazer s.* Reinigungseid leisten
salvo Sicherheit, sichere Verwahrung
salvarse sich von einer Anklage reinigen
salir herausgehen § 139

salpreso eingesalzen
salto Sprung; *dar un s.* einen Sprung machen
sangre (Fem.) Blut
sangría blutende Wunde
sanna 66
sannudo wild 102
sano gesund; sicher
sartén 30
sayon Gerichtsdiener, Henker
sazon Zeit, richtige Zeit 104
sed Durst
seentar 105
seguir 89
segun(d) je nachdem, wie 133
seguro sicher
seyllo = *seyello* Siegel
semejable ähnlich
semejanza Ähnlichkeit, Schein 103; *fazer s.* sich stellen als ob
semejar scheinen
sendos 53, 117
senna Banner
sennal Zeichen
sennalado bestimmt
sennalar 106
sennero einzeln 103
sennorear 105
sennorío 101
seno Busen, Mantelfalte
sentido Gefühl, Verstand
senziello 49, 103
seso Sinn, Verstand
sesudo verständig 102
si = *assi*
si (Konj.) 131; *si non* sondern, sonst 134
sieglo Jahrhundert, Welt
siempre immer
siervo Diener
sierpe Schlange 65
siniestro 21
sobejano prächtig
soberbio stolz
sobir aufsteigen 90
sobre auf, über
sofrir leiden 90; *sofrirse* sich enthalten
soga Strick
solar Grund und Boden, Grundstück

solás = *solas* Freude, Vergnügen
soldada Sold
soler pflegen
sollozar 32
soltar freilassen
somo Last; *poner en s.* aufladen
sonar klingen, ertönen
sonreirse lächeln § 139
sopesar unterstützen
sortija Ring
sosegar 44
sospecha Verdacht
sotener unterstützen
strela = *estrella*; *strelero* Sterndeuter
suela Sohle
sueldo Sold, Lohn
suerte Los, Anteil
suso oben

tal 110
talante Neigung 25, 27; *mal t.* Übelwollen
talega Sack
talente = *talante*
tamanno so groß 110
tanto soviel 112; *dos tantos* zweimal soviel 70
tardar(se) zögern, verzögern
temblar 55
temer fürchten
temeroso furchtsam
temor Furcht
temporal Wetter, Sturm 102
tender ausbreiten
tener halten, glauben § 139, als Hilfsverb 124
tentar versuchen
testigo Zeuge
tiempo Zeit; *a t.* mit der Zeit
tienda Zelt
tierra Erde; *dar a t. con alguno* jem. niederwerfen
tirarse sich zurückziehen
toca weibliche Kopfbedeckung
todo ganz 109; *del t.* gänzlich, überhaupt
toller wegnehmen
tomar nehmen
tondir 90

tornar umkehren
tosino = *toçino* geräuchertes Schweinefleisch, Speckseite
travar festhalten (mit *de*)
travessura Verkehrtheit, Falschheit, Bosheit 104
traer § 139; *mal t.* schlecht behandeln, schelten
trayçion Verrat
traydor Verräter 102
trasnochada Nachtarbeit
trecho: mal trecho mißhandelt
trecho (Subst.) 99
tregua Waffenstillstand 45
tremor Zittern
treudo 62
trigo 44
trubar = *trobar* finden
tuerto Unrecht
tundir 90

uço 17, 48
huebos nötig 66; *me es h.* mir ist nötig; *aver h.* nötig haben
huerto Garten
huesped Gast, Wirt; -*a* 100
hueste Heer
ultramar 105
untar salben, beschmieren
usar gebrauchen, ausüben, gewohnt sein

v- = *b-*

ya schon; bei der Anrede: o
yantar (Subst.) (Fem.) Frühstück 99
yantar (Verb) frühstücken
yazer § 139; als Hilfsverb 125
yegua Stute
yente Leute.

Verbesserung.

S. 106, Z. 6 v. u. ist zu lesen comedere statt comedire.

C. F. Wintersche Buchdruckerei.

Ausgegeben Januar 1908.

Carl Winter's Universitätsbuchhandlung in Heidelberg.

Sprachwissenschaftliche Verlagswerke
(Neuerscheinungen 1907, Seite 1—5).

Kritisch-historische Syntax des griechischen Verbums der klassischen Zeit von Dr. J. M. Stahl, o. ö. Professor an der Universität Münster. XII, 838 Seiten. 8°. Geh. 20 M., geb. 21 M.

(Indogermanische Bibliothek. Herausgegeben von Hermann Hirt und Wilhelm Streitberg. Erste Abteilung: Sammlung indogermanischer Lehr- und Handbücher. I. Reihe: Grammatiken. 4. Band.)

Der geschätzte scharfsinnige Erklärer des Thucydides legt hier die auf dem Boden der Thucydidesforschung erwachsene, in langjähriger Lehrtätigkeit an Gymnasium und Hochschule ausgereifte Frucht einer gründlichen Durcharbeitung der gesamten griechischen Literatur von Homer bis zum Untergang der griechischen Freiheit vor. Zum erstenmal sind alle einschlägigen Stellen, auch aus den dialektischen Denkmälern und den Inschriften, auf Grund der besten Texte kritisch durchforscht und gesichtet und die syntaktischen Erscheinungen durch Zurückführung auf den ältesten Sprachgebrauch und ihre Entstehung und allmähliche Erweiterung, sowie auf einfache psychologische Vorgänge wirklich erklärt. Die Einfachheit und Klarheit des ganzen zugrunde liegenden Systems wie der Darstellung bewirkt, daß die ohnehin so einfache und logische Syntax des klassischen Griechisch noch durchsichtiger und begreiflicher wird. Die eindringende Kritik des Verfassers, die keinem Problem aus dem Wege geht, wird ergänzt durch die Erfahrung des Lehrers, der nicht nur die Fragen scharf anzufassen und klar durchzudenken, sondern auch lichtvoll darzulegen versteht. So ergibt sich die völlig neue einleuchtende Behandlung zahlreicher Erscheinungen, über die man bisher vergeblich Belehrung suchte, so daß es fast kein Kapitel der griechischen Syntax gibt, das nicht neues Licht empfinge. Aber die klar erdachten und reinlich und scharf geschiedenen Kategorien werden auch für die lateinische Syntax sich fruchtbringend erweisen. Daher wird von der Arbeit des Verfassers nicht nur der wissenschaftliche Forscher Nutzen ziehen, der die historische Entwicklung der Erscheinungen verfolgt, sondern jeder Lehrer des Griechischen, der seinen Schülern irgendeine Erscheinung im rechten Zusammenhang klar machen will. Dazu kommt, daß zahlreiche Stellen der Klassiker erst jetzt in das rechte Licht gerückt und im richtigen Zusammenhang behandelt werden, bei denen die Kommentare sich häufig genug auszuschweigen pflegen. So stellt sich das Werk als ein Erzeugnis solider Gelehrsamkeit und gründlicher Arbeit dar, die von jeher die geschätzten Eigentümlichkeiten deutscher Philologie waren.

Dictionnaire étymologique de la langue grecque, étudiée dans ses rapports avec les autres langues indo-européennes par Émile Boisacq, Professeur à l'université de Bruxelles. Liefrung I (Bogen 1—5). 2 M.

Der Subskriptionspreis beträgt 20 M. Der Umfang wird über 60 Bogen betragen. Somit erhalten die Subskribenten Bogen 51—60 und Schluß unberechnet. Das Erscheinen in französischer Sprache dürfte kein Hindernis für die Verbreitung des Werks in Deutschland sein. Inhaltlich stellt es sich dem bekannten Lateinischen etymologischen Wörterbuch von Professor Walde als Parallelwerk an die Seite.

Sprachwissenschaftliche Gymnasialbibliothek. (Der Indogermanischen Bibliothek, herausgegeben von H. Hirt und W. Streitberg, 2. Abteilung.) Unter Mitwirkung zahlreicher Fachgenossen herausgegeben von Max Niedermann. Band I. Historische Lautlehre des Lateinischen von Max Niedermann. Vom Verfasser durchgesehene, vermehrte und verbesserte deutsche Bearbeitung von Ed. Hermann. Mit einem Vorwort von J. Wackernagel. 8°. XVI, 115 Seiten. Kart. 2 M.

Unsere Absicht ist keineswegs, den Stundenplan der Mittelschulen mit einem neuen Fach zu belasten. Was wir bezwecken, ist lediglich, eine den heutigen Verhältnissen entsprechende wissenschaftlichere Gestaltung des Grammatikunterrichts anzubahnen, indem wir den empirischen Einprägen der zum Verständnis der Autoren unerläßlichen Regeln deren Erklärung auf Grund der gesicherten Ergebnisse der historisch vergleichenden Sprachforschung an die Seite stellen. Die Berechtigung dieses Postulats ist neuerdings von Karl Haug in den «Neuern Sprachen», April 1906, in so trefflichen Worten anerkannt worden, daß wir es uns nicht versagen können, wenigstens die Quintessenz seiner Ausführungen hier zu wiederholen: «Das Maß des wissenschaftlichen Betriebes und die besonderen Bedingungen seiner Verwirklichung», sagt Haug a. a. O., «mögen ja eine offene Frage bleiben; so viel aber steht fest, daß die übliche Überlastung des Geistes mit totem Stoff, die erklärungslose Aufnötigung des Erklärbaren und die Auslieferung des Gefühls an fälschende Einflüsse sich nicht behaupten darf, wenn die Schule ihrer höheren Aufgabe gerecht werden will, die nicht im Abrichten und Anfüllen, sondern im Aufschließen und Wegebahnen besteht.»

Unsere Sammlung wendet sich nicht direkt an den Schüler; indessen soll großes Gewicht darauf gelegt werden, alle Auseinandersetzungen zu vermeiden, die das Fassungsvermögen oder die sprachlichen Vorkenntnisse der Sekundaner und Primaner eines Gymnasiums überstiegen. Wir hoffen zuversichtlich, daß die von uns angestrebte Reform auf fruchtbaren Boden fallen und das ihre dazu beitragen werde, dem humanistischen Gymnasium einige der ihm im Laufe der letzten Jahre entfremdeten Sympathien wieder zuzuführen.

Die Bändchen der Sprachwissenschaftlichen Gymnasialbibliothek werden in zwangloser Folge erscheinen, einzeln käuflich sein und jedes für sich ein abgeschlossenes Ganzes bilden.

Richard Heinzel, Kleine Schriften. Herausgegeben von M. H. Jellinek-Wien und C. von Kraus-Prag. VIII, 456 Seiten. 8°. 12 M.

In die vorliegende Sammlung wurde aufgenommen, was an schwer zugänglichem Orte gedruckt war, sowie ein Aufsatz über «Mißverständnisse bei Homer», der sich druckfertig im Nachlasse vorfand. Ein Schriftenverzeichnis und Register sind dem Werk beigegeben, das einen wertvollen Bestand jeder philologischen Bibliothek bildet.

Norwegisch-Dänisches etymologisches Wörterbuch. Von H. S. Falk und A. Torp, Professoren an der

Universität Kristiania. Mit Unterstützung der Verfasser fortgeführte deutsche Bearbeitung von H. Davidsen. Lieferung I (Bogen 1—5). 8°. Subskr.-Preis 1 M. 50.

(Germanische Bibliothek. Erste Abteilung: Sammlung germanischer Elementar- und Handbücher. Herausgegeben von Wilhelm Streitberg. IV. Reihe: Wörterbücher. I. Band.)

Das Falk-Torpsche Wörterbuch ist für die gesamte germanische Philologie von größter Wichtigkeit. Es wird in etwa 15 Lieferungen erscheinen. Der Subskriptionspreis erlischt nach Erscheinen der letzten Lieferung.

Beiträge zur germanischen Sprach- und Kulturgeschichte von Dr. Heinrich Schröder (Kiel). I. Streckformen. Ein Beitrag zur Lehre von der Wortentstehung und der germanischen Wortbetonung. XIX und 266 Seiten. 8°. Preis 6 M. In Leinwand gebd. 7 M.

(Germanische Bibliothek. Zweite Abteilung: Untersuchungen und Texte herausgegeben von Wilhelm Streitberg. I. Band. 1.)

Paul-Braunes Beiträge, Band 32, S. 551 sagt

Emerich Kövi: „Dr. Heinrich Schröder hat in seinen »Streckformen« (Heidelberg 1906) den Sprach- und Dialektforschern ein Werkzeug geliefert, mit welchem sie wie mit Dietrichen und Hauptschlüsseln viele sprachliche Geheimschlösser aufsperren können; und es ist nur zu verwundern, daß unter allen deutschen Etymologen, von Adelung bis auf Kluge, sich niemand fand, der diesen einfachen und doch fruchtbaren Gedanken erfaßt hat."

Der Verfasser schildert dann, wie er das Entstehen einer Streckform im November 1906 selbst beobachtet hat.

Der heilige Georg Reinbots von Durne. Nach sämtlichen Handschriften herausgegeben von Dr. C. v. Kraus, o. Professor an der Universität Prag. LXXXIV, 308 Seiten. 8°. Geh. 10 M., geb. 11 M.

(Germanische Bibliothek. Dritte Abteilung: Kritische Ausgaben altdeutscher Texte, herausgegeben von C. von Kraus und K. Zwierzina. I. Band.)

Viktorianische Dichtung. Eine Auswahl aus E. Barrett Browning, R. Browning, A. Tennyson, M. Arnold, D. G. Rossetti, W. Morris, A. Ch. Swinburne, Chr. Rossetti mit Bibliographien und literarhistorischen Einleitungen von Dr. Otto Jiriczek, a. o. Professor für englische Sprache und Literatur an der Universität Münster i. W. gr. 8°. XVIII, 486 Seiten, eleg. gebunden 4 M.

Das Buch ist dem Wunsche entsprungen, die großen Viktorianischen Dichter durch eine Auswahl nach künstlerischen Gesichtspunkten, begleitet von knappen literarhistorischen Einleitungen und Biographien, dem weiten

Kreise von Verehrern englischer Poesie näher zu bringen, im besonderen dem Gebrauch an Universitäts-Seminaren zu dienen. Ohne Schulzwecke zu verfolgen, bietet das Buch auch für die englische Lektüre an höheren Lehranstalten eine Reihe von Dichtungen edelsten Wertes, die für den Unterricht zu gewinnen wohl eine der schönsten Aufgaben des Lehrers darstellt.

Die Anthologie will nicht die Viktorianische Dichtung in bunter Auswahl vorführen, sondern beschränkt sich mit Absicht auf acht repräsentative Dichter der Epoche. Nur so war es möglich, innerhalb des gegebenen Rahmens die Persönlichkeit hervortreten zu lassen, die in einer Auslese aus Hunderten von Dichtern verloren gehen müßte. Wie verschieden auch die Gesamtbedeutung der hier vertretenen Dichter ist, bei keinem wird man Kennzeichen der großen Kunst vermissen, keinen könnte man ausscheiden, ohne die Symphonie der Viktorianischen Dichtung einer charakteristischen Klangfarbe zu berauben.

Für die Auswahl der Gedichte war der Gesichtspunkt maßgebend, nicht etwa Literaturproben, sondern Kunstwerke von geschlossener Einheit auszuheben. Auszüge aus längeren Werken zu geben, ist daher grundsätzlich vermieden worden; die wenigen Ausnahmen betreffen Partien, die durch sich selbst wirken und sich ohne Gefährdung aus dem Zusammenhange lösen ließen.

Der außergewöhnlich billige Preis für den umfangreichen, schön gebundenen Band soll ihm den Eingang in alle Häuser, Seminare und höhere Schulen ermöglichen.

John Hart's pronunciation of English with full wordlists by Otto Jespersen. (Anglistische Forschungen. Herausgegeben von J. Hoops. Heft 22.) VI, 123 Seiten. gr. 8⁰. 3 M. 20.

Die vorliegende Veröffentlichung von Prof. Jespersen-Kopenhagen ist um so mehr der Beachtung seitens der Anglisten sicher, als diese Untersuchung der Ausgangspunkt für Jespersens Arbeiten zur Geschichte der englischen Sprache ist.

Englische und französische Schriftsteller aus dem Gebiete der Philosophie, Kulturgeschichte und Naturwissenschaft. Herausgegeben von Prof. Dr. J. Ruska. Systems of political economy by Adam Smith von Prof. Dr. Andreas Voigt. — Mélanges philosophiques par Th. Jouffroy von Prof. Dr. Ernst Dannheisser. — Philosophie de l'Art (Première partie) par H. Taine von Dr. M. Fuchs. Mit 8 Bildern. Jeder Band gebunden 1 M. 60.

Vom Großherzoglich Badischen Oberschulrat wurde die Sammlung durch Erlaß vom 16. IV. 1905 zur Einführung empfohlen. Siehe Anzeige auf Seite 15 dieses Prospekts.

Grundriß der altfranzösischen Literatur. I. Teil. Älteste Denkmäler. Nationale Heldendichtung von Dr. Ph. Aug. Becker, o. Professor an der Universität Wien. 8⁰. Geh. 3 M., geb. 3 M. 60.

(Sammlung Romanischer Elementar- und Handbücher. Herausgegeben von W. Meyer-Lübke. II. Reihe. 1. Band.)

Die göttliche Komödie von Karl Voßler. I. Band, 1. Teil: Religiöse und philosophische Entwicklungsgeschichte. I. Band, 2. Teil: Ethisch-politische Entwicklungsgeschichte. 8°. Kart. je 5 M.

... Auf diese Abschnitte wird jeder, der die Divina Commedia recht begreifen wollen, immer und immer wieder zurückgreifen müssen; denn zur Erklärung des Gedichtes und zum Verständnis von Dantes Persönlichkeit dürften diese Abschnitte ebensosehr dienen, wie die „fortlaufende ästhetische Erklärung", die Voßler in Aussicht stellt.

So begrüßen wir denn mit Freude das Erscheinen dieses Dantebuches. Wir sind auch sicher, daß das in der lebhaften, anschaulichen, auch hier oft kecken Art Voßlers geschriebene Büchlein viele Freunde gewinnen wird, und daß keiner den Verfasser mit den pedantischen Erklärern der göttlichen Komödie zusammenwerfen wird, die, wie Voßler sagt, das herrliche Kunstwerk nach den veralteten thomistischen Rezepten zerpflücken und die sicher von Dante zu den Mißmutigen und geistig Trägen in der Hölle gesteckt worden wären, die im Schlamme getaucht, das Lied der Accidiosi vor sich hingurgeln. So rufen wir beim Schließen des 1. Bandes voller Erwartung den folgenden ein baldiges Vivant sequentes zu.

Prof. Dr. H. Schneegans im Literaturblatt für germanische und romanische Philologie.

Die literarhistorische Einleitung, sowie die fortlaufende Erklärung der Dichtung selbst erscheinen Ende 1908.

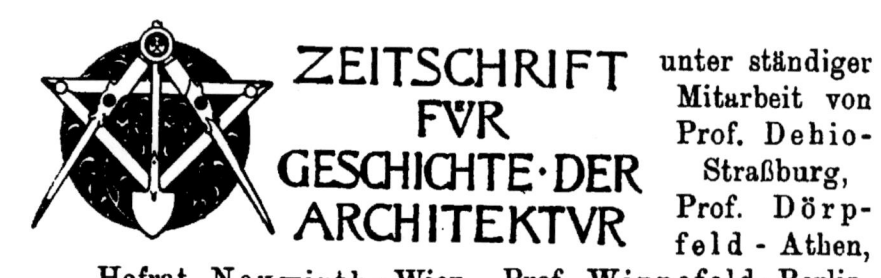

ZEITSCHRIFT FVR GESCHICHTE·DER ARCHITEKTVR unter ständiger Mitarbeit von Prof. Dehio-Straßburg, Prof. Dörpfeld-Athen, Hofrat Neuwirth-Wien, Prof. Winnefeld-Berlin, Prof. Zemp-Zürich herausgegeben von Dr. Fritz Hirsch. I. Band. Der Jahrgang umfaßt 36 Bogen in 4° mit zahlreichen Abbildungen und kostet 20 M.

Die Zeitschrift für Geschichte der Architektur wird sich im Gegensatz zu den Bauzeitungen nur mit der Geschichte der Architektur und im Gegensatz zu den kunsthistorischen Zeitschriften nur mit der Architektur befassen. Unter Architektur will die Zeitschrift das gesamte Bauwesen in ästhetischer, konstruktiver und kultureller, auch in rechtshistorischer Beziehung verstanden wissen und auch das Kunstgewerbe, soweit es mit der Architektur im Zusammenhang steht, einschließen. Zeitliche und räumliche Grenzen sollen nicht gezogen werden; die Zeitschrift für Geschichte der Architektur will vielmehr alle die um eine Fahne sammeln, die in der wissenschaftlichen Erforschung der Architektur ihre Lebensaufgabe erblicken, sie will eine Brücke schlagen zwischen den getrennt marschierenden Gruppen der historisch arbeitenden Architekten und den für Architektur interessierten Archäologen, Philologen und Historiker.

Germanische Bibliothek

Erste Abteilung:
Sammlung germanischer Elementar- und Handbücher

herausgegeben von *Dr. Wilhelm Streitberg*,
Professor an der Universität Münster.

I. Reihe: Grammatiken.

1. Band. **Urgermanische Grammatik.** Einführung in das vergleichende Studium der altgermanischen Dialekte von *Dr. W. Streitberg*, Professor an der Universität in Münster. 8°. geheftet Mk. 8.—, Leinwandband Mk. 9.—. Vergriffen. Zweite neubearbeitete Auflage in Vorbereitung.
2. Band. **Gotisches Elementarbuch** von *Dr. W. Streitberg*, Professor an der Universität in Münster. Zweite vermehrte Auflage. 8°. geheftet Mk. 4.80, Leinwandband Mk. 5.60.
3. Band. **Altisländisches Elementarbuch** von *Dr. B. Kahle*, a. o. Professor an der Universität in Heidelberg. 8°. geheftet Mk. 4.—, Leinwandband Mk. 4.80.
4. Band. **Altenglisches Elementarbuch** von *Dr. K. D. Bülbring*, o. Professor an der Universität in Bonn. I. Teil: Lautlehre. 8°. geheftet Mk. 4.80, Leinwandband Mk. 5.60. II. Teil in Vorbereitung.
5. Band. **Altsächsisches Elementarbuch** von *Dr. F. Holthausen*, o. Professor an der Universität in Kiel. 8°. geheftet Mk. 5.—, Leinwandband Mk. 6.—.
6. Band. **Althochdeutsches Elementarbuch.** (In Vorbereitung.)
7. Band. **Mittelhochdeutsches Elementarbuch** von *Dr. V. Michels*, o. Professor an der Universität in Jena. 8°. geheftet Mk. 5.—, Leinwandband Mk. 6.—.

III. Reihe: Lesebücher.

1. Band. **Altfriesisches Lesebuch** mit Grammatik und Glossar von *Dr. W. Heuser*, Oberlehrer in Wilhelmshaven. 8°. geheftet Mk. 3.60, Leinwandband Mk. 4.20.

IV. Reihe: Wörterbücher.

1. Band. **Norwegisch-dänisches etymologisches Wörterbuch** von *H. S. Falk* und *Alf Torp*, Professoren an der Universität Kristiania. Mit Unterstützung der Verfasser fortgeführte deutsche Bearbeitung von *H. Davidsen*.
Erscheint in etwa 15 Lieferungen zum Subskriptionspreise von je 1.50 Mk. Nach Abschluß tritt eine Erhöhung des Preises ein.

In Vorbereitung befinden sich:

I. Reihe: Grammatiken.

Einleitung in das Studium des Neuhochdeutschen von Professor *Dr. M. H. Jellinek*.
Neuenglische Grammatik von Professor *Dr. O. Jespersen*.
Mittelenglisches Elementarbuch von *Dr. R. Jordan*.
Altdänische Grammatik von *Dr. H. Bertelsen*.
Altschwedisches Elementarbuch von Professor *Dr. A. Kock*.

II. Reihe: Literarhistorische Elementarbücher.

Grundriß der althochdeutschen und altsächsischen Literaturgeschichte von Professor *Dr. E. Steinmeyer*.
Grundriß der mittelhochdeutschen Literaturgeschichte von Professor *Dr. C. von Kraus*.
Grundriß der altnordischen Literaturgeschichte von Professor *Dr. B. Kahle*.
Grundriß der altenglischen Literaturgeschichte von Professor *Dr. Max Förster*.

III. Reihe: Lesebücher.

Altwestnordisches Lesebuch von Professor *Dr. Otto von Friesen*.
Mittelenglisches Lesebuch mit grammatischer Einleitung von *Dr. W. Heuser*.
Mittelhochdeutsches Übungsbuch von Professor *Dr. C. von Kraus*.

IV. Reihe: Wörterbücher.

Althochdeutsches etymologisches Wörterbuch von *Dr. E. Wadstein.*
Altniederdeutsches etymologisches Wörterbuch von *Dr. E. Wadstein.*
Altnordisches etymologisches Wörterbuch von Professor *Dr. E. Lidén.*
Altenglisches etymologisches Wörterbuch von Professor *Dr. F. Holthausen.*
Mittelenglisches etymologisches Wörterbuch von *Dr. R. Jordan.*
Neuenglisches etymologisches Wörterbuch von Professor *Dr. J. Hoops.*
Gotisches etymologisches Wörterbuch von Professor *Dr. Uhlenbeck.* Neu bearbeitet von Professor *Dr. E. Lidén.*
Wörterbuch der altgermanischen Personen- und Völkernamen von *Dr. M. Schönfeld.*

V. Reihe: Altertumskunde. Allgemeines.

Germanische Ethnographie von *Dr. G. Schütte.*
Germanische Altertumskunde von *Dr. O. Almgren* und *Dr. B. Salin.*
Die Urheimat der Germanen von *Dr. Andreas M. Hansen.*
Elementarbuch der Experimentalphonetik von Professor *Dr. A. Meillet* und *R. Gauthiot.*
Geschichte der altgermanischen Religion von Professor *Dr. Karl Helm.*
Germanische Lehnwörter in den finnischen Sprachen von *Dr. T. E. Karsten.*

Germanische Bibliothek
Zweite Abteilung:
Untersuchungen und Texte
herausgegeben von *W. Streitberg.*

1. Band. 1. **Streckformen.** Ein Beitrag zur Lehre von der Wortentstehung und der germanischen Wortbetonung von *Heinrich Schröder.* 8°. geh. Mk. 6.—, Leinwandband Mk. 7.—.

Germanische Bibliothek
Dritte Abteilung:
Kritische Ausgaben altdeutscher Texte
herausgegeben von *C. von Kraus* und *K. Zwierzina.*

1. Band. **Der heilige Georg Reinbots von Durne.** Nach sämtlichen Handschriften herausgegeben von *Carl von Kraus.* 8°. geh. Mk. 10.—, Leinwandband Mk. 11.—.

Weitere Bände werden folgen.

Sammlung romanischer Elementar- und Handbücher
herausgegeben von *Dr. Wilhelm Meyer-Lübke,*
o. Professor an der Universität Wien.

I. Reihe: Grammatiken.

1. Band. **Einführung in das Studium der romanischen Sprachwissenschaft** von *Dr. W. Meyer-Lübke,* o. Professor an der Universität in Wien. 8°. geheftet Mk. 5.—, in Leinwandband Mk. 6.—.
3. Band. **Altprovenzalisches Elementarbuch** von *Dr. O. Schultz-Gora,* o. Professor an der Universität Königsberg. 8°. geheftet Mk. 3.60, in Leinwandband Mk. 4.20.
4. Band. **Altitalienisches Elementarbuch** von Professor *Dr. B. Wiese* in Halle a. S. 8°. geheftet Mk. 5.—, in Leinwandband Mk. 6.—.

5. Band. Altspanisches Elementarbuch von *Dr. Adolf Zauner*, Privatdozent an der k. k. Universität Wien. 8°. geheftet Mk. 3.80, in Leinwandband Mk. 4.60.
6. Band. Rumänisches Elementarbuch von *Dr. H. Tiktin*, Professor an der Universität Berlin. 8°. geheftet Mk. 4.80, in Leinwandband Mk. 5.60.

II. Reihe: Literarhistorische Elementarbücher.

1. Band. Grundriß der altfranzösischen Literatur. I. Älteste Denkmäler. Nationale Heldendichtung von Professor *Dr. Ph. Aug. Becker*. 8°. geheftet Mk. 8.—, in Leinwandband Mk. 8.60.

III. Reihe: Wörterbücher.

1. Band. Etymologisches Wörterbuch der rumänischen Sprache. I. Lateinisches Element von *Dr. S. Puscariu*, Privatdozent an der Universität Wien. geheftet Mk. 6.—, in Leinwandband Mk. 7.—.

In Vorbereitung befinden sich:

I. Reihe: Grammatiken.

Altfranzösisches Elementarbuch von Professor *Dr. W. Cloëtta*.
Anglonormannisches Elementarbuch von Professor *Dr. J. Vising*.
Historische französische Grammatik von Professor *Dr. W. Meyer-Lübke*.
Catalanisches Elementarbuch von *Dr. jur. et phil. J. Hadwiger*.

II. Reihe: Literarhistorische Elementarbücher.

Grundriß der altfranzösischen Literaturgeschichte. II. Teil. Von Privatdozent *Dr. E. Hoepffner* in Straßburg.
Grundriß der mittelfranzösischen Literaturgeschichte des XV. Jahrhunderts mit Grammatik und Chrestomathie von Prof. *Dr. Fr. Ed. Schneegans*.
Grundriß der altprovenzalischen Literaturgeschichte von Professor *Dr. V. Crescini*.
Grundriß der altitalienischen Literaturgeschichte von Prof. *Dr. Bovet*.

III. Reihe: Wörterbücher.

Altfranzösisches Wörterbuch von Professor *Dr. K. Warnke*.
Provenzalisches Wörterbuch von Professor *Dr. E. Levy*.
Italienisches etymologisches Wörterbuch von Professor *Dr. Salvioni*.
Romanisches etymologisches Wörterbuch von Professor *Dr. W. Meyer-Lübke*.
Sardisches etymologisches Wörterbuch von *Dr. Max Leop. Wagner* und Professor *Dr. Pier Enea Guarnerio*.

IV. Reihe: Altertumskunde. Allgemeines.

Romanische Metrik von *Dr. Erik Staaff*, Privatdozent an der Universität Upsala.

Die Sammlung wird weiter ausgebaut werden.

Indogermanische Bibliothek
Erste Abteilung:
Sammlung indogermanischer Lehr- und Handbücher
herausgegeben von

Dr. Herman Hirt, und *Dr. W. Streitberg,*
Professor an der Universität Leipzig   Professor an der Universität Münster.

I. Reihe: Grammatiken.

1. Band. Handbuch des Sanskrit mit Texten und Glossar. Eine Einführung in das sprachwissenschaftliche Studium des Altindischen von *Dr. Albert Thumb*, a. o. Professor an der Universität Marburg. I. Teil: Grammatik. 8°. geheftet Mk. 14.—, in Leinwandband Mk. 15.—; II. Teil: Texte und Glossar. 8°. geheftet Mk. 4.—, in Leinwandband Mk. 5.—.

2. Band. **Handbuch der griechischen Laut- und Formenlehre.** Eine Einführung in das sprachwissenschaftliche Studium des Griechischen von *Dr. Herman Hirt*, a. o. Professor an der Universität in Leipzig. 8°. geheftet Mk. 8.—, in Leinwandband Mk. 9.—.

3. Band. **Handbuch der lateinischen Laut- und Formenlehre.** Eine Einführung in das sprachwissenschaftliche Studium des Lateins von *Dr. Ferdinand Sommer*, o. Professor an der Universität in Basel. 8°. geheftet Mk. 9.—, in Leinwandband Mk. 10.—.

4. Band. **Historisch-kritische Syntax des griechischen Verbums der klassischen Zeit** von *Dr. J. M. Stahl*, o. ö. Professor an der Universität Münster. 8°. geheftet Mk. 20.—, in Leinwand gebunden Mk. 21.—.

7. Band. **Elementarbuch der oskisch-umbrischen Dialekte** von Professor *Dr. C. D. Buck*. Deutsch von *E. Prokosch*. 8°. geheftet Mk. 4.80, in Leinwandband Mk. 5.60.

II. Reihe: Wörterbücher.

1. Band. **Lateinisches etymologisches Wörterbuch** von *Dr. A. Walde*, a. o. Professor an der Universität Innsbruck. 8° geheftet Mk. 23.—, in Leinwandband Mk. 24.—.

In Vorbereitung befinden sich:

Urgermanische Grammatik von Professor *Dr. W. Streitberg*. (Siehe Sammlung germanischer Elem. I. 1.)
Uraslavische Grammatik von Professor *Dr. J. J. Mikkola*.
Handbuch der griechischen Dialekte von Professor *Dr. A. Thumb*.
Slavisches etymologisches Wörterbuch von Professor *Dr. E. Berneker*.
Litauisches etymologisches Wörterbuch von Professor *Dr. J. Zubaty*.
Altirisches etymologisches Wörterbuch von Professor *Dr. Holger Pedersen*.
Indisches etymologisches Wörterbuch von Professor *Dr. Uhlenbeck*. Neu bearbeitet von Professor *Louis H. Gray*.
Avestisches Elementarbuch von *Dr. H. Reichelt*.
Litauisches Lesebuch von Prof. *Dr. A. Leskien* und Prof. *Dr. W. Streitberg*.
Sammlung altlateinischer Inschriften von Professor *Dr. Max Niedermann*.
Urgeschichte Europas von Professor *Dr. Moritz Hörnes*.
Altpersisches Elementarbuch von *Dr. W. Foy*.
Die Probleme der Sprachwissenschaft von *Dr. O. Dittrich*.
Handbuch der griechischen und lateinischen Etymologie und Wortforschung von Professor *Dr. H. Hirt*.
Nala, Text mit Einleitung, Anmerkungen und Glossar, herausgegeben von Professor *Dr. M. Winternitz*.
Indogermanisches Elementarbuch von Professor *Dr. W. Streitberg*.

Die Sammlung wird weiter ausgebaut werden.

II. Abteilung.
Sprachwissenschaftliche Gymnasialbibliothek
herausgegeben von *Max Niedermann*.

Diese SGB. will sich als eine Art Vorschule der Sammlung indogermanischer Lehrbücher angliedern und bezweckt, eine den heutigen Verhältnissen entsprechende wissenschaftliche Gestaltung des Grammatikunterrichts anzubahnen, indem dem empirischen Einprägen der zum Verständnis der Autoren unerläßlichen Regeln deren Erklärung auf Grund der gesicherten Ergebnisse der historisch-vergleichenden Sprachforschung an die Seite gestellt wird.

1. Band. **Historische Lautlehre des Lateinischen** von *Max Niedermann* und *Ed. Hermann*. Kartoniert Mk. 2.—.

Carl Winter's Universitätsbuchhandlung in Heidelberg.

In Vorbereitung befinden sich:
Manuel de stylistique française von *Dr. Ch. Bally* in Genf.
Etymologisches Wörterbuch des Neufranzösischen von Prof. *Dr. J. Ind* in Zürich.
Einführung in die Phonetik von Schulinspektor *Dr. Michel* in Grimma.
Historische Syntax des Griechischen von Professor *Dr. H. Meltzer* in Stuttgart.
Historische Sprachlehre des Neuhochdeutschen. I. Laut- und Wortbildungslehre. II. Flexionslehre und Syntax. Von Oberlehrer *Dr. W. Scheel* in Steglitz.

Die Sammlung wird weiter ausgebaut werden.

Alt- und Mittelenglische Texte
(Old and Middle English Texts)

herausgegeben von *L. Morsbach,* Professor an der Universität Göttingen
und *F. Holthausen,* Professor an der Universität Kiel.

Schon erschienen:

Band 1. **Havelok.** Edited by *F. Holthausen.* Mk. 2.40, Leinwandband Mk. 3.—.
„ 2. **Emare.** Edited by *Dr. A. B. Gough.* Mk. 1.20, Leinwandband Mk. 1.80.
„ 3. **Beowulf** nebst dem **Finnsburg-Bruchstück,** herausgegeben von *F. Holthausen.* I. Teil: Texte und Namenverzeichnis Mk. 2.20, Leinwandband Mk. 2.80. II. Teil: Anmerkungen und Glossar. Mk. 2.80, Leinwandband Mk. 3.20.
„ 4. **Cynewulf's Elene.** Herausgegeben von *F. Holthausen.* Mk. 2.—, Leinwandband Mk. 2.60.

In Vorbereitung befinden sich:

„ 5. **Andreas und die Schicksale der Apostel.** Herausgegeben von *F. Holthausen.*
„ 6. **The Parlement of the 3 Ages.** Herausgegeben von *L. Morsbach.*
„ 7. **King Horn.** Herausgegeben von *L. Morsbach.*
„ 8. **The Avowing of Arthure.** Herausgegeben von *K. Bülbring.*
„ 9. **The Story of Genesis.** (M. E.) Herausgegeben von *F. Holthausen.*
„ 10. **The Pearl.** Herausgegeben von *F. Holthausen.*
„ 11. **Old and Middle English Charms.** Herausgegeben von *J. Hoops.*
„ 12. **Sir Amadas.** Herausgegeben von *K. Bülbring.*
„ 13. **Owl and Nightingale.** Herausgegeben von *L. Morsbach.*
„ 14. **Poema morale.** Herausgegeben von *L. Morsbach.*
„ 15. **Gower's Confessio Amanis.** Herausgegeben von *H. Spies.*

Die alt- und mittelenglische Textsammlung soll vor allem zuverlässige und kritisch gereinigte Texte bringen, die den heutigen wissenschaftlichen Anforderungen entsprechen. Die ursprüngliche Mundart soll, wenn möglich, hergestellt werden, doch wird bei der Verschiedenartigkeit der Überlieferung und den daraus sich ergebenden besonderen Aufgaben nach keiner bestimmten Norm verfahren werden. Der kritische Apparat ist auf das Notwendigste beschränkt. Er enthält *alle* Sinnvarianten, während die handschriftlichen Abkürzungen, sowie die orthographischen und dialektischen Abweichungen sowohl innerhalb des Textes durch *Kursivdruck* angedeutet, als auch in einer besonderen Liste übersichtlich zusammengestellt werden. Die Einleitung orientiert in aller Kürze über die handschriftliche Überlieferung und den Plan der Ausgabe, über Dialekt, Quellen, Zeit und Ort des Entstehens des Denkmals, sowie über etwaige vorhandene Ausgaben und die bisherige Literatur. Die Anmerkungen sollen nur Textfragen erörtern und die schwierigsten Stellen sprachlich und sachlich erläutern. Das Glossar erklärt bei mittelengl. Texten nur die selteneren Wörter, vor allem die, welche bei Stratmann-Bradley fehlen. Ein vollständiges Verzeichnis der Eigennamen bildet den Schluß.

Beowulf
nebst dem Finnsburg-Bruchstück
übersetzt und erläutert von
Hugo Gering.
8°. geheftet Mk. 2.—, gebunden Mk. 3.—.

Carl Winter's Universitätsbuchhandlung in Heidelberg.

Englische Textbibliothek

herausgegeben von *Dr. Johannes Hoops,*
o. Professor an der Universität Heidelberg.

Erschienen sind:

Heft 1. **Byron's Prisoner of Chillon.** Herausgegeben von *Eugen Kölbing.* 8⁰. geheftet Mk. 1.60, Leinwandband Mk. 2.20.

„ 2. **John Gay's Beggar's Opera und Polly.** Herausgegeben von *Gregor Sarrazin.* 8⁰. geheftet Mk. 3.—, Leinwandband Mk. 3.60.

„ 3. **Keat's Hyperion.** Herausgegeben von *Johannes Hoops.* 8⁰. geheftet Mk. 1.60, Leinwandband Mk. 2.20.

„ 4. **Fielding's Tom Thumb.** Herausgegeben von *Felix Lindner.* 8⁰. geheftet Mk. 1.60, Leinwandband Mk. 2.20.

„ 5. **Shelley's Epipsychidion und Adonais.** Herausgegeben von *Richard Ackermann.* 8⁰. geheftet Mk. 1.60, Leinwandband Mk. 2.20.

„ 6. **Shakespeare's Tempest.** Herausgegeben von *Albrecht Wagner.* 8⁰. geheftet Mk. 2.—, Leinwandband Mk. 2.60.

„ 7. **Chaucer's Pardoner's Prologue and Tale.** A critical edition, by *John Koch.* 8⁰. geheftet Mk. 3.—, Leinwandband Mk. 3.60.

„ 8. **Die älteste mittelenglische Version der Assumptio Mariae.** Herausgegeben von *Emil Hackauf.* 8⁰. geheftet Mk. 3.—, Leinwandband Mk. 3.60.

„ 9. **George Villiers Second Duke of Buckingham, The Rehearsal.** Herausgegeben von *Felix Lindner.* 8⁰. geheftet Mk. 2.—, Leinwandband Mk. 2.60.

„ 10. **Garth's Dispensary.** Kritische Ausgabe mit Einleitung und Anmerkungen von *Wilhelm Josef Leicht.* 8⁰. geheftet Mk. 2.40, Leinwandband Mk. 3.—.

„ 11. **Longfellow's Evangeline.** Kritische Ausgabe mit Einleitung, Untersuchungen über die Geschichte des englischen Hexameters und Anmerkungen von *Ernst Sieper.* 8⁰. geheftet Mk. 2.60, Leinwandband Mk. 3.20.

„ 12. **Robert Burns' Poems** selected and edited with notes by *T. F. Henderson.* 8⁰. geheftet Mk. 3.—, Leinwandband Mk. 3.60.

„ 13. **Percy B. Shelley. Prometheus unbound.** Mit Einleitung und Commentar herausgegeben von *Richard Ackermann,* erscheint im März 1908.

Werden fortgesetzt!

Die „Englische Textbibliothek" soll hervorragende Werke aus allen Perioden der englischen Literatur, namentlich aber die Meisterschöpfungen der Poesie seit dem 16. Jahrhundert in kritischen Ausgaben weiteren Kreisen zugänglich machen. Jedem Text wird eine Einleitung vorausgehen, welche alles Wesentliche über die Entstehungsgeschichte des betr. Werkes, seine literarhistorische Stellung, die wichtigsten bibliographischen Angaben, sowie eine Rechenschaft über die Textgrundlage enthalten soll. Auf einen korrekten Text wird das größte Gewicht gelegt werden. Die wichtigsten Sinnvarianten werden, soweit es nötig erscheint, am Fuße der Seiten gegeben werden. Wo sachliche Erläuterungen erforderlich sind, stehen sie am Schluß.

Die Ausgaben sind in erster Linie für den Gebrauch an Universitäten, sowie für alle diejenigen bestimmt, denen es um ein wissenschaftliches Studium der englischen Literaturgeschichte zu tun ist. Die Werke aus dem Gebiete der neuenglischen Poesie werden bei dem billigen Preise der Hefte auch in Lehrer- und Lehrerinnenseminarien, sowie in den obersten Klassen höherer Lehranstalten verwandt werden können. Jedes Heft ist einzeln käuflich.

Anglistische Forschungen

herausgegeben von *Dr. Johannes Hoops*,
o. Professor an der Universität Heidelberg.

1. *C. Stoffel*, Intensives and Down-toners. A Study in English Adverbs. gr. 8⁰. geheftet Mk. 4.—.
2. *Erla Hittle*, Zur Geschichte der altenglischen Präpositionen mid und wið, mit Berücksichtigung ihrer beiderseitigen Beziehungen. gr. 8⁰. geheftet Mk. 4.80.
3. *Theodor Schenk*, Sir Samuel Garth und seine Stellung zum komischen Epos. gr. 8⁰. geheftet Mk. 3.—.
4. *Emil Feiler*, Das Benediktiner-Offizium, ein altenglisches Brevier aus dem XI. Jahrhundert. Ein Beitrag zur Wulfstanfrage. gr. 8⁰. geheftet Mk. 2.40.
5. *Hugo Berberich*, Das Herbarium Apuleii nach einer frühmittelenglischen Fassung. gr. 8⁰. geheftet Mk. 3.60.
6. *Gustav Liebau*, Eduard III. von England im Lichte europäischer Poesie. gr. 8⁰. geheftet Mk. 2.80.
7. *Louise Pound*, The Comparison of Adjektives in English in the XV. and the XVI. Century. gr. 8⁰. geheftet Mk. 2.40.
8. *F. H. Pughe*, Studien über Byron und Wordsworth. gr. 8⁰. geheftet Mk. 4.80.
9. *Bastiaan A. P. Van Dam* and *Cornelis Stoffel*, Chapters on English Printing, Prosody and Pronunciation (1550—1700). gr. 8⁰. geheftet Mk. 5.—.
10. *Eugen Borst*, Die Gradadverbien im Englischen. gr. 8⁰. geheftet Mk. 4.40.
11. *Ida Baumann*, Die Sprache der Urkunden aus Yorkshire im 15. Jahrhundert. gr. 8⁰. geheftet Mk. 2.80.
12. *Richard Jordan*, Die altenglischen Säugetiernamen, zusammengestellt und erläutert. gr. 8⁰. geheftet Mk. 6.—.
13. *Alexander Hargreaves*, A Grammar of the Dialect of Adlington (Lancashire). gr. 8⁰. geheftet Mk. 3.—.
14. *W. van der Gaaf*, The Transition from the Impersonal to the Personal Construction in Middle English. gr. 8⁰. geheftet Mk. 5.—.
15. *May Lansfield Keller*, The Anglo-Saxon weapon names treated archaeologically and etymologically. gr. 8⁰. geheftet Mk. 7.—.
16. *Tom Oakes Hirst*, A Grammar of the Dialect of Kendal (Westmoreland) descriptive and historical. With specimens and glossary. gr. 8⁰. geheftet Mk. 4.—.
17. *Richard Jordan*, Eigentümlichkeiten des englischen Wortschatzes. Eine wortgeographische Untersuchung mit etymologischen Anmerkungen. gr. 8⁰. geheftet Mk. 3.60.
18. *Conrad Grimm*, Glossar zum Vespasian-Psalter und den Hymnen. gr. 8⁰. geheftet Mk. 4.—.
19. *John van Zandt Cortelyou*, Die altenglischen Namen der Insekten, Spinnen und Krustentiere. gr. 8⁰. geheftet Mk. 3.60.
20. *E. Koeppel*, Ben Jonson's Wirkung auf zeitgenössische Dramatiker und andere Studien zur inneren Geschichte des englischen Dramas. gr. 8⁰. geheftet Mk. 6.—.
21. *J. J. Köhler*, Die altenglischen Fischnamen. gr. 8⁰. geheftet Mk. 2.40.
22. *Otto Jespersen*. John Harts pronunciation of English. With full wordlists. Geheftet 3.20 Mk.

Werden fortgesetzt!

Kieler Studien zur englischen Philologie

herausgegeben von *Dr. F. Holthausen*,
o. Professor an der Universität Kiel.

1. *Otto Diehn*, Die Pronomina im Frühmittelenglischen. Laut- und Flexionslehre. gr. 8⁰. geheftet Mk. 2.80.
2. *Hugo Schütt*, The Life and Death of Jack Straw. Eine literarhistorische Untersuchung. gr. 8⁰. geheftet Mk. 4.40.
3. *Fritz-Holleck-Weithmann*, Zur Quellenfrage von Shakespeares „Much Ado About Nothing". gr. 8⁰. geheftet Mk. 2.40.

4. *Otto Hartenstein*, **Studien zur Hornsage.** Mit besonderer Berücksichtigung der anglonormannischen Dichtung vom wackern Ritter Horn und mit einer Hornbibliographie versehen. Ein Beitrag zur Literaturgeschichte des Mittelalters. gr. 8°. geheftet Mk. 4.—.

5. *Otto Henk*, **Die Frage in der altenglischen Dichtung.** Eine syntaktische Studie. gr. 8°. geheftet Mk. 2.80.

Orthographie, Lautgebung und Wortbildung in den Werken Shakespeares mit Aussprachproben von *W. Franz*, o. Professor an der Universität Tübingen. 8°. geheftet Mk. 3.60.

Die treibenden Kräfte im Werden der englischen Sprache von *W. Franz*, o. Professor an der Universität Tübingen. 8°. geheftet 80 Pfg.

Das Wesen der sprachlichen Gebilde. Kritische Bemerkungen zu *Wilhelm Wundts* Sprachpsychologie von *Dr. Ludwig Sütterlin*, a. o. Professor an der Universität Heidelberg. 8°. geheftet Mk. 4.—.

Wortbildung und Wortbedeutung. Eine Untersuchung ihrer Grundgesetze von *Dr. Jan von Rozwadowski*, Professor der vergleichenden Sprachwissenschaft an der Universität Krakau. 8°. geheftet Mk. 3.—.

Isländische geistliche Dichtungen des ausgehenden Mittelalters, herausgegeben von *Dr. B. Kahle*, a. o. Professor an der Universität Heidelberg. gr. 8°. geheftet Mk. 4.—.

Die philosophischen Grundlagen zum „süßen neuen Stil" des Guido Guinicelli, Guido Cavalcanti und Dante Alighieri von *Karl Voßler*, a. o. Professor an der Universität Heidelberg. VIII, 8°. Mk. 3.60.

Positivismus und Idealismus in der Sprachwissenschaft. Eine sprach-philosophische Untersuchung von *Karl Voßler*, a. o. Professor an der Universität Heidelberg. VIII. Mk. 2.80.

Sprache als Schöpfung und Entwicklung. Eine theoretische Untersuchung mit praktischen Beispielen von *Karl Voßler*, a. o. Professor an der Universität Heidelberg. 8°. geheftet Mk. 4.—.

Die philosophische Grundlage des älteren Buddhismus von *Dr. Max Walleser*. 8°. geheftet Mk. 4.80.

Die große Heidelberger Liederhandschrift in getreuem Textabdruck, herausgegeben von Professor *Dr. Fridrich Pfaff*, Bibliothekar an der Hochschule zu Freiburg im Breisgau. Mit Unterstützung des Großh. Bad. Ministeriums der Justiz, des Kultus und Unterrichts. Mit 8 Tafeln und 1 Titelbild in Farbendruck, sowie Initialen in Buntdruck. I. bis IV. Abt. Lex.-8°. geh. je Mk. 5.—. Die 5. Schlußabteilung wird 1908 erscheinen.

Die uns vorliegende erste Lieferung verspricht einen wahren Schatz für alle Freunde des deutschen Altertums und Schrifttums. Die Wiedergabe der altberühmten Handschrift ist textlich und typographisch vortrefflich gelungen. . . . *(Gegenwart.)*

Zeitschrift für hochdeutsche Mundarten, herausgegeben von Professor *Otto Heilig* und Professor *Dr. Philipp Lenz*. Jahrgang I—VI Mk. 72.—.

Die 6 Bände enthalten ein großes Material zur Dialektforschung und behalten dauernden Wert.

Allemannische Gedichte von *Johann Peter Hebel* auf Grundlage der Heimatsmundart des Dichters für Schule und Haus herausgegeben von *Otto Heilig*. 8°. in fein Leinwandband Mk. 1.20.

Die Hebelschen Gedichte sind in phonetischer Umschrift neben der gewöhnlichen Schrift wiedergegeben, so daß jedermann der allemannischen Mundart Hebels beim Lesen seiner Gedichte sich bedienen kann. Besonders für Schulen in nicht allemannischen Gebieten wird das Buch eine willkommene Gabe sein.

Lord Byron. Sein Leben, seine Werke, sein Einfluß auf die deutsche Literatur von *Richard Ackermann*. Mit einem Titelbilde. gr. 8°. geheftet Mk. 2.—, fein Leinwandband Mk. 3.—.

Der Band verdient weiteste Verbreitung als Hülfsmittel für die Einführung in Byrons Schriften. . . . *(Otto v. Leixner i. d. Tägl. Rundsch.)*

Kurze Einführung in das Studium des Gotischen von *Wilhelm Gliese*. gr. 8°. geheftet Mk. 2.—.

. . . Auch der Unkundige kann in wenigen Tagen energischer Arbeit den Inhalt des Büchleins beherrschen lernen, denn der Plan des Verfassers ist in sprachwissenschaftlicher und in pädagogischer Hinsicht gleich musterhaft durchgeführt. *(Zeitschrift für lateinlose Schulen.)*

Carl Winter's Universitätsbuchhandlung in Heidelberg.

Deutsch-arabisches Handwörterbuch von *Dr. Ernst Harder*. 8°. geheftet Mk. 18.—, fein Halblederband Mk. 20.—. 27 000 Stichwörter enthaltend.
Es ist mit Freuden zu begrüßen, daß wir endlich (nach dem etwas veralteten und mangelhaften Wahrmund) ein vollständigeres (etwa 3 mal größeres) Deutsch-arabisches Handwörterbuch bekommen haben, welches Deutschen und Arabern zugleich dienen soll... *(Oriental. Literaturstg.)*

Veröffentlichungen aus der Heidelberger Papyrus-Sammlung.

I. **Die Septuaginta-Papyri und andere altchristliche Texte**, herausgegeben von *Dr. theol. Adolf Deissmann*, o. Professor an der Universität Heidelberg. Mit 60 Tafeln in Lichtdruck. gr. 4°. geb. Mk. 26.—.

III. **Papyri Schott-Reinhardt I.** Herausgegeben und erklärt von *Dr. phil. C. Becker*, a. o. Professor an der Universität Heidelberg. Mit 12 Tafeln in Lichtdruck. gr. 4°. gebunden Mk. 24.—.

Materialien zu einer Geschichte der Sprachen und Literaturen des vorderen Orients, herausgegeben von *Martin Hartmann*, Berlin.
Zwanglose Hefte.
1. Heft: *Hugo Makas*, **Kurdische Studien.** 1. Eine Probe des Dialektes von Diarbekir. 2. Ein Gedicht aus Gawar. 3. Jezidengebete. 8°. geheftet Mk. 4.—.
2. ,, *Martin Hartmann*, **Čaghataisches.** Die Grammatik *ussilisāni turkī* des Mehemed Sadiq. 8°. geheftet Mk. 7.—.
3. ,, *Arthur Christensen*, **Recherches sur les Rubā'iyāt de 'Omar Hayyām.** 8°. geheftet Mk. 9.—.

Beiträge zur Mahdilehre des Islams. I. Ibn Babu je el Kummis. Kitābu kamālid-dīni wa tamāmin-ni'mati fī ithbāit 'raibati wa kaschfil-hirati. Erstes Stück, herausgegeben und besprochen von *Dr. Ernst Möller*. Gr. 8°. geheftet Mk. 4.—.

Abulkâsim, ein bagdâder Sittenbild von **Muhammad ibn ahmad abulmutahhar alazdî.** Mit Anmerkungen herausgegeben von *Adam Mez*. gr. 8°. geheftet Mk. 12.—.

Ararat und Masis. Studien zur armenischen Altertumskunde und Literatur von *Friedr. Murad*. gr. 8°. geheftet Mk. 7.—.

Litauisches Elementarbuch von *Maxim. J. A. Voelkel*. 2. Auflage. 8°. geheftet Mk. 2.40.

Mitteilungen der litauischen literarischen Gesellschaft 1880—1907. Heft 1—29 (Heft 1 vergriffen) Mk. 75.80.

Von der litauischen literarischen Gesellschaft herausgegebene Werke:

Kaip senėji Lëtuvininkai gyveno. Aufzeichnungen aus dem Kreise Stallupönen mit Anmerkungen und Wörterbuch von *C. Cappeller*. 8°. geheftet Mk. 2.50. Für den Gebrauch an Seminaren geeignet.

Dainu Balsai. Melodien litauischer Volkslieder, herausgegeben von *Chr. Bartsch*. Band I Mk. 5.—, Band II Mk. 6.—.

Giesmių Balsai. Litauische Kirchengesänge, herausgegeben von *W. Hoffheinz*. Geheftet Mk. 5.—.

Litauische Märchen und Erzählungen von *C. Jurkschat*. I. geheftet Mk. 4.—.

Brunetière, F., **Die Sprachforschung der Gegenwart mit Bezug auf die französische Literatur im Mittelalter.** Übersetzt von *E. Laur*. 8°. geheftet Mk. 1.20. (1883.)

Fath, Fritz, **Die Lieder des Castellans von Coucy** nach sämtlichen Handschriften kritisch bearbeitet und herausgegeben. 8°. geheftet Mk. 1.80. (1883.)

Laur, E., **Malherbe.** Literarhistorische Skizze. 8°. geheftet. Mk. 1.20. (1869.)

Lesebuch der poetischen National-Literatur der Deutschen von der ältesten bis auf die neueste Zeit. Herausgegeben von *Georg Karl Frommann* und *Ludwig Haeusser*. 2 Bände 1845 und 1846. gr. 8°. geheftet Mk. 6.—.

Mojsisovics, E. von, Metrik und Sprache Rustebuefs. 8°. geb. Mk. 2.40. (1905.)
Nohl, Hans, Die Sprache des Niclaus von Wyle. Laut und Flexion. Ein Beitrag zur Kenntnis des schwäbischen Dialekts im XV. Jahrhundert. 8°. geheftet Mk. 1.80. (1887.)
Pfeiffer, W., Über Fouqués Undine. 8°. geheftet Mk. 2.40. (1903.)
Werber, W. J. A., Die Entstehung der menschlichen Sprache und ihre Fortbildung. Mit einer Einleitung: Der Menschen Stellung in Natur und Geschichte. 8°. geheftet Mk. 1.20. (1871.)
Zutavern, K., Über die altfranzösische epische Sprache. I. 8°. geheftet Mk. 1.60. (1885.)

Englische und französische Schriftsteller aus dem Gebiete der Philosophie, Kulturgeschichte und Naturwissenschaft.

Herausgegeben von Prof. Dr. *J. Ruska.*

1. Band. **Essay concerning Human Understanding by John Locke.** Auswahl mit Anmerkungen von Professor *Dr. J. Ruska.* 8°. in Leinwand gebunden Mk. 1.60.
2. Band. **An Inquiry concerning Virtue or Merit by the Right Honourable Anthony Earl of Shaftesbury.** Mit Einleitung und Anmerkungen von Professor *Dr. J. Ruska.* 8°. in Leinwand gebunden Mk. 1.60.
3. Band. **Essays and Treatises on Several Subjects by David Hume.** Auswahl mit Anmerkungen von Oberlehrer *G. Budde.* 8°. in Leinwand gebunden Mk. 1.60.
4. Band. **Systems of political economy by Adam Smith.** Auswahl aus «An inquiry into the nature and causes of the wealth of nations» mit Anmerkungen und einer volkswirtschaftlichen Einleitung von Prof. *Dr. Andreas Voigt.* gr. 8°. gebunden 1.60 Mk.
5. Band. **First Principles of Synthetic Philosophy by Herbert Spencer.** Auswahl mit Erläuterungen von Professor *Dr. J. Ruska.* 8°. in Leinwand gebunden Mk. 1.60.

1. Band. **Mélanges Philosophiques par Th. Jouffroy.** Auswahl mit Anmerkungen von Professor *Dr. Ernst Dannheißer.* 8°. in Leinwand gebunden Mk. 1.60.
3. Band. **Philosophie de l'art (Première partie) par H. Taine.** Mit Einleitung und Anmerkungen herausgegeben von *Dr. M. Fuchs.* Mit 8 Abbildungen. 8°. in Leinwand gebunden. Mk. 1.60.

Weitere Bände befinden sich in Vorbereitung.

Herr Provinzial-Schulrat Professor **Dr. Paul Cauer** in Münster schreibt: „Die Ruskasche Sammlung gefällt mir sehr. Das ist gerade, was ich auf dem Gebiete der neusprachlichen Lektüre vermißt hatte. Nicht nur der Grundgedanke ist gut, den Schülern in den neueren Sprachen, wie in den alten längst geschieht, philosophische Lektüre zu bieten, auch die Art, wie die einzelnen Stücke für den Schulgebrauch bearbeitet sind, verdient Beifall...."

Herr Geh. Rat **Dr. E. von Sallwürk** in Karlsruhe schreibt: „.... Da ich nun das Buch durchgesehen, darf ich Ihnen und unseren Schulen Glück wünschen zu dieser Bereicherung und Erweiterung nicht bloß ihrer Lektüre, sondern ihres Gesichtskreises...."

Elementary English grammar
by *Gustav Holzer.*
8°. Leinwand gebunden Mk. 3.—.

Éléments de grammaire française
par *Gustave Schmidt.*
8°. Leinwand gebunden Mk. 1.60.

Eine Schulgrammatik der französischen Sprache für die deutschen Schulen ohne ein einziges deutsches Wort in geschickter knapper übersichtlicher Darstellung, dem Inhalte nach ausreichend für die oberen Klassen der Realgymnasien und Oberrealschulen. *(Jahresbericht über das höhere Schulwesen.)*

Recueil de synonymes français à l'usage des classes supérieures par *Gustave Schmidt.* 8°. kart. Mk. 1.—.
Beiträge zur englischen Synonymik von *J. G. N. Nissen.* 8°. kart. Mk. 1.50.

Süpfle-Stegmann
Aufgaben zu lateinischen Stilübungen
mit besonderer Berücksichtigung der Grammatiken von *Ellendt-Seyffert* und *Stegmann*, sowie mit Wörterverzeichnis und Phraseologie, von *Friedrich Süpfle*.
Neubearbeitung von
Dr. Carl Stegmann, Direktor am Gymnasium zu Norden
und
Gottfried Süpfle, Professor am Realgymnasium zu Mannheim.

1. Teil, erste Abteilung. **Aufgaben für Quarta.** Gänzlich neu bearbeitet. Einundzwanzigste Auflage. 8°. in Leinwand gebunden Mk. 2.20.
1. Teil, zweite Abteilung. **Aufgaben für Tertia.** Einundzwanzigste, gänzlich umgearbeitete Auflage. 8°. in Leinwand gebunden Mk. 3.20.
2. Teil. **Aufgaben für Sekunda.** Dreiundzwanzigste verbesserte Auflage. 8°. in Leinwand gebunden Mk. 3.60.
2. Teil. **Aufgaben für obere Klassen.** Für die österreichischen Gymnasien bearbeitet von *J. Rappold*, k. k. Professor am Elisabeth-Gymnasium in Wien. Dritte Auflage. 8°. in Leinwand gebunden Kr. 4.20 (Mk. 3.60).
3. Teil. **Aufgaben für Prima.** Zwölfte verbesserte Auflage. 8°. in Leinwand gebunden Mk. 3.40.

Diese Neubearbeitung hat alle Erfahrungen, welche sich beim Gebrauch geltend machten, zu benützen und verwerten gesucht. Daß Herr Direktor Dr. Stegmann sich der Aufgabe mit unterzogen hat, bürgt dafür, daß diese Neuauflagen den weitgehendsten Ansprüchen genügen.

Die alten Auflagen stehen für Schulen, welche dieselben beizubehalten wünschen, noch zur Verfügung. Die große Zahl der in der alten und neuen Auflage befindlichen Übungsstücke ermöglicht den Gebrauch beider Auflagen nebeneinander.

Süpfle, K. F., Grammatisch-stilistisches Lehrbuch der lateinischen Sprache in Verbindung mit einer Sammlung von Aufgaben zur Wiederholung der lateinischen Syntax und Stilistik. In drei Teilen.

1. Teil: **Grammatisch-stilistisches Lehrbuch der lateinischen Sprache.** I. Dritte Auflage der „Praktischen Anleitung zum Lateinschreiben". Geheftet Mk. 2.40, gebunden Mk. 2.90.
2. Teil: **Grammatisch-stilistisches Lehrbuch der lateinischen Sprache.** II. Dritte Auflage der „Praktischen Anleitung zum Lateinschreiben". Geheftet Mk. 3.60, gebunden Mk. 4.10.
3. Teil: **Aufgaben zur Wiederholung der lateinischen Syntax und Stilistik.** Sechste Auflage der „Übungsschule der lateinischen Syntax". Geheftet Mk. 2.—, gebunden Mk. 2.50.

M. Tullii Ciceronis epistulae selectae
Temporum ordine compositae.
Für den Schulgebrauch mit Einleitungen und erklärenden Anmerkungen versehen von *K. F. Süpfle*.
10. Auflage, umgearbeitet und verbessert
von *Dr. Ernst Böckel*, Direktor am Gymnasium zu Heidelberg.
8°. geheftet Mk. 3.40, gebunden Mk. 3.90.